增值税纳税筹划实战与经典案例解读

索晓辉 ⊙ 编著

中国市场出版社
China Market Press

图书在版编目（CIP）数据

增值税纳税筹划实战与经典案例解读/ 索晓辉编著.
—北京：中国市场出版社，2012.12
ISBN 978-7-5092-0923-3

Ⅰ．①增… Ⅱ．①索… Ⅲ．①增值税–税收筹划–中国
Ⅳ．①F812.424

中国版本图书馆 CIP 数据核字（2012）第 177499 号

书　　名：增值税纳税筹划实战与经典案例解读
编　　著：索晓辉
出版发行：中国市场出版社
地　　址：北京市西城区月坛北小街 2 号院 3 号楼（100837）
电　　话：编辑部(010)68034190　读者服务部(010)68022950
　　　　　发行部(010)68021338　68020340　68053489
　　　　　　　　　　68024335　68033577　68033539
经　　销：新华书店
印　　刷：北京彩虹伟业印刷有限公司
规　　格：710×1000 毫米　1/16　16 印张　230 千字
版　　本：2012 年 12 月第 1 版
印　　次：2012 年 12 月第 1 次印刷
书　　号：ISBN 978-7-5092-0923-3
定　　价：35.00 元

前　言

众所周知，通过税务筹划，企业可以在合理合法的前提下减轻纳税负担、降低企业经营成本、最大限度增加企业效益。我们时常羡慕那些税务专家，因为他们的一个税务筹划的点子可能为企业节省多至几十万甚至几百万的税款，是对知识就是力量的充分展现。

然而税务专家可不是一蹴而就的，他们通过对税法的研读及实践经验的总结，不断地加深自己纳税筹划的功力。那么对于初入税务领域的我们，在仰慕税务专家的同时应该做些什么呢？

如果你想要加强自己在税务方面的基础知识，

如果你觉得税法读来枯燥且难以记忆，

如果你想要了解企业的税务应从哪些方面进行筹划，

如果你想要拉近与税务专家的距离……

那么，请拿起这本书，本书是纳税筹划实战与经典案例解析系列之增值税篇，聚焦企业增值税，从基础知识着手，结合最新的税收法律法规及政策，穿插实践中的小例子，将增值税方面的知识一一为你讲解。希望本书中的税务管理、筹划理念能够对日常的经营管理有所帮助，使得企业在增值税纳税方面更加规范，同时尽量降低企业的税收负担，节约企业的纳税成本。

本书本着紧密结合实战的原则，用凝练的语言，配以清晰明了的插图，避免了只引入相关税法条文的枯燥和乏味。本书在内容上循序渐进，条理清晰，前后内容逻辑性强，相互照应，帮助你理清知识的脉络。通过本书的学习，相信你在增值税方面的理解和认识会有很大程度的提高，离税务专家的距离又向前推进了一大步。

对于本书的编写尽管我们非常努力，但由于水平有限，时间紧迫，不足之处在所难免，希望大家谅解。我的联系电话是 13681387472，邮箱 suoxh@ 126. com。欢迎大家联系，一定竭诚为你解答。

最后，对一贯支持我们的广大读者朋友和对本书的出版作出努力的朋友一并表示感谢。

作　者

目 录

目前，增值税是我国主要的税种之一，其税收收入占到我国全部税收收入的 60% 以上，因此，增值税为国家的税收贡献了一大份力量。

学习税法知识，了解应纳税额的计算是关键。只有对应纳税额的计算了如指掌，才能在实务中运用自如，也才能在此基础上谈纳税筹划的问题。本章较全面地介绍了增值税应纳税额的计算，帮你理清思路、夯实基础。

随着国与国之间的交流合作不断地推进，国际贸易在一国经济中具有重要的位置。我国加入世界贸易组织，促进了进出口业务的发展。进出口业务中增值税的计算与管理是一个重要的问题。

◎第四章　增值税的申报与交纳 …………………… 101

依照税收法律法规的规定进行纳税申报并适时适地缴纳增值税是纳税人履行纳税义务的必然要求，后者是履行纳税义务的基本方式，而前者是实施后者的必要环节。

◎第五章　增值税的优惠与减免 …………………… 113

国家对于增值税的优惠减免政策主要是出于战略考虑，比如：为了促进优势产业、先进技术企业的发展；促进产业结构的优化升级；提倡环境保护；平衡区域发展……

◎第六章　增值税疑难问题解答 ……………………………… 129

在实际的工作中，对于增值税处理你是否存在这样那样的疑难问题？你是否难以找到适用的法律条款？在本章的学习之中，我们将剖析增值税疑难问题。

◎第七章　增值税的税收筹划 ………………………………… 165

1935 年英国上议院议员汤姆林对税务筹划有如下论述："任何一个人都有权安排自己的事业，依据法律这样做可以少缴税。为了保证这些安排中谋到利益……不能强迫他多缴税。"简而言之，税务筹划就是符合税法的规定，在存在少交税的可能性的条件下尽量少交税。

◎第八章　增值税的检查方法 ………………………… 189

纳税检查是正确纳税的保障，是税收管理的重要环节，也是贯彻国家税收政策法规、严肃税收纪律、加强纳税监督、堵塞税收漏洞、纠正错漏、保证国家财政收入的一项必要措施。

第一章　增值税的基本规定

阅读提示：

　　目前，增值税是我国主要的税种之一，其税收收入占到我国全部税收收入的60%以上，因此，增值税为国家的税收贡献了一大份力量。

　　2008年11月5日，新修订的《中华人民共和国增值税暂行条例》公布，于2009年1月1日起实施，这意味着中国自1994年开始采用的生产型增值税转变为国际上通用的消费型增值税。据财政部的大致统计，此项改革财政预计减收超过1200亿元，是中国历史上单项税制改革减税力度最大的一次。同时为了应对国际经济变化，对出口退税、海关监管和贸易收付汇进行调整。对企业来说，及时地了解这些优惠或调整的政策是非常有必要的，它有时候能帮助一个企业渡过难关。

　　新旧增值税暂行条例有何区别呢？企业在实际的运作中应关注与己相关的哪些变化呢？本章我们将了解到新修订增值税暂行条例的主要变化，以及增值税的一些最基础的知识。

一、2009年增值税修订的主要变化

（一）2009年增值税暂行条例的主要变化

　　修订后的《中华人民共和国增值税暂行条例》确定在全国范围内实施增值税转型改革，具体体现在以下六个方面：

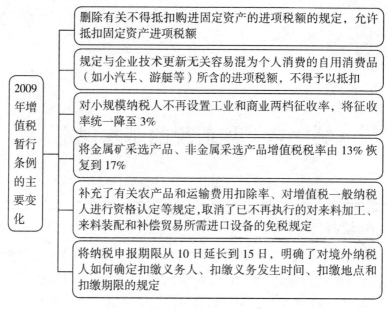

图1-1　2009年增值税暂行条例的主要变化

（二）2009年增值税暂行条例实施细则的主要变化

1. 混合销售行为

（1）新细则规定对建筑业混合销售行为分别征收。（细则第五条、第六条）

（2）新细则规定，纳税人兼营非应税劳务未分别核算时，由主管税务机关核定其货物或者应税劳务的销售额。（细则第七条）

2. 进项税额抵扣

（1）只有专门用于非应税项目、免税项目等的机器设备进项税额才不得抵扣，包括混用在内的其他混用机器设备进项税额均可抵扣。（细则第二十一条）

（2）实行消费型增值税后，购进货物或者劳务用于机器设备类固定资产的在建工程已经允许抵扣，只有用于不动产在建工程的才不允许抵扣，因此将原细则"固定资产在建工程"改为"不动产在建工程"。（细则第二十三条）

（3）原细则规定非正常损失的进项税额不得抵扣，包括自然灾害损失。新细则规定非正常损失是指因管理不善造成货物被盗窃、丢失、发生霉烂变质的损失，不再包括自然灾害损失。（细则第二十四条）

（4）将现行有关准予抵扣的运输费用的规定写入细则。（细则第十八条）

（5）在解释个人消费的内涵时，新增规定凡是用于交际应酬的货物，不得抵扣进项税额。（细则第二十二条）

（6）新细则规定凡纳税人自己使用的游艇、汽车、摩托车等物品不得抵扣进项税额；但如果是外购后销售的，属于普通货物，仍可以抵扣进项税额。（细则第二十五条）

3. 农产品买价的计算

新细则规定纳税人按价款和缴纳的烟叶税计算农产品买价。（细则第十七条）

4. 一般纳税人认定

取消了个体工商户依申请办理一般纳税人认定的规定。对应税销售额超过小规模纳税人标准的其他个人按小规模纳税人纳税；非企业性单位、不经常发生应税行为的企业可选择按小规模纳税人纳税。（细则第二十九条，原细则第二十八条）

5. 小规模纳税人标准

降低小规模纳税人标准到 50 万元和 80 万元。（细则第二十八条）

6. 优惠

（1）原细则规定对于自然人销售自己使用过的游艇、摩托车和应征消费税的汽车征收增值税，其他物品免征增值税。新细则全部给予免税。（细则第三十五条，原细则第三十一条）

（2）确定了新的起征点幅度，销售货物的，为月销售额 2000～5000 元；销售应税劳务的，为月销售额 1500～3000 元；按次纳税的，为每次（日）销售额 150～200 元。（细则第三十七条）

（3）新细则规定，纳税人销售货物或者应税劳务适用免税规定的，可

以放弃免税，之后，36 个月内不得再申请免税。（细则第三十六条）

7. 外汇结算

原细则规定纳税人用外汇结算销售额的，应按销售额发生当天或当月 1 日的外汇牌价折合人民币，新细则改为按照销售额发生当天或者当月 1 日的人民币汇率中间价折合成人民币计算销售额。（细则第十五条）

8. 纳税义务发生时间

对于纳税义务发生时间的确认问题，总的原则是结合财务会计制度，方便准确地确认收入。

（1）目前很多交易已经不使用提货单，取得索取销售额凭证即可确认销售实现。因此删除了"并将提货单交给买方"的内容。

（2）赊销和分期收款销售货物的纳税义务发生时间仍规定为合同约定收款日期。但对于没有书面合同或者书面合同没有约定收款日期的，在货物发出时确认纳税义务发生时间。

（3）纳税人生产工期超过 12 个月的大型机械设备、船舶、飞机等货物，大多采取预收货款销售货物的方式，对于上述行为，收到预收款或者书面合同约定的收款日期的当天为增值税纳税义务发生时间。

（4）对于代销行为，按现行规定进一步明确了有关纳税义务发生时间。

9. 纳税期限

修订后的增值税条例将纳税期限延长到 1 个季度。但为保证税款及时入库，明确对于一般纳税人不适用以 1 个季度为纳税期限的规定。至于小规模纳税人的具体纳税期限，则由主管税务机关根据其应纳税额的大小分别核定。（细则第三十九条）

10. 专用发票管理

新细则明确，对于纳税人开具增值税专用发票后发生销售货物退回或者折让、开票有误等情形的，需要开具红字专用发票。（细则第十一条）

11. 计税依据

增值税的计税依据包括销售额和价外费用，根据现行政策增列了"代

为收取的政府性基金或者行政事业性收费"和"代办保险费、车辆购置税、车辆牌照费"不属价外费用的规定。(细则第十二条)

二、增值税的征税范围

(一) 我国现行增值税征税范围的一般规定

增值税征税范围包括货物的生产、批发、零售和进口四个环节,此外,加工和修理修配也属于增值税的征税范围。

表 1-1　　　　　　　　　　增值税的征税范围

销售货物	指有偿转让货物的所有权。"货物"指有形动产,包括电力、热力和气体在内
提供加工和修理修配劳务	均指有偿劳务,但单位或个体工商户聘用的员工为本单位或雇主提供加工、修理修配劳务则不包括在内
进口货物	通常,只要是报关进口的应税货物,均应在进口环节缴纳增值税(免税货物除外)

(二) 几项具体业务的征税规定

1. 视同销售货物行为的征税规定

对单位或个体工商户的下列行为,视同销售货物或提供应税劳务,按图 1-2 规定计算销售额并征收增值税。

纳税人发生固定资产视同销售行为,对已使用过的固定资产无法确定销售额的,以固定资产净值为销售额。[《财政部 国家税务总局关于全国实施增值税转型改革若干问题的通知》(财税〔2008〕170 号)]

2. 对混合销售行为和兼营行为的征税规定

(1) 混合销售行为。指在同一项销售行为中既包括销售货物又包括提供非应税劳务,其特点是:销售货物与提供非应税劳务由同一纳税人实现,价款同时从一个购买方取得。对于从事货物的生产、批发或零售的企业、企业性单位及个体工商户(包括以从事货物的生产、批发或零售为

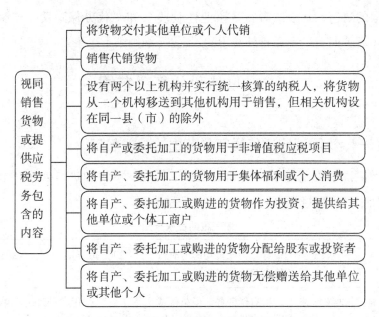

图1-2　视同销售货物或提供应税劳务包含的内容

主，并兼营非应税劳务的企业、企业性单位及个体工商户在内，具体指纳税人的年货物销售额与非增值税应税劳务营业额的合计数中，年货物销售额超过50%，非增值税应税劳务营业额不到50%）的混合销售行为，均视为销售货物，征收增值税；对于其他单位和个人的混合销售行为，视为销售非应税劳务，不征收增值税。

对以从事非增值税应税劳务为主，兼营货物销售的单位和个人，其混合销售行为视为销售非应税劳务不征收增值税，但如果其设立单独的机构经营货物销售并单独核算，该单独机构应视为从事货物的生产、批发或零售的企业、企业性单位，其发生的混合销售行为应当征收增值税。

关于混合销售行为的几项特殊规定如图1-3所示。

（2）兼营非应税劳务。指纳税人的经营范围既包括销售货物或应税劳务，又包括提供非应税劳务，但二者不发生在同一项销售行为中。纳税人兼营非应税劳务的，应分别核算货物或应税劳务的销售额和非增值税应税项目营业额；未分别核算的，由主管税务机关核定货物或者应税劳务的销售额。

混合销售行为的几项特殊规定

- 销售自产货物并同时提供建筑业劳务的行为。纳税人销售自产货物并同时提供建筑业劳务，应分别核算货物的销售额和非增值税应税劳务的营业额，并根据其销售货物的销售额计算缴纳增值税，非增值税应税劳务的营业额不缴纳增值税；未分别核算的，由主管税务机关核定其货物的销售额
- 电信部门混合销售行为。电信单位（电信局及经电信局批准的其他从事电信业务的单位）自己销售移动电话，并为客户提供有关电信服务的，征收营业税；单纯销售移动电话不提供有关电信劳务服务的，征收增值税
- 运输行业混合销售行为。从事运输业务的单位和个人，发生销售货物并负责运输所售货物的混合销售行为，征收增值税

图 1－3　混合销售行为的几项特殊规定

（3）混合销售与兼营非应税劳务的异同。

表 1－2　　混合销售与兼营非应税劳务的异同

	混合销售	兼营非应税劳务
相同点	两种行为的经营范围都有销售货物和提供劳务这两类经营项目	
区别	在同一项销售行为中存在着两类经营项目的混合	在同一纳税人的经营活动中存在着两类经营项目，但这两类经营项目不是在同一项销售行为中发生
税务处理	按“经营主业”划分，除另有规定外，通常只征一种税	分别核算、分别征税，未分别核算的，由主管税务机关核定货物或者应税劳务的销售额

3. 其他按规定属于增值税征税范围的内容

（1）货物期货（包括商品期货和贵金属期货），在期货的实物交割环节纳税。

（2）银行销售金银的业务。金融机构从事的实物黄金交易业务，由金融机构各省级分行和直属一级分行所属地市级分行、支行按照规定的预征率预缴增值税，省级分行和直属一级分行统一清算缴纳。

（3）典当业销售的死当物品，寄售商店代销的寄售物品（包括居民个人寄售的物品在内），按照简易办法征税。

（4）基本建设单位和从事建筑安装业务的企业附设工厂、车间生产的水泥预制构件、其他构件或建筑材料，凡用于本单位或本企业的建筑工程

的，应视同对外销售，在移送使用环节征收增值税。

（5）集邮商品（包括邮票、小型张、小本票、明信片、首日封、邮折、集邮簿、邮盘、邮票目录、护邮袋、贴片及其他集邮商品）的生产、调拨，以及邮政部门以外的其他单位与个人销售集邮商品，应征收增值税。

（6）邮政部门发行报刊，征收营业税；其他单位和个人发行报刊，征收增值税。

（7）执罚部门和单位查处的财物：

① 属于一般商业部门经营的商品，具备拍卖条件的，由执罚部门和单位商同级财政部门同意后，公开拍卖。其拍卖收入作为罚没收入由执罚部门和单位如数上缴财政，不予征税。对经营单位购入拍卖物品再销售的应照章征收增值税。

② 属于一般商业部门经营的商品，不具备拍卖条件的，由执罚部门、财政部门、国家指定销售单位会同有关部门按质论价，并由国家指定销售单位纳入正常销售渠道变价处理。执罚部门按商定价格所取得的变价收入作为罚没收入如数上缴财政，不予征税。国家指定销售单位将罚没物品纳入正常销售渠道销售的，应照章征收增值税。

③ 属于专管机关管理或专管企业经营的财物，如金银（不包括金银首饰）、外币、有价证券、非禁止出口文物，应交由专管机关或专营企业收兑或收购。执罚部门和单位按收兑或收购价所取得的收入作为罚没收入如数上缴财政，不予征税。专管机关或专营企业经营上述物品中属于应征增值税的货物，应照章征收增值税。

（8）从事公用事业的纳税人收取的一次性费用：对从事热力、电力、燃气、自来水等公用事业的增值税纳税人收取的一次性费用，凡与货物的销售数量有直接关系的，征收增值税；凡与货物的销售数量无直接关系的，不征收增值税。

（9）纳税人代行政部门收取的费用，同时符合以下条件的，不征收增值税：

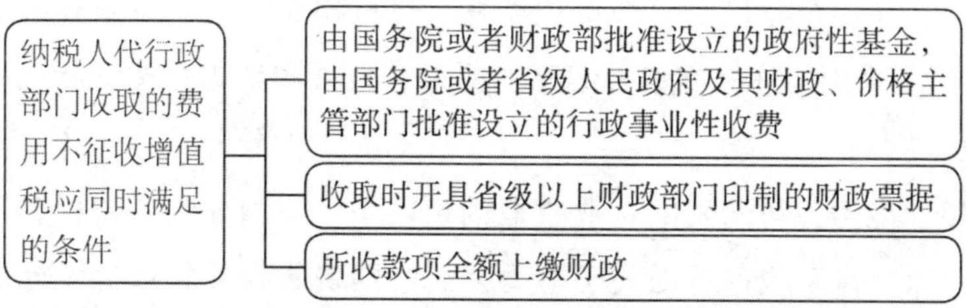

纳税人代行政部门收取的费用不征收增值税应同时满足的条件

- 由国务院或者财政部批准设立的政府性基金，由国务院或者省级人民政府及其财政、价格主管部门批准设立的行政事业性收费
- 收取时开具省级以上财政部门印制的财政票据
- 所收款项全额上缴财政

图1－4　纳税人代行政部门收取的费用不征收增值税应同时满足的条件

（10）纳税人销售货物的同时代办保险而向购买方收取的保险费，以及从事汽车销售的纳税人向购买方收取的代购买方缴纳的车辆购置税、牌照费，不作为价外费用征收增值税。

（11）计算机软件产品：

① 嵌入式软件不属于财政部、国家税务总局《关于鼓励软件产业和集成电路产业发展有关税收政策问题的通知》（财税〔2000〕25号）规定的享受增值税优惠政策的软件产品。

② 纳税人销售软件产品并随同销售一并收取的软件安装费、维护费、培训费等收入，应按照增值税混合销售的有关规定征收增值税，并可享受软件产品增值税即征即退政策。对软件产品交付使用后，按期或按次收取的维护费、技术服务费、培训费等不征收增值税。

③ 纳税人受托开发软件产品，著作权属于受托方的征收增值税，著作权属于委托方或属于双方共同拥有的不征收增值税。

（12）电子出版物属于软件范畴，应当享受软件产品的增值税优惠政策。电子出版物的标识代码为ISBN，其媒体形态为软磁盘（FD）、只读光盘（CD—ROM）、交互式光盘（CD—I）、照片光盘（Photo—CD）、高密度只读光盘（DVD—ROM）、集成电路卡（1C—CARD）。以录音带、录像带、唱片（1J）、激光唱盘（CD）和激光视盘（LD、VCD、DVD）等媒体形态的音像制品（标识代码为IS—RC）不属于电子出版物，不得享受软件产品增值税优惠。

（13）增值税一般纳税人销售其自行开发生产的软件产品，2010年前按17%的法定税率征收增值税，对实际税负超过3%的部分即征即退，由企业用于研究开发软件产品和扩大再生产。

（14）印刷企业接受出版单位委托，自行购买纸张，印刷有统一刊号（CN）以及采用国际标准书号编序的图书、报纸和杂志，按货物销售征收增值税。

（15）电力公司向发电企业收取的过网费，应当征收增值税，不征收营业税。〔《国家税务总局关于电力公司过网费收入征收增值税问题的批复》（国税函〔2004〕607号）〕

（16）除经中国人民银行批准经营融资租赁业务的单位所从事的融资租赁业务外，其他单位从事的融资租赁业务，租赁的货物的所有权转让给承租方的，征收增值税；租赁的货物的所有权未转让给承租方的，不征收增值税。

（17）自2009年1月1日起，纳税人销售自己使用过的固定资产（指纳税人根据财务会计制度已经计提折旧的固定资产），应区分不同情形征收增值税：

① 销售自己使用过的2009年1月1日以后购进或者自制的固定资产，按照适用税率征收增值税；

② 2008年12月31日以前未纳入扩大增值税抵扣范围试点的纳税人，销售自己使用过的2008年12月31日以前购进或者自制的固定资产，按照4%征收率减半征收增值税；

③ 2008年12月31日以前已纳入扩大增值税抵扣范围试点的纳税人，销售自己使用过的在本地区扩大增值税抵扣范围试点以前购进或者自制的固定资产，按照4%征收率减半征收增值税；销售自己使用过的在本地区扩大增值税抵扣范围试点以后购进或者自制的固定资产，按照适用税率征收增值税。

（18）商业企业向供货方收取的部分收入，自2004年7月1日起，按照以下原则征收增值税或营业税：

① 对商业企业向供货方收取的与商品销售量、销售额无必然联系，且商业企业向供货方提供一定劳务的收入，例如进场费、广告促销费、上架费、展示费、管理费等，不属于平销返利，不冲减当期增值税进项税金，应按营业税的适用税目税率征收营业税；

② 对商业企业向供货方收取的与商品销售量、销售额挂钩（如以一定比例、金额、数量计算）的各种返还收入，均应按照平销返利行为的有关规定冲减当期增值税进项税金，不征收营业税。

商业企业向供货方收取的各种收入一律不得开具增值税专用发票。

（三）不征收增值税的货物和收入

（1）除经中国人民银行和对外经济贸易合作部（现为商务部）批准经营融资租赁业务的单位所从事的融资租赁业务外，其他单位从事的融资租赁业务，租赁的货物的所有权转让给承租方，征收增值税，租赁的货物的所有权未转让给承租方，不征收增值税。

（2）基本建设单位和从事建筑安装业务的企业附设工厂、车间在建筑现场制造的预制构件，凡直接用于本单位或本企业建筑工程的，不征收增值税。

（3）因转让著作所有权而发生的销售电影母片、录像带母带、录音磁带母带的业务，以及因转让专利技术和非专利技术的所有权而发生的销售计算机软件的业务，不征收增值税。

（4）供应或开采未经加工的天然水（如水库供应农业灌溉用水，工厂自采地下水用于生产），不征收增值税。

（5）对国家管理部门行使其管理职能，发放执照、牌照和有关证书等取得的工本费收入，不征收增值税。

（6）对体育彩票的发行收入不征收增值税。

（7）邮政部门销售（包括调拨在内）集邮商品，应当征收营业税，不征收增值税。

（8）为钻井作业提供泥浆和工程技术服务的行为，应当征收营业税，不征收增值税。[《国家税务总局关于合作开采海洋石油提供应税劳务适用营业税税目、税率问题的通知》（国税发〔1997〕42号）、《国家税务总局关于纳税人提供泥浆工程劳务征收流转税问题的批复》（国税函〔2005〕375号）]

（9）增值税纳税人收取的会员费收入不征收增值税。[《财政部 国家税务总局关于增值税若干政策的通知》（财税〔2005〕165号）]

（10）代购货物行为，凡同时具备以下条件的，不征收增值税：

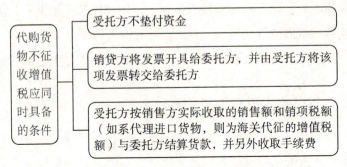

图1-5 代购货物不征收增值税应同时具备的条件

（11）转让企业全部产权（指整体转让企业资产、债权、债务及劳动力）涉及的应税货物的转让，不征收增值税。

三、增值税的纳税义务人

（一）增值税纳税人的基本规定

凡在我国境内销售货物或者提供加工、修理修配劳务以及进口货物的单位和个人，都是增值税的纳税义务人。

单位包括国有企业、集体企业、私有企业、股份制企业、外商投资企业和外国企业、其他企业和行政单位、事业单位、军事单位、社会团体及其他单位；个人包括个体经营者和其他个人。

"在我国境内"是指销售货物的起运地或者所在地在境内，提供的应税劳务发生在境内。

（二）增值税纳税人的特殊规定

1. 承租人和承包人

把企业租赁或承包给他人经营的，以承租人或承包人为纳税人。

2. 进口货物的收货人或办理报关手续的单位和个人

对报关进口的货物，以进口货物的收货人或办理报关手续的单位和个人为进口货物的纳税人。对代理进口货物，以海关开具的完税凭证上的纳税人为增值税纳税人。即：对报关进口货物，凡是海关的完税凭证开具给委托方的，对代理方不征增值税；凡是海关的完税凭证开具给代理方的，对代理方应按规定征收增值税。

3. 扣缴义务人

境外的单位或个人在境内销售应税劳务而境内未设有经营机构的，其应纳税款以代理人为扣缴义务人；没有代理人的，以购买者为扣缴义务人。

（三）增值税纳税人的分类

1. 划分增值税一般纳税人和小规模纳税人的基本依据

为了严格增值税的征收管理，《增值税暂行条例》将纳税人划分为一般纳税人和小规模纳税人，二者在税款计算方法、适用税率以及管理办法上都有所不同，划分的基本依据是纳税人年销售额的大小即经营规模大小和会计核算水平。

2. 一般纳税人和小规模纳税人在税政管理上的区别

（1）使用增值税专用发票的权限不同。一般纳税人可以开具增值税专用发票，而小规模纳税人只能开具普通销售发票。

（2）应纳增值税的计算方法不同。对一般纳税人而言，

$$应纳税额 = 销项税额 - 进项税额$$

对于小规模纳税人而言，

$$应纳税额 = \frac{销售总额}{1 + 小规模纳税人的适用税率} \times 小规模纳税人的适用税率$$

四、一般纳税人和小规模纳税人的认定及管理

（一）小规模纳税人的认定及管理

1. 小规模纳税人的认定标准

小规模纳税人是指年销售额在规定标准以下，并且会计核算不健全

（指不能正确核算增值税的销项税额、进项税额和应纳税额），不能按规定报送有关税务资料的增值税纳税人。小规模纳税人的标准为：

（1）从事货物生产或者提供应税劳务的纳税人，以及以从事货物生产或者提供应税劳务为主，并兼营货物批发或者零售的纳税人，年应征增值税销售额（以下简称应税销售额）在50万元以下的；

（2）除上述（1）项规定以外的纳税人，年应税销售额在80万元以下的。

以从事货物生产或者提供应税劳务为主，是指纳税人的年货物生产或者提供应税劳务的销售额占年应税销售额的比重在50%以上。

2. 按小规模纳税人纳税的其他情形

对年应税销售额超过小规模纳税人标准的其他个人按小规模纳税人纳税；非企业性单位、不经常发生应税行为的企业可选择按小规模纳税人纳税。新增值税条例及细则取消了个体工商户依申请办理一般纳税人认定的规定。

3. 认定机关

认定小规模纳税人的权限，在县级以上税务机关。

4. 小规模纳税人的管理

（1）基层税务机关要加强对小规模生产企业财会人员的培训，帮助建立会计账簿，只要小规模企业有会计，有账册，能够正确计算进项税额、销项税额和应纳税额，并能按规定报送有关税务资料，年应税销售额不低于30万元的可以认定为增值税一般纳税人。

（2）对没有条件设置专职会计人员的小规模企业，在纳税人自愿并配有本单位兼职会计人员的前提下，可采取以下措施，使兼职人员尽快独立工作，进行会计核算。

① 由税务机关帮助小规模企业从税务咨询公司、会计师事务所等聘请会计人员建账、核算；

② 由税务机关组织从事过财会业务，有一定工作经验，遵纪守法的离、退休会计人员，帮助小规模企业建账、核算；

③ 在职会计人员经所在单位同意，主管税务机关批准，也可以到小规模企业兼任会计。

（3）小规模企业可以单独聘请会计人员，也可以几个企业联合聘请会计人员。

（二）一般纳税人的认定及管理

1. 一般纳税人的认定标准

一般纳税人是指年应征增值税销售额（以下简称年应税销售额，包括一个公历年度内的全部应税销售额），超过增值税暂行条例实施细则规定的小规模纳税人标准的企业和企业性单位（以下简称企业）。下列纳税人可认定为一般纳税人：

（1）凡年应税销售额超过小规模纳税人标准的企业和企业性单位，均为一般纳税人。

（2）非企业性单位如果经常发生增值税应税行为，并且符合一般纳税人条件的，可以认定为一般纳税人。年应税销售额超过小规模纳税人标准的其他个人、非企业性单位、不经常发生应税行为的企业，可选择按小规模纳税人纳税。

（3）年应税销售额未超过标准的、从事货物生产或提供劳务的小规模企业和企业性单位，账簿健全，能准确核算并提供销项税额、进项税额并能按规定报送有关税务资料的，经企业申请，税务部门可将其认定为一般纳税人。

（4）纳税人总、分支机构实行统一核算，其总机构年应税销售额超过小规模企业标准，但分支机构年应税销售额未超过小规模企业标准的，其分支机构可申请办理一般纳税人认定手续，但须提供总机构所在地主管税务机关批准其总机构为一般纳税人的证明。

（5）新开业的符合一般纳税人条件的企业，应在办理税务登记的同时申请办理一般纳税人认定手续。税务机关对其（非商贸企业）预计年应税销售额超过小规模企业标准的暂认定为一般纳税人，其开业后实际年应税销售额未超过小规模纳税人标准的，应重新申请办理一般纳税人认定手续。

（6）已开业的小规模企业（商贸企业除外），其年应税销售额超过小规模纳税标准的，应在次年1月底以前申请办理一般纳税人认定手续。

（7）个体工商户符合增值税暂行条例所规定条件的，可以认定为一般纳税人。

（8）对从事成品油销售的加油站，一律按一般纳税人征税。[《国家税务总局关于加油站一律按照增值税一般纳税人征税的通知》（国税函〔2001〕882号）]

2. 一般纳税人的认定办法

增值税一般纳税人须向税务机关办理认定手续，以取得法定资格。1994年国家税务总局制定实施的《增值税一般纳税人申请认定办法》规定：

（1）凡增值税一般纳税人（以下简称一般纳税人），均应向其企业所在地主管税务机关申请办理一般纳税人认定手续。一般纳税人总分支机构不在同一县（市）的，应分别向其机构所在地主管税务机关申请办理一般纳税人认定手续。

（2）企业申请办理一般纳税人认定手续应提出申请报告并提供下列有关证件、资料（见图1-6）。

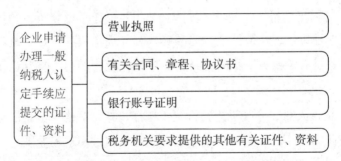

图1-6 企业申请办理一般纳税人认定手续应提交的证件、资料

上款所列证件、资料的内容由省级税务机关确定。

（3）主管税务机关在初步审核企业的申请报告和有关资料后，发给《增值税一般纳税人申请认定表》（表样由国家税务总局统一制定），企业填报该表一式两份，审批后，一份交基层征收机关，一份退企业留存。

（4）一般纳税人认定的审批权限在县级以上税务机关。对于企业填报的《申请认定表》，负责审批的税务机关应在收到之日起 30 日内审核完毕。符合一般纳税人条件的，在其《税务登记证》副本首页上方加盖"增值税一般纳税人"确认专章，作为领购增值税专用发票的证件。

对符合一般纳税人条件但不申请办理一般纳税人认定手续的纳税人，应按销售额依照增值税税率计算应纳税额，不得抵扣进项税额，也不得使用增值税专用发票。

（5）由于销售免税货物不得开具增值税专用发票，因此所有销售免税货物的企业都不办理一般纳税人认定手续。

（6）其他特殊情形的一般纳税人的认定参见上文"一般纳税人的认定标准"部分的内容。

3. 一般纳税人年审和临时一般纳税人转为一般纳税人的认定

在一般纳税人年审和临时一般纳税人转为一般纳税人过程中，对已使用增值税防伪税控系统但年应税销售额未达到规定标准的一般纳税人，如会计核算健全，且未有下列情形之一者，不取消其一般纳税人资格。

（1）虚开增值税专用发票或者有偷、骗、抗税行为；

（2）连续 3 个月未申报或者连续 6 个月纳税申报异常且无正当理由；

（3）不按规定保管、使用增值税专用发票、税控装置，造成严重后果。

上述一般纳税人在年审后的一个年度内，领购增值税专用发票应限定为千元版（最高开票限额 1 万元），个别确有需要经严格审核可领购万元版（最高开票限额 10 万元）的增值税专用发票，月领购增值税专用发票份数不得超过 25 份。

纳税人一经认定为增值税一般纳税人，不得再转为小规模纳税人；辅导期一般纳税人转为小规模纳税人的，按有关规定执行。

（三）新办商贸企业增值税一般纳税人的认定及管理

根据《国家税务总局关于加强新办商贸企业增值税征收管理有关问题的紧急通知》（国税发明电〔2004〕37 号）、《国家税务总局关于加强新办商贸企业增值税征收管理有关问题的补充通知》（国税发明电〔2004〕62号）的规定，新办商贸企业按下列规定办理一般纳税人资格：

1. 新办商贸企业一般纳税人的分类管理

（1）新办小型商贸企业必须自税务登记之日起，一年内实际销售额达到180万元（现为80万元），方可申请一般纳税人资格认定。新办小型商贸企业在认定为一般纳税人之前一律按照小规模纳税人管理。一年内销售额达到180万元（现为80万元）以后，税务机关对企业申报材料以及实际经营、申报缴税情况进行审核评估，确认无误后方可认定为一般纳税人，并相继实行纳税辅导期管理制度（以下简称辅导期一般纳税人管理）。辅导期结束后，经主管税务机关审核同意可转为正式一般纳税人，按照正常的一般纳税人管理。

（2）对具有一定经营规模、拥有固定经营场所，有相应经营管理人员，有货物购销合同或书面意向，有明确的货物购销渠道（供货企业证明），预计年销售额可达180万元以上（现为80万元）的新办商贸企业，经主管税务机关审核，可直接认定其为一般纳税人，实行辅导期一般纳税人管理。

（3）对设有固定经营场所和拥有货物实物的新办商贸零售企业，注册资金在500万元以上、人员在50人以上的新办大中型商贸企业，提出一般纳税人资格认定申请的，经主管税务机关案头审核、法定代表人约谈和实地查验，确认符合规定条件的，可直接认定为一般纳税人，按照正常的一般纳税人管理。

对新办小型商贸批发企业中只从事货物出口贸易，不需要使用专用发票的企业，为解决出口退税问题提出一般纳税人资格认定申请的，经主管税务机关案头审核、法定代表人约谈和实地查验，符合企业设立的有关规定，并有购销合同或书面意向，有明确的货物购销渠道（供货企业证明），可给予其增值税一般纳税人资格，但不发售增值税防伪税控开票系统和增值税专用发票。以后企业若要经营进口业务或内贸业务要求使用专用发票，则需重新申请，主管税务机关审核后按有关规定办理。

2. 新办商贸企业一般纳税人资格认定的审批管理

对申请一般纳税人资格认定的新办小型商贸批发企业，主管税务机关必须严格进行案头审核、法定代表人约谈和实地查验工作。对不符合条件的新办商贸批发企业不得认定为增值税一般纳税人。认定为一般纳税人并售发票后一个月内，税务机关要对企业经营和发票使用情况进行实地检查，提供服务，跟踪管理。

3. 辅导期的一般纳税人管理

一般纳税人的纳税辅导期一般应不少于 6 个月，在辅导期内，主管税务机关应按以下办法对其进行增值税征收管理：

（1）对小型商贸企业，主管税务机关应根据约谈和实地核查的情况对其限量限额发售专用发票，其增值税防伪税控开票系统最高开票限额不得超过1万元。对商贸零售企业和大中型商贸企业，主管税务机关也应根据企业实际经营情况对其限量限额发售专用发票，其增值税防伪税控开票系统最高开票限额由相关税务机关按照现行规定审批。专用发票的领购均实行按次限量控制，主管税务机关可根据企业的实际年销售额和经营情况确定每次的专用发票供应数量，但每次发售专用发票数量不得超过 25 份。

（2）企业按次领购数量不能满足当月经营需要的，可以再次领购，但纳税人在辅导期内增购专用发票，实行预缴增值税的办法，即每次增购前必须依据上一次已领购并开具的专用发票销售额的 4% 向主管税务机关预缴增值税，未预缴增值税税款的企业，主管税务机关不得向其增售专用发票。预缴的增值税可在本期增值税应纳税额中抵减，抵减后预缴增值税仍有余额的，应于下期增购专用发票时，按次抵减。

① 纳税人发生预缴税款抵减的，应自行计算需抵减的税款并向主管税务机关提出抵减申请。

② 主管税务机关接到申请后，经审核，纳税人缴税和专用发票发售情况无误，且纳税人预缴增值税余额大于本次预缴增值税的，不再预缴税款可直接发售专用发票；纳税人本次预缴增值税大于预缴增值税余额的，应按差额部分预缴后再发售专用发票。

③ 主管税务机关应在纳税人辅导期结束后的第一个月内，一次性退还纳税人因增购专用发票发生的预缴增值税余额。

(3) 对每月第一次领购的专用发票在月末尚未使用的，主管税务机关在次月发售专用发票时，应当按照上月未使用专用发票份数相应核减其次月专用发票供应数量。

(4) 对每月最后一次领购的专用发票在月末尚未使用的，主管税务机关在次月首次发售专用发票时，应当按照每次核定的数量与上月未使用专用发票份数相减后发售差额部分。

(5) 在辅导期内，商贸企业取得的专用发票抵扣联、海关进口增值税专用缴款书和废旧物资普通发票以及货物运输发票要在交叉稽核比对无误后，方可予以抵扣。

(6) 企业在次月进行纳税申报时，按照一般纳税人计算应纳税额方法计算申报增值税。如预缴增值税税额超过应纳税额的，经主管税务机关评估核实无误，多缴税款可在下期应纳税额中抵减。

（四）转为正常一般纳税人的审批及管理

1. 转为正常一般纳税人的审批

纳税辅导期满后，经审查，对同时符合以下条件的，主管税务机关可认定为正式一般纳税人，凡不符合下列条件之一的，可延长其纳税辅导期或取消其一般纳税人资格：

(1) 纳税评估的结论正常；

(2) 约谈、实地查验的结果正常；

(3) 企业申报、缴纳税款正常；

(4) 企业能够准确核算进项、销项税额，并正确取得和开具专用发票和其他合法的进项税额抵扣凭证。

2. 转为正常一般纳税人的管理

商贸企业结束辅导期转为正式一般纳税人后，原则上其增值税防伪税控开票系统最高限额不得超过 1 万元，对辅导期内实际销售额在 300 万元以上、且足额缴纳了税款的，经审核批准，可开具金额在10万元以下的专用发票。对于只开具金额在1万元以下专用发票的小型商贸企业，如有大宗货物交易，可凭国家公证部门公证的货物交易合同，经主管税务机关审核同意，适量开具金额在10万元以下专用发票，以满足该宗交易的需要。

大中型商贸企业结束辅导期转为正式一般纳税人后，其增值税防伪税控开票系统最高限额由相关税务机关根据企业实际经营情况按照现行规定审核批准。

五、增值税专用发票的使用及管理

增值税实行凭国家印发的增值税专用发票注明的税款进行抵扣的制度，专用发票是增值税一般纳税人销售货物或者提供应税劳务开具的发票，是购买方支付增值税额并据以抵扣增值税进项税额的凭证。一般纳税人应通过增值税防伪税控系统使用专用发票。

（一）增值税专用发票的领购使用范围

增值税专用发票（简称专用发票）只限于增值税的一般纳税人领购使用，一般纳税人有下列情形之一者，不得领购使用专用发票，如已领购使用专用发票，税务机关应收缴其结存的专用发票：

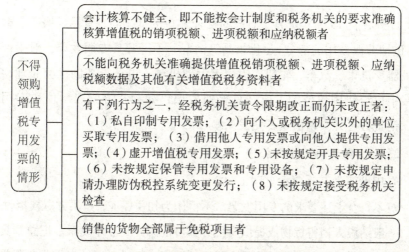

图1-7 不得领购增值税专用发票的情形

另外，纳税人当月购买专用发票而未申报纳税的，税务机关不得向其发售专用发票。

（二）专用发票的开具

1. 专用发票的开具范围

一般纳税人销售货物或者提供应税劳务，应向购买方开具专用发票。增值税小规模纳税人需要开具专用发票的，可向主管税务机关申请代开。下列情形不得开具专用发票：

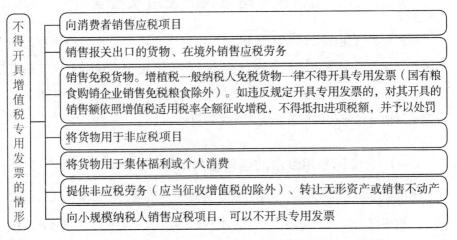

图1-8 不得开具增值税专用发票的情形

此外，自1995年7月1日起对商业零售的烟、酒、食品、服装、鞋帽（不包括劳保专用的部分）、化妆品等消费品不得开具专用发票；对生产经营机器、机车、汽车、轮船、锅炉等大型机械、电子设备的工商企业，凡直接销售给使用单位的，应开具普通发票，如购货方索取增值税专用发票，销货方可开具增值税专用发票。

2. 专用发票的开具要求

专用发票的开具要求见图1-9。

对不符合上述要求的专用发票，不得作为扣税凭证，购买方有权拒收。

一般纳税人销售货物或提供应税劳务可汇总开具专用发票。汇总开具专用发票的，同时使用防伪税控系统开具《销售货物或者提供应税劳务清单》，

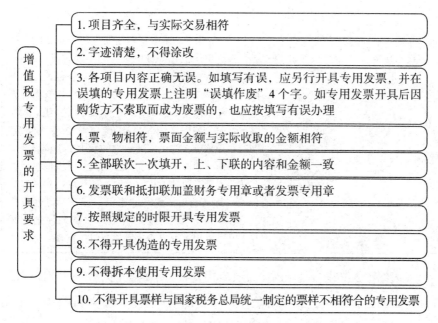

图1-9 增值税专用发票的开具要求

并加盖财务专用章或发票专用章。

3. 专用发票开具时限

表1-3　　　　　　　　　　专用发票开具时限

采用预收货款、托收承付、委托银行收款结算方式	为货物发出的当天
采用交款提货结算方式	为收到货款的当天
采用赊销、分期收款结算方式	为合同约定的收款日期的当天
将货物交付他人代销	为收到受托人送交的代销清单的当天
设有两个以上机构并实行统一核算的纳税人，将货物从一个机构移送其他机构用于销售	按规定应当征收增值税的，为货物移送的当天
期货交易专用发票的开具	（1）增值税一般纳税人在商品交易所通过期货交易销售货物的，无论发生升水或贴水，均可按标准仓单持有凭证所注明货物的数量和交割结算价开具增值税专用发票

续表

	（2）对于期货交易中仓单注册人注册货物时发生升水的，该仓单注销（即提取货物退出期货流通）时，注册人应当就升水部分款项向注销人开具增值税专用发票，同时计提销项税额，注销人凭取得的专用发票计算抵扣进项税额。发生贴水的，该仓单注销时，注册人应当就贴水部分款项向注销人开具负数增值税专用发票，同时冲减销项税额，注销人凭取得的专用发票调减进项税额，不得由仓单注销人向仓单注册人开具增值税专用发票。注册人开具负数专用发票时，应当取得商品交易所出具的《标准仓单注册升贴水单》或《标准仓单注销升贴水单》，按照所注明的升贴水金额向注销人开具，并将升贴水单留存以备主管税务机关检查

一般纳税人必须按规定时限开具专用发票，不得提前或滞后。对已开具专用发票的销售货物，要及时足额计入当期销售额计税。凡开具了专用发票，其销售额未按规定计入销售账户核算的，一律按偷税论处。

4. 电子计算机开具专用发票的要求

使用电子计算机开具专用发票必须报经主管税务机关批准并使用由税务机关监制的机外发票。符合下列条件的一般纳税人，可申请使用电子计算机开具专用发票：

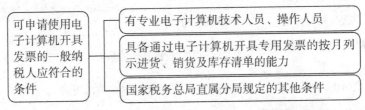

图 1-10　可申请使用电子计算机开具发票的一般纳税人应符合的条件

申请使用电子计算机开具专用发票，必须向主管税务机关提供申请报告及资料（见图 1-11）。

5. 专用发票与不得抵扣进项税额的规定

除购进免税农业产品和自营进口货物外，购进应税项目有下列情况之一者，不得抵扣进项税额（见图 1-12）。

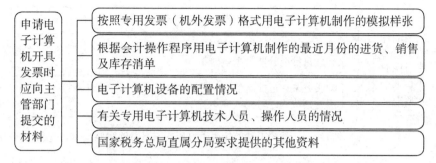

图1-11　申请电子计算机开具发票时应向主管部门提交的材料

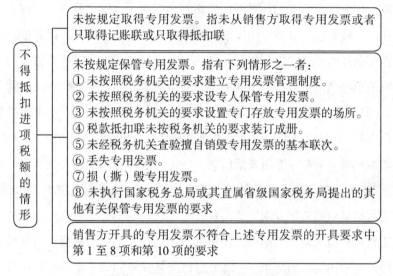

图1-12　不得抵扣进项税额的情形

有上述所列三项情形者，如其购进应税项目的进项税额已经抵扣，应从税务机关发现其有上述情形的当期的进项税额中扣减。

（三）专用发票的作废处理

1. 专用发票的作废处理

一般纳税人在开具专用发票当月发生销货退回、开票有误等情形，收到退回的发票联、抵扣联符合作废条件的，按作废处理；开具时发现有误的，可即时作废。作废条件是指同时具有下列情形：

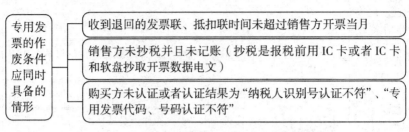

图1-13 专用发票的作废条件应同时具备的情形

作废专用发票须在防伪税控系统中将相应的数据电文按"作废"处理，在纸质专用发票（含未打印的专用发票）各联次上注明"作废"字样，全联次留存。一般纳税人取得专用发票后，发生销货退回、开票有误等情形但不符合作废条件的，或者因销货部分退回及发生销售折让的，购买方应向主管税务机关填报《开具红字增值税专用发票申请单》（以下简称《申请单》）。

《申请单》所对应的蓝字专用发票应经税务机关认证。经认证结果为"认证相符"并且已经抵扣增值税进项税额的，一般纳税人在填报《申请单》时不填写相对应的蓝字专用发票信息。经认证结果为"纳税人识别号认证不符"、"专用发票代码、号码认证不符"的，一般纳税人在填报《申请单》时应填写相对应的蓝字专用发票信息。

主管税务机关对一般纳税人填报的《申请单》进行审核后，出具《开具红字增值税专用发票通知单》（以下简称《通知单》）。《通知单》应与《申请单》一一对应。《通知单》应按月依次装订成册，并比照专用发票保管规定管理。

购买方必须依《通知单》所列增值税税额从当期进项税额中转出，未抵扣增值税进项税额的可列入当期进项税额，待取得销售方开具的红字专用发票后，与留存的《通知单》一并作为记账凭证。属于"纳税人识别号认证不符"、"专用发票代码、号码认证不符"的，不作进项税额转出。

销售方凭购买方提供的《通知单》开具红字专用发票，在防伪税控系统中以销项负数开具。红字专用发票应与《通知单》一一对应。

2. 红字专用发票的开具

增值税一般纳税人开具增值税专用发票后，发生销货退回、销售折让以

及开票有误等情况需要开具红字专用发票的，视不同情况分别按以下办法
处理：

表1-4　　　　　　　　不同情况下需要开具红字专用发票的处理

专用发票抵扣联、发票联均无法认证	由购买方填报《申请单》，并在申请单上填写具体原因以及相对应蓝字专用发票的信息，主管税务机关审核后出具《通知单》。购买方不作进项税额转出处理
购买方所购货物不属于增值税扣税项目范围，取得的专用发票未经认证	由购买方填报申请单，并在申请单上填写具体原因以及相对应蓝字专用发票的信息，主管税务机关审核后出具通知单。购买方不作进项税额转出处理
开票有误购买方拒收专用发票	销售方须在专用发票认证期限内向主管税务机关填报申请单，并在申请单上填写具体原因以及相对应蓝字专用发票的信息，同时提供由购买方出具的写明拒收理由、错误具体项目以及正确内容的书面材料，主管税务机关审核确认后出具通知单。销售方凭通知单开具红字专用发票
开票有误等原因尚未将专用发票交付购买方	销售方须在开具有误专用发票的次月内向主管税务机关填报申请单，并在申请单上填写具体原因以及相对应蓝字专用发票的信息，同时提供由销售方出具的写明具体理由、错误具体项目以及正确内容的书面材料，主管税务机关审核确认后出具通知单。销售方凭通知单开具红字专用发票
发生销货退回或销售折让	除按照规定进行处理外销售方还应在开具红字专用发票后将该笔业务的相应记账凭证复印件报送主管税务机关备案

税务机关为小规模纳税人代开专用发票需要开具红字专用发票的，比照
一般纳税人开具红字专用发票的处理办法，通知单第二联交代开税务机关。

（四）专用发票的管理

1. 税务机关代开增值税专用发票管理的规定

（1）从2005年1月1日起，增值税一般纳税人取得的税务机关通过防
伪税控系统代开的增值税专用发票，通过防伪税控认证子系统采集抵扣联信
息，不再填报《代开发票抵扣清单》，其认证、申报抵扣期限的有关规定按
照《国家税务总局关于增值税一般纳税人取得防伪税控系统开具的增值税专
用发票进项税额抵扣问题的通知》（国税发〔2003〕17号）的规定执行，并

按照现行防伪税控增值税专用发票比对内容进行"一窗式"比对。

（2）对实行定期定额征收方法的纳税人正常申报时，按以下方法进行清算：

① 每月开票金额大于应征增值税税额的，以开票金额数为依据征收税款，并作为下一年度核定定期定额的依据；

② 每月开票金额小于应征增值税税额的，按应征增值税税额数征收税款。

（3）税务机关要加强对认证通过的代开增值税专用发票和纳税人申报表进行比对。对票表比对异常的要查清原因依照有关规定分别进行处理。要对小规模纳税人申报的应纳税销售额进行审核，其当期申报的应纳税销售额不得小于税务机关为其代开的增值税专用发票上所注明的金额。

2. 防伪税控系统增值税专用发票的管理

具体参照表1-5。

表1-5　　　　　　　　防伪税控系统增值税专用发票的管理

税务机关专用发票管理部门在运用防伪税控发售系统进行发票入库管理或向纳税人发售专用发票时	要认真录入发票代码、号码，并与纸质专用发票进行仔细核对，确保发票代码、号码电子信息与纸质发票的代码、号码完全一致
纳税人在运用防伪税控系统开具专用发票时	应认真检查系统中的电子发票代码、号码与纸质发票是否一致。如发现税务机关错填电子发票代码、号码的，应持纸质专用发票和税控 IC 卡到税务机关办理退回手续
税务机关错误录入代码或号码后又被纳税人开具的专用发票	（1）纳税人当月发现上述问题的，应按照专用发票使用管理的有关规定，对纸质专用发票和防伪税控开票系统中专用发票电子信息同时进行作废，并及时报主管税务机关。纳税人在以后月份发现的，应按有关规定开具负数专用发票 （2）主管税务机关按照有关规定追究有关人员责任。同时将有关情况，如发生原因、主管税务机关名称、编号、纳税人名称、纳税人识别号、发票代码号码（包括错误的和正确的）、发生时间、责任人以及处理意见或请求等逐级上报至总局。 （3）对涉及发票数量多、影响面较大的，国家税务总局将按规定程序对"全国作废发票数据库"进行修正

续表

在未收回专用发票抵扣联及发票联，或虽已收回专用发票抵扣联及发票联但购货方已将专用发票抵扣联报送税务机关认证的情况下	销货方一律不得作废已开具的专用发票

（五）增值税专用发票管理中若干问题的处理规定

1. 被盗、丢失增值税专用发票的处理

（1）纳税人必须严格按《增值税专用发票使用规定》保管使用专用发票，对违反规定发生被盗、丢失专用发票的纳税人，按规定处以1万元以下的罚款，并可视具体情况，对丢失专用发票的纳税人，在一定期限内（最长不超过半年）停止领购专用发票，对纳税人申报遗失的专用发票，如发现非法代开，虚开问题的，该纳税人应承担偷税、骗税的连带责任。

（2）纳税人丢失专用发票后，必须按规定程序向当地主管税务机关、公安机关报失。各地税务机关对丢失专用发票的纳税人按规定进行处罚的同时，代收取"挂失登报费"，并将丢失专用发票的纳税人名称、发票份数、字轨号码、盖章与否等情况，统一传（寄）中国税务报社刊登"遗失声明"。传（寄）中国税务报社的"遗失声明"，必须经县（市）国家税务机关审核盖章、签署意见。

2. 对代开、虚开增值税专用发票的处理

代开发票是指为与自己没有发生直接购销关系的他人开具发票的行为，虚开发票是指在没有任何购销事实的前提下为他人、为自己或让他人为自己或介绍他人开具发票的行为。代开、虚开发票的行为都是严重的违法行为。对代开、虚开专用发票的，一律按票面所列货物的适用税率全额征补税款，并按《税收征管法》的规定按偷税给予处罚。对纳税人取得代开、虚开的增值税专用发票不得作为增值税合法抵扣凭证抵扣进项税额。代开、虚开发票构成犯罪的，按全国人大常委会发布的《关于惩治虚开、伪造和非法出售增值税专用发票犯罪的决定》处以刑罚。

3. 纳税人善意取得虚开的增值税专用发票处理

（1）根据《国家税务总局关于纳税人善意取得虚开的增值税专用发票处理问题的通知》（国税发〔2000〕187号）的规定：

① 购货方与销售方存在真实的交易，销售方使用的是其所在省（自治区、直辖市和计划单列市）的专用发票，专用发票注明的销售方名称、印章、货物数量、金额及税额等全部内容与实际相符，且没有证据表明购货方知道销售方提供的专用发票是以非法手段获得的，对购货方不以偷税或者骗取出口退税论处。但应按有关规定不予抵扣进项税款或者不予出口退税；购货方已经抵扣的进项税款或者取得的出口退税，应依法追缴。

② 购货方能够重新从销售方取得防伪税控系统开出的合法、有效专用发票的，或者取得手工开出的合法、有效专用发票且取得了销售方所在地税务机关已经或者正在依法对销售方虚开专用发票行为进行查处证明的，购货方所在地税务机关应依法准予抵扣进项税款或者出口退税。

③ 如有证据表明购货方在进项税款得到抵扣或者获得出口退税前知道该专用发票是销售方以非法手段获得的，对购货方应按《国家税务总局关于纳税人取得虚开的增值税专用发票处理问题的通知》（国税发〔1997〕134号）和《国家税务总局关于〈国家税务总局关于纳税人取得虚开的增值税专用发票处理问题的通知〉的补充通知》（国税发〔2000〕182号）的规定处理。

（2）依据国税发〔2000〕182号（《国家税务总局关于＜国家税务总局关于纳税人取得虚开的增值税专用发票处理问题的通知＞的补充通知》）文件，有下列情形之一的，无论购货方（受票方）与销售方是否进行了实际的交易，增值税专用发票所注明的数量、金额与实际交易是否相符，购货方向税务机关申请抵扣进项税款或者出口退税的对其均应按偷税或者骗取出口退税处理：

① 购货方取得的增值税专用发票所注明的销售方名称、印章与其进行实际交易的销售方不符的，即国税发〔1997〕134号文件第二条规定的"购货方从销售方取得第三方开具的专用发票"的情况。

② 购货方取得的增值税专用发票为销售方所在省（自治区、直辖市和

计划单列市）以外地区的，即国税发〔1997〕134号文件第二条规定的"从销货地以外的地区获得专用发票"的情况。

③其他有证据表明购货方明知取得的增值税专用发票系销售方以非法手段获得的，即国税发〔1997〕134号文件第一条规定的"受票方利用他人虚开的专用发票，向税务机关申报抵扣税款进行偷税"的情况。

（3）根据《国家税务总局关于纳税人善意取得虚开增值税专用发票已抵扣税款加收滞纳金问题的批复》（国税函〔2007〕1240号）规定，纳税人善意取得虚开的增值税专用发票被依法追缴已抵扣税款的，不再加收滞纳金。

4. 增值税纳税人放弃免税权有关问题

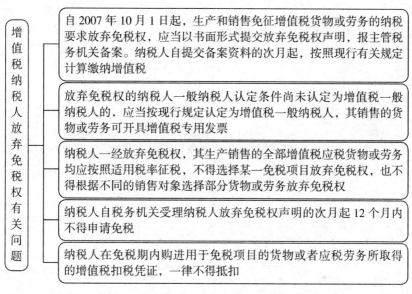

图1-14 增值税纳税人放弃免税权有关问题

第二章　增值税应纳税额的计算

阅读提示：

　　学习税法知识，了解应纳税额的计算是关键。只有对应纳税额的计算了如指掌，才能在实务中运用自如，也才能在此基础上谈纳税筹划的问题。本章较全面地介绍了增值税应纳税额的计算，帮你理清思路、夯实基础。增值税应纳税额的计算主要从以下几个方法掌握：

　　一、增值税的税率与征收率；二、一般纳税人应纳税额的计算；三、小规模纳税人应纳税额的计算。

一、增值税的税率与征收率

（一）我国增值税的基本税率

　　根据确定增值税税率的基本原则，我国增值税设置了一档17%的基本税率和一档13%的低税率，此外还有对出口货物实施零税率。纳税人销售或者进口货物，除下文列举的外，税率均为17%，提供加工、修理修配劳务的，税率也为17%，这一税率就是通常所说的基本税率。

　　在具体适用中，应当注意以下两种情形：

　　（1）纳税人兼营不同税率的货物或者应税劳务的，应当分别核算不同税率货物或者应税劳务的销售额，未分别核算销售额的从高适用税率。

　　（2）纳税人兼营非增值税应税劳务，应分别核算货物或应税劳务和非增值税应税劳务；未分别核算的，由主管税务机关核定货物或者应税劳务的销售额。

（二）我国增值税的低税率

纳税人销售或者进口下列货物的，税率为13%，这一税率即是通常所说的低税率。

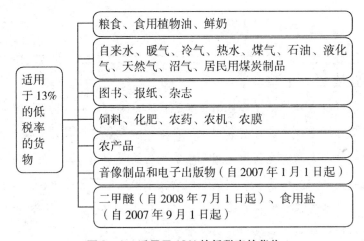

适用于13%的低税率的货物
- 粮食、食用植物油、鲜奶
- 自来水、暖气、冷气、热水、煤气、石油、液化气、天然气、沼气、居民用煤炭制品
- 图书、报纸、杂志
- 饲料、化肥、农药、农机、农膜
- 农产品
- 音像制品和电子出版物（自2007年1月1日起）
- 二甲醚（自2008年7月1日起）、食用盐（自2007年9月1日起）

图2-1 适用于13%的低税率的货物

具体而言，上述适用低税率的产品的范围如下：

1. 农业产品

农业产品是指种植业、养殖业、林业、牧业、水产业生产的各种植物、动物的初级产品。除农业生产者销售自产农业产品予以免征增值税外，一切单位和个人销售外购农业产品或外购农业产品生产、加工后销售的仍然属于注释所列农业产品的，应按规定税率征税。［财政部、国家税务总局关于印发《农业产品征税范围注释》的通知（财税字〔1995〕52号）］

（1）植物类。植物类包括人工种植和天然生长的各种植物的初级产品，具体征税范围为：

① 粮食。包括小麦、稻谷、玉米、高粱、谷子和其他杂粮（如：面粉，米，玉米面、渣等）。切面、饺子皮、馄饨皮、面皮、米粉等粮食复

制品，也属于本货物的征税范围。

挂面按照粮食复制品适用13％的增值税税率。[《国家税务总局关于挂面适用增值税税率问题的通知》（国税函〔2008〕1007号）]

以粮食为原料加工的速冻食品、方便面、副食品和各种熟食品及淀粉，不属于本货物的征税范围。

② 蔬菜。包括各种蔬菜、菌类植物和少数可作副食的木本植物。

经晾晒、冷藏、冷冻、包装、脱水等工序加工的蔬菜、腌菜、咸菜、酱菜和盐渍蔬菜等，也属于本货物的征税范围。

各种蔬菜罐头不属于本货物的征税范围。

③ 烟叶。包括晒烟叶、晾烟叶和初烤烟叶。

④ 茶叶。包括各种名茶（如红毛茶、绿毛茶、乌龙毛茶、白毛茶、黑毛茶等）。

精制茶、边销茶及掺兑各种药物的茶和茶饮料，不属于本货物的征税范围。

⑤ 园艺植物。园艺植物是指可供食用的果实，如水果、果干（如荔枝干、桂圆干、葡萄干等）、干果、果仁、果用瓜（如甜瓜、西瓜、哈密瓜等），以及胡椒、花椒、大料、咖啡豆等。经冷冻、冷藏、包装等工序加工的园艺植物，也属于本货物的征税范围。

各种水果罐头、果脯、蜜钱、炒制的果仁、坚果、碾磨后的园艺植物（如胡椒粉、花椒粉等），不属于本货物的征税范围。

⑥ 药用植物。药用植物是指用作中药原药的各种植物的根、茎、皮、叶、花、果实等。

利用上述药用植物加工制成的片、丝、块、段等中药饮片，也属于本货物的征税范围。中成药不属于本货物的征税范围。

⑦ 油料植物。油料植物是指主要用作榨取油脂的各种植物的根、茎、叶、果实、花或者胚芽组织等初级产品。如菜子（包括芥菜子）、花生、大豆、葵花子、蓖麻子、芝麻子、胡麻子、茶子、桐子、橄榄仁、棕榈仁、棉籽等。

提取芳香油的芳香油料植物，也属于本货物的征税范围。

茴油、毛椰子油二者均属于农业初级产品，按13%的税率征税。[《国家税务总局关于茴油、毛橄子油适用增值税税率的批复》（国税函〔2003〕426号）]

⑧ 纤维植物。纤维植物是指利用其纤维作纺织、造纸原料或者绳索的植物，如棉（包括籽棉、皮棉、絮棉）、大麻、黄麻、槿麻、苎麻、茼麻、亚麻、罗布麻、蕉麻、剑麻等。

棉短绒和麻纤维经脱胶后的精干（洗）麻，也属于本货物的征税范围。

⑨ 糖料植物。糖料植物是指主要用作制糖的各种植物，如甘蔗、甜菜等。

⑩ 林业产品。林业产品是指乔木、灌木和竹类植物，以及天然树脂、天然橡胶。林业产品的征税范围包括：原木、原竹、天然树脂和其他林业产品。盐水竹笋也属于本货物的征税范围。

其他植物。其他植物是指除上述列举植物以外的其他各种人工种植和野生的植物，如树苗、花卉、植物种子、植物叶子、草、麦秸、豆类、薯类、藻类植物等。

⑪ 干花、干草、薯干、干制的藻类植物、农业产品的下脚料等，也属于本货物的征税范围。

（2）动物类。动物类包括人工养殖和天然生长的各种动物的初级产品。具体征税范围为：

① 水产品。水产品是指人工放养和人工捕捞的鱼、虾、蟹、鳖、贝类、棘皮类、软体类、腔肠类、海兽类动物。本货物的征税范围包括鱼、虾、蟹、鳖、贝类、棘皮类、软体类、腔肠类、海兽类、鱼苗（卵）、虾苗、蟹苗、贝苗（秧），以及经冷冻、冷藏、盐渍等防腐处理和包装的水产品。

干制的鱼、虾、蟹、贝类、棘皮类、软体类、腔肠类，如干鱼、干虾、干虾仁、干贝等，以及未加工成工艺品的贝壳、珍珠，也属于本货物的征税范围。

熟制的水产品和各类水产品的罐头，不属于本货物的征税范围。

② 畜牧产品。畜牧产品是指人工饲养、繁殖取得和捕获的各种畜禽。本货物的征税范围包括：

兽类、禽类和爬行类动物，如牛、马、猪、羊、鸡、鸭等兽类、禽类和爬行类动物的肉产品。

各种兽类、禽类和爬行类动物的肉类生制品，如腊肉、腌肉、熏肉等，也属于本货物的征税范围。

各种肉类罐头、肉类熟制品，不属于本货物的征税范围。

蛋类产品。是指各种禽类动物和爬行类动物的卵，包括鲜蛋、冷藏蛋。经加工的咸蛋、松花蛋、腌制的蛋等，也属于本货物的征税范围。各种蛋类的罐头，不属于本货物的征税范围。

鲜奶。是指各种哺乳类动物的乳汁和经净化、杀菌等加工工序生产的乳汁。按照《食品营养强化剂使用卫生标准》（GB 14880—94）添加微量元素生产的鲜奶，可依照"鲜奶"按13%的增值税税率征收增值税。

用鲜奶加工的各种奶制品，如酸奶、奶酪、奶油等，不属于本货物的征税范围。

③ 动物皮张。动物皮张是指从各种动物（兽类、禽类和爬行类动物）身上直接剥取的，未经鞣制的生皮、生皮张。

将生皮、生皮张用清水、盐水或者防腐药水浸泡、刮里、脱毛、晒干或者熏干，未经鞣制的，也属于本货物的征税范围。

④ 动物毛绒。动物毛绒是指未经洗净的各种动物的毛发、绒毛和羽毛。洗净毛、洗净绒等不属于本货物的征税范围。

⑤ 其他动物组织。其他动物组织是指上述列举以外的兽类、禽类、爬行类动物的其他组织，以及昆虫类动物，具体包括：

蚕茧。包括鲜茧和干茧，以及蚕蛹。

天然蜂蜜。是指采集的未经加工的天然蜂蜜、鲜蜂王浆等。

动物树脂，如虫胶等。

其他动物组织，如动物骨、壳、兽角、动物血液、动物分泌物、蚕种等。

注意：一般纳税人购进血液不属于购进免税农产品，也不得比照免税农产品按买价和13%的扣除率计算抵扣进项税额。[《国家税务总局关于血液制品增值税政策的批复》（国税函〔2004〕335号）]

2. 食用植物油

植物油是从植物根、茎、叶、果实、花或胚芽组织中加工提取的油脂。食用植物油仅指：芝麻油、花生油、豆油、菜子油、米糠油、葵花子油、棉籽油、玉米胚油、茶油、胡麻油以及以上述油为原料生产的混合油。棕榈油也属本货物范围。

薄荷油不属于本货物范围，应按17%的税率征税。[《国家税务总局关于增值税若干税收政策问题的批复》（国税函〔2001〕248号）]

3. 自来水

自来水是指自来水公司及工矿企业经抽取、过滤、沉淀、消毒等工序加工后，通过供水系统向用户供应的水。

农业灌溉用水、引水工程输送的水等，不属于本货物的范围。

4. 暖气、热水

暖气、热水是指利用各种燃料（如煤、石油、其他各种气体或固体、液体燃料）和电能将水加热，使之形成的气体和热水，以及开发自然热能，如开发地热资源或用太阳能生产的暖气、热气、热水。

利用工业余热生产、回收的暖气、热气和热水也属于本货物的范围。

5. 冷气

冷气是指为了调节室内温度，利用制冷设备生产的，并通过供风系统向用户提供的低温气体。

6. 煤气

煤气是指由煤、焦炭、半焦和重油等经干馏或汽化等生产过程所得气体产物的总称。煤气的范围包括：

（1）焦炉煤气。是指煤在炼焦炉中进行干馏所产生的煤气。

（2）发生炉煤气。是指用空气（或氧气）和少量的蒸气将煤或焦炭、半焦，在煤气发生炉中进行汽化所产生的煤气、混合煤气、水煤气、单水煤气、双水煤气等。

（3）液化煤气。是指压缩成液体的煤气。

7. 石油液化气

石油液化气是指由石油加工过程中所产生的低分子量的烃类炼厂气经压缩而成的液体。主要成分是丙烷、丁烷、丁烯等。

对由石油伴生气加工压缩而成的石油液化气，按13%的增值税率征收增值税。[《国家税务总局关于由石油伴生气加工压缩成的石油液化气适用增值税税率的通知》（国税发〔2005〕83号）]

8. 天然气

天然气是蕴藏在地层内的碳氢化合物可燃气体。主要含有甲烷、乙烷等低分子烷烃和丙烷、丁烷、戊烷及其他重质气态烃类。

天然气包括气田天然气、油田天然气、煤矿天然气和其他天然气。

注意：天然二氧化碳不属于天然气，不应比照天然气征税，应按17%税率征税。[《国家税务总局关于天然二氧化碳适用增值税税率的批复》（国税函〔2003〕1324号）]

9. 沼气

沼气的主要成分为甲烷，由植物残体在与空气隔绝的条件下经自然分解而成，沼气主要用作燃料。本货物的范围包括天然沼气和人工生产的沼气。

10. 居民用煤炭制品

居民用煤炭制品是指煤球、煤饼、蜂窝煤和引火炭。

11. 图书、报纸、杂志

图书、报纸、杂志是采用印刷工艺，按照文字、图画和线条原稿印刷成的纸制品。本货物的范围是：

（1）图书。是指由国家新闻出版管理部门批准的出版单位出版，采用国际标准书号编序的书籍以及图片。

与中小学课本相配套的教材配套产品（包括各种纸制品或图片），应按照税目"图书"13%的增值税税率征税。[《国家税务总局关于中小学课本配套产品适用增值税税率的批复》（国税函〔2006〕770号）]

（2）报纸。是指经国家新闻出版管理部门批准，在各省、自治区、直辖市新闻出版管理部门登记，具有国内统一刊号（CN）的报纸。

（3）杂志。是指经国家新闻出版管理部门批准，在各省、自治区、直辖市新闻出版管理部门登记，具有国内统一刊号（CN）的刊物。

（4）音像制品和电子出版物。"音像制品"是指正式出版的录有内容的录音带、录像带、唱片、激光唱盘和激光视盘。"电子出版物"是指以数字代码方式，使用计算机应用程序，将图文声像等内容信息编辑加工后存储在具有确定的物理形态的磁、光、电等介质上，通过内嵌在计算机、手机、电子阅读设备、电子显示设备、数字音/视频播放设备、电子游戏机、导航仪以及其他具有类似功能的设备上读取使用，具有交互功能，用以表达思想、普及知识和积累文化的大众传播媒体。载体形态和格式主要包括只读光盘（CD 只读光盘 CD—ROM、交互式光盘 CD—I、照片光盘 Photo—CD、高密度只读光盘 DVD—ROM、蓝光只读光盘 HD—DVDROM 和 BDROM 等）、一次写入式光盘（一次写入 CD 光盘 CD—R、一次写入高密度光盘 DVD—R、一次写入蓝光光盘 HD—DVD/R，BD—R 等）、可擦写光盘（可擦写 CD 光盘 CD—RW、可擦写高密度光盘 DVD—RW、可擦写蓝光光盘 HDDVD—RW 和 BD—RW、磁光盘 MO 等）、软磁盘（FD）、硬磁盘（HD）、集成电路卡（CF 卡、MD 卡、SM 卡、MMC 卡、RS—MMC 卡、MS 卡、SD 卡、XD 卡、T—Flash 卡、记忆棒等）和各种存储芯片。

12. 饲料（除豆粕外，免征增值税）

骨粉、鱼粉按"饲料"征收增值税。[《财政部 国家税务总局关于金银首饰等货物征收增值税问题的通知》（财税字〔1996〕074 号）]

进口和国内生产豆粕均按 13% 征税。[《财政部 国家税务总局关于豆粕等粕类产品征免增值税政策的通知》（财税〔2001〕30 号）]

矿物质微量元素舔砖免征增值税。[《国家税务总局关于矿物质微量元素舔砖免征增值税问题的批复》（国税函〔2005〕1127 号）]

下列 13-16 项所列农业生产资料免征增值税的规定详见《国家税务总局关于农业生产资料征免增值税政策的通知》（财税〔2001〕113 号）。

13. 化肥

化肥是指经化学和机械加工制成的各种化学肥料。化肥的范围包括：

（1）氮肥。主要品种有尿素和硫酸铵、硝酸铵、碳酸氢铵、氯化铵、石灰氮、氨水等。

（2）磷肥。主要品种有磷矿粉、过磷酸钙（包括普通过磷酸钙和重过磷酸钙两种）、钙镁磷肥、钢渣磷肥等。

（3）钾肥。主要品种有硫酸钾、氯化钾等。

（4）复合肥料。是用化学方法合成或混合配制成含有氮、磷、钾中的两种或两种以上的营养元素的肥料。含有两种的称二元复合肥料，含有三种的称三元复合肥料，含三种元素和某些其他元素的叫多元复合肥料。主要产品有硝酸磷肥、磷酸铵、磷酸二氢钾肥、钙镁磷钾肥、磷酸一铵、磷粉二铵、氮磷钾复合肥等。

对纳税人生产销售的磷酸二铵产品免征增值税。〔《财政部 国家税务总局关于免征磷酸二铵增值税的通知》（财税〔2007〕171号）〕

（5）微量元素肥。是指含有一种或多种植物生长所必需但需要量又极少的营养元素的肥料，如硼肥、锰肥、锌肥、铜肥、钼肥等。

（6）其他肥。是指上述列举以外的其他化学肥料。

纳税人生产销售和批发、零售有机肥产品免征增值税。〔《财政部 国家税务总局关于有机肥产品免征增值税的通知》（财税〔2008〕56号）〕

14. 农药

农药是指用于农林业防治病虫害、除虫及调节植物生长的药剂。农药包括农药原药和农药制剂。如杀虫剂、杀菌剂、除草剂、植物性农药、微生物农药、卫生用药、其他农药原药、制剂等等。人类日常生活中各种类型包装的日用卫生用药（如卫生杀虫剂、驱虫剂、驱蚊剂、蚊香、消毒剂等），不属农药范围。〔自2004年1月1日起，停止对国产农药免征生产环节增值税，见《财政部 海关总署国家税务总局关于农药税收政策的通知》（财税〔2003〕186号）〕

15. 农膜

农膜是指用于农业生产的各种地膜、大棚膜。

16. 农机

农机是指用于农业生产（包括林业、牧业、副业、渔业）的各种机器、机械化和半机械化农具以及小农具。农机的范围为：

（1）拖拉机。是以内燃机为驱动牵引机具，从事作业和运载物资的机械。包括轮式拖拉机、履带拖拉机、手扶拖拉机、机耕船。

拖拉机底盘属于农机零配件，不属于农机产品，应按17%税率征税。〔《国家税务总局关于增值税若干税收政策问题的批复》（国税函〔2001〕248号）〕

注意：不带动力的手扶拖拉机（也称"手扶拖拉机底盘"）属于农机，应按有关农机的规定征免增值税。

（2）土壤耕整机械。是对土壤进行耕翻整理的机械。包括机引犁、机引耙、旋耕机、镇压器、联合整地器、合壤器、其他土壤耕整机械。

（3）农田基本建设机械。是指从事农田基本建设的专用机械。包括开沟筑埂机、开沟铺管机、铲抛机、平面机、其他农田基本建设机械。

（4）种植机械。是指将农作物种子或秧苗移植到适于作物生产的苗床机械。包括播作机、水稻插秧机、栽植机、地膜覆盖机、复式播种机、秧苗准备机械。

（5）植物保护和管理机械。是指农作物在生产过程中的管理、施肥、防治病虫害的机械。包括机动喷粉机、喷雾机（器）、弥雾喷粉机、修剪机、中耕除草机、播种中耕机、培土机具、施肥机。

（6）收获机械。是指收获各种农作物的机械。包括粮谷、棉花、薯类、甜菜、甘蔗、茶叶、油料等收获机。

（7）场上作业机械。是指对粮食作物进行脱粒、清选、烘干的机械。包括各种脱粒机、清选机、粮谷干燥机、种子精选机。

（8）排灌机械。是指用于农牧业排水、灌溉的各种机械设备。包括喷灌机、半机械化提水机具、打井机。

农用水泵按农机产品征税。〔《财政部 国家税务总局关于增值税几个税收政策问题的通知》（财税字〔1994〕060号）〕

纳税人生产销售和批发、零售滴灌带和滴灌管产品免征增值税。〔《财

政部 国家税务总局关于免征滴灌带和滴灌管产品增值税的通知》（财税〔2007〕83 号）〕

（9）农副产品加工机械。是指对农副产品进行初加工，加工后的产品仍属农副产品的机械。包括茶叶机械、剥壳机械、棉花加工机械（包括棉花打包机）、食用菌机械（培养木耳、蘑菇等）、小型粮谷机械。

以农副产品为原料加工业产品的机械，不属于本货物的范围。

（10）农业运输机械。是指农业生产过程中所需的各种运输机械。包括人力车（不包括三轮运货车）、畜力车和拖拉机挂车。

农用汽车不属于本货物的范围。

注意：三轮农用运输车（指以单缸柴油机为动力装置的三个车轮的农用运输车辆）属于农机，应按有关农机的规定征免增值税。

（11）畜牧业机械。是指畜牧业生产中所用的各种机械。包括草原建设机械、牧业收获机械、饲料加工机械、畜禽饲养机械、畜产品采集机械。

（12）渔业机械。是指捕捞、养殖水产品所用的机械。包括捕捞机械、增氧机、饵料机。

机动渔船不属于本货物的范围。

（13）林业机械。是指用于林业的种植、育林的机械。包括清理机械、育林机械、林苗栽植机械。

森林砍伐机械、集材机械不属于本货物征收范围。

（14）小农具。包括畜力犁、畜力耙、锄头和镰刀等农具。

农机零部件不属于本货物的征收范围。

注意：3 缸以下（含 3 缸）农用柴油机按农机产品征税。〔《财政部 国家税务总局关于增值税几个税收政策问题的通知》（财税字〔1994〕060 号）〕

17. 盐

自 2007 年 9 月 1 日起，盐适用增值税税率由 17% 统一调整为 13%，盐是指主体化学成分为氯化钠的工业盐和食用盐，包括海盐、湖盐、井矿盐。其具体范围是指符合《食用盐》（GB 5461—2000）和《食用盐卫生标准》（GB 2721—2003）两项国家标准的食用盐。

18. 二甲醚

二甲醚，是指化学分子式为 CH3OCH3，常温常压下为具有轻微醚香味，易燃、无毒、无腐蚀性的气体。

（三）我国增值税的零税率

纳税人出口货物，除国务院另有规定外，税率为零。

目前，出口货物不实行零税率的货物有：出口的原油，援外出口货物；国家禁止出口的天然牛黄、麝香、铜及铜基合金、白金、糖等。

（四）我国增值税征收率

我国现行增值税法在规定税率的同时，对小规模纳税人和特定货物规定了征收率，实行按销售额与征收率计算应纳税额的简易方法。

（1）对小规模纳税人实行按销售额与征收率计算应纳税额的简易方法。小规模纳税人经营规模小，会计核算不健全，无法按基本税率和低税率准确计税，且不允许其使用增值税专用发票，其适用征收率的一般规定是：小规模纳税人销售货物或者应税劳务的，按简易办法依3%的征收率征税，不再区分工业和商业小规模纳税人。

（2）一般纳税人生产的下列货物，可按简易办法依照6%的征收率计算缴纳增值税，并可由其自己开具专用发票：

① 县以下小型水力发电单位（指装机容量在5万千瓦以下的小型水力发电单位）生产的电力；

② 建筑用和生产建筑材料所用的砂、土、石料；

③ 以自己采掘的砂、土、石料或其他矿物连续生产的砖、瓦、石灰（粘土实心砖、瓦除外）；

④ 用微生物、微生物代谢产物、动物毒素、人或动物的血液或组织制成的生物制品；

⑤ 自来水；

⑥ 商品混凝土（仅限于以水泥为原料生产的水泥混凝土）。

生产上述货物的一般纳税人，也可不按简易办法而按有关对增值税一般纳税人的规定计算缴纳增值税。一般纳税人生产上述货物所选择的计算缴纳增值税的办法至少3年内不得变更。

（3）寄售商店代销的寄售物品、典当业销售的死当物品和经有权机关批准的免税商店零售免税货物暂按简易办法依照4%的征收率计征增值税。

（4）对增值税一般纳税人生产销售的商品混凝土按3%的征收率征收增值税，但不得开具增值税专用发票。

（5）对飞机维修劳务增值税实际税负超过3%的部分实行由税务机关即征即退。[《财政部 国家税务总局关于飞机维修增值税问题的通知》（财税〔2000〕102号）]

（6）对拍卖、委托拍卖增值税应税货物，向买方收取的全部价款和价外费用，应当按照3%的征收率征收增值税。

（7）对卫生防疫站调拨生物制品和药械，可按照3%的增值税征收率征收增值税。

二、一般纳税人应纳税额的计算

增值税一般纳税人当期应纳增值税税额的大小主要取决于当期销项税额和当期进项税额两个因素。应纳税额的计算公式为：

$$应纳税额 = 当期销项税额 - 当期进项税额$$

（一）增值税销项税额的计算

纳税人销售货物或者提供应税劳务，按照销售额或应税劳务收入和规定的税率计算并向购买方收取的增值税额，为销项税额。销项税额由购买方支付，是销售货物或提供应税劳务的整体税负，对于属于一般纳税人的销售方来讲，在没有抵扣其进项税额前，销售方收取的销项税额还不是其应纳增值税税额。销项税额的计算公式如下：

$$销项税额 = 销售额 \times 适用税率$$

或者：

$$销项税额 = 组成计税价格 \times 适用税率$$

销项税额的计算取决于销售额和适用税率两个因素，该销售额是不含销项税额的销售额，这体现了增值税是价外税的特点。根据该公式，在增值税税率一定的情况下计算销项税额的关键在于正确、合理地确定销售额。

1. 销售额的一般规定

销售额为纳税人销售货物或应税劳务向购买方收取的全部价款和价外费用，但是不包括收取的销项税额。具体地说，应税销售额包括以下内容：

（1）销售货物或应税劳务取自于购买方的全部价款，但该价款当然不包括向购买方收取的销项税额，因为增值税属于价外税，其税款不应包含在销售货物的价款之中。

（2）向购买方收取的各种价外费用。包括价外向购买方收取的手续费、补贴、基金、集资费、返还利润、奖励费、违约金、滞纳金、延期付款利息、赔偿金、代收款项、代垫款项、包装费、包装物租金、储备费、优质费、运输装卸费以及其他各种性质的价外收费。上述价外费用无论其会计制度如何核算，都应并入销售额计税。在确定增值税销售额时，应注意将价外费用合并销售额后也是不含税的，如果其价外费用是价税合并收取的应换算成不含税销售额。

注意，上述价外费用不包括以下费用：

① 受托加工应征消费税的货物，而由受托方向委托方代收代缴的消费税。

② 同时符合以下两个条件的代垫运费：承运部门的运费发票开具给购货方；纳税人将该项发票转交给购货方。

③ 同时符合以下条件代为收取的政府性基金或者行政事业性收费：由国务院或者财政部批准设立的政府性基金，由国务院或者省级人民政府及其财政、价格主管部门批准设立的行政事业性收费；收取时开具省级级财政部门印制的财政票据；所收款项全额上缴财政。

④ 销售货物的同时代办保险等而向购买方收取的保险费，以及向购买方收取的代购买方缴纳的车辆购置税、车辆牌照费。

（3）消费税税金。凡征收消费税的货物在计征增值税额时，其应税销售额应包括消费税税金。

注意：纳税人收取的已退还的经营保证金不属于价外费用。［《国家税务总局关于对福建雪津啤酒有限公司收取经营保证金征收增值税问题的批复》（国税函〔2004〕416号）〕

2. 价款和税款合并收取情况下的销售额

现行增值税实行价外税，价款和税款在增值税专用发票上分别注明，作为增值税税基的只是增值税专用发票上单独列明的不含增值税税款的销售额。但是，根据税法规定，有些一般纳税人，如商品零售企业或其他企业将货物或应税劳务出售给消费者、使用单位或小规模纳税人，只能开具普通发票，这样就会将价款和税款合并定价，这种情况下，必须将开具在普通发票上的含税销售额换算成不含税销售额，作为增值税的税基。其换算公式为：

不含税销售额＝含税销售额÷（1＋税率或征收率）

3. 视同销售行为及售价明显偏低情况下销售额的确定

视同销售行为是增值税税法规定的特殊销售行为，一般不以资金形式反映因而会出现无销售额的情况。另外，有时纳税人销售货物或提供应税劳务的价格明显偏低而且无正当理由。在上述情况下，主管税务机关有权按照下列顺序核定其计税销售额：

（1）按纳税人最近时期销售同类货物的平均销售价格确定；

（2）按其他纳税人最近时期同类货物的平均销售价格确定；

（3）在用以上两种方法均不能确定其销售额的情况下，可按组成计税价格确定销售额。公式为：

组成计税价格＝成本×（1＋成本利润率）

属于应征消费税的货物，其组成计税价格应加计消费税税额。计算公式为：

组成计税价格＝成本×（1＋成本利润率）＋消费税税额

或：

组成计税价格＝成本×（1＋成本利润率）÷（1－消费税税率）

在上式中，"成本"分为两种情况：属于销售自产货物的为实际生产成本；属于销售外购货物的为实际采购成本。

"成本利润率"为10%。但属于应从价定率征收消费税的货物，其组成计税价格公式中的成本利润率，为《消费税若干具体问题的规定》中规定的成本利润率。[《国家税务总局关于印发＜消费税若干具体问题的规定＞的通知》（［93］国税发156号)]

4. 几种特殊销售方式的销售额

（1）以折扣方式销售货物。折扣销售是指销售方在销售货物或提供应税劳务时，因购买方需求量大等原因，而给予的价格方面的优惠。纳税人采取折扣方式销售货物，如果销售额和折扣额在同一张发票上分别注明的，可以按折扣后的销售额征收增值税；如果将折扣额另开发票，不论其在财务上如何处理，均不得从销售额中减除折扣额。在这里应注意以下几点：一是折扣销售不同于销售折扣。税法中所指的折扣销售是与实现销售同时发生的，销售折扣则是指销货方在销售货物或应税劳务后，为了鼓励购货方及早偿还货款而协议许诺给予购货方的一种折扣优待（如：10天内付款，货款折扣2%；20天内付款，折扣1%；30天内全价付款），发生在销货之后，是一种融资性质的理财费用，不得从销售额中减除；二是销售折让通常是指由于货物的品种或质量等原因引起销售额的减少，即销货方给予购货方未予退货状况下的价格折让，可以从销售额中减除；三是折扣销售仅限于货物价格的折扣，如果销货方将自产、委托加工和购买的货物用于实物折扣，则该实物款额不得从货物销售额中减除，应按"视同销售货物"计征增值税。

（2）以旧换新方式销售货物。以旧换新销售，是纳税人在销售过程中，折价收回同类旧货物，并以折价款部分冲减货物价款的一种销售方式。纳税人采取以旧换新方式销售货物的（金银首饰除外，对金银首饰以旧换新业务，可以按销售方实际收取的不含增值税的全部价款征收增值税），应按新货物的同期销售价格确定销售额，不得以折价款部分冲减货物价款确定销售额。

（3）还本销售方式销售货物。所谓还本销售，指销货方将货物出售之后，按约定的时间，一次或分次将购货款部分或全部退还给购货方，退还的货款即为还本支出。纳税人采取还本销售货物的，其销售额就是货物的销售价格，不得从销售额中减除还本支出。

（4）采取以物易物方式销售。以物易物是一种较为特殊的购销活动，是指购销双方不是以货币结算，而是以同等价款的货物相互结算，实现货物购销的一种方式。以物易物双方都应作购销处理，以各自发出的货物核算销售额并计算销项税额，以各自收到的货物核算购货额并计算进项税额。在以物易物活动中，双方应各自开具合法的票据，必须计算销项税额，但如果收到货物不能取得相应的增值税专用发票或者其他合法票据，不得抵扣进项税额。

（5）出租出借包装物情况下销售额的确定。纳税人为销售货物而出租出借包装物收取的押金，单独记账核算的，时间在1年内，未过期的，不并入销售额征税。但对逾期（以一年为期限）包装物押金，无论是否退还均并入销售额征税。个别包装物周转使用期限较长的，报经税务征收机关批准后，可适当放宽逾期期限。

注意：

① 对销售除啤酒、黄酒外的其他酒类产品收取的包装物押金，无论征税。

② 押金属于含税收入，应先将其换算为不含税销售额再并入销售额征税。

③ 包装物押金与包装物租金不能混淆，包装物租金属于价外费用，在收取时便并入销售额征税。

（6）使用过的固定资产发生视同销售行为。使用过的固定资产发生视同销售行为，对已使用过的固定资产无法确定销售额的，以固定资产净值为销售额。

（7）混合销售的销售额。对属于征收增值税的混合销售，其销售额为货物销售额和非应税劳务销售额的合计数。销售货物（包括增值税应税劳务）的销售额根据实际情况来判断含税与否；而非应税劳务的营业额应视为含税销售收入，应换算为不含税销售额后征税。

5. 兼营非应税劳务的销售额

纳税人兼营非应税劳务的，应分别核算货物或应税劳务和非应税劳务的销售额，对货物和应税劳务的销售额按各自适用的税率征收增值税，对非应税劳务的销售额（即营业额）按适用税率征收营业税。如果不分别核算或者不能准确核算货物或应税劳务和非应税劳务销售额的，其非应税劳务应与货物或应税劳务一并征收增值税，其增值税计税销售额为货物或者应税劳务销售额与非应税劳务的营业额的合计。非应税劳务的营业额应视为含税收入，在并入销售额征税时，应将其换算为不含税收入再并入销售额征税。

6. 销项税额扣减的规定

增值税一般纳税人因销货退回或折让而退还给购买方的增值税额，有销货退回或折让证明单的，应从发生销货退回或折让当期的销项税额中扣减。

小规模纳税人因销货退回或折让退还给购买方的销售额，应从发生销货退回或折让当期的销售额中扣减。

（二）增值税进项税额的计算

纳税人购进货物或者接受应税劳务，所支付或者负担的增值税为进项税额。进项税额与销项税额是相互对应的两个概念，在购销业务中，销货方收取的销项税额就是购货方支付的进项税额。增值税一般纳税人当期应纳增值税额为当期销项税额扣除当期进项税额的余额，但并不是进项税额都可以在销项税额抵扣，税法对哪些进项税额可以抵扣、哪些进项税额不能抵扣作了严格的规定。另外，要注意的是，准予抵扣进项税额的只限增值税一般纳税人，小规模纳税人在计算应缴增值税时不得抵扣进项税额。

1. 准予从销项税额中抵扣的进项税额

（1）从销售方取得的增值税专用发票上注明的增值税额。

注意：可以抵扣的固定资产为现行增值税征税范围中的固定资产，主要是机器、机械、运输工具以及其他与生产、经营有关的设备、工具、器具，因此，转型改革后允许抵扣的固定资产仍然是上述范围。

房屋、建筑物等不动产不能纳入增值税的抵扣范围。

与企业技术更新无关，且容易混为个人消费的应征消费税的小汽车、摩托车和游艇排除在上述设备范围之外。

（2）从海关取得的完税凭证上注明的增值税额。

上述两款规定是指增值税一般纳税人在购进或进口货物及劳务时，取得对方的增值税专用发票或海关完税凭证上已注明规定税率或征收率计算的增值税税额，不需要纳税人计算，但要注意其增值税专用发票及海关完税凭证的合法性，对不符合规定的扣税凭证一律不准抵扣。

增值税一般纳税人取得所有需抵扣增值税进项税额的海关完税凭证，应根据相关海关完税凭证逐票填写《海关完税凭证抵扣清单》，在进行增值税纳税申报时随同纳税申报表一并报送。如果纳税人未按照规定要求填写《海关完税凭证抵扣清单》或者填写内容不全，该张凭证不得抵扣进项税额。

增值税一般纳税人当期未取得海关完税凭证可不向主管税务机关报送《海关完税凭证抵扣清单》。

（3）购进农产品。

自 2009 年 1 月 1 日起，购进农产品，除取得增值税专用发票或者海关进口增值税专用缴款书外，按照农产品收购发票或者销售发票上注明的农产品买价和 13% 的扣除率计算的进项税额。进项税额计算公式为：

$$进项税额 = 买价 \times 扣除率$$

（4）运输费用的进项税额。

购进或者销售货物以及在生产经营过程中支付运输费用的，按照运输费用结算单据上注明的运输费用金额，依 7% 的扣除率计算进项税额准予扣除。进项税额计算公式：

$$进项税额 = 运输费用金额 \times 扣除率$$

增值税一般纳税人外购货物（固定资产除外）和销售应税货物所取得的由自开票纳税人开具的或代开票单位代为开具的货物运输业发票准予抵

扣进项税额。增值税一般纳税人取得税务机关认定为自开票纳税人的联运单位和物流单位开具的货物运输业发票准予计算抵扣进项税额。这里及上述公式中所称的准予抵扣的货物运费金额，是指运输费用结算单据上注明的运输费用（包括铁路临管线及铁路专线运输费用）、建设基金和现行规定允许抵扣的其他货物运费，不包括装卸费、保险费等其他杂费。货运发票应分别注明运费和杂费，对未分别注明，而合并注明为运杂费的不予抵扣。

准予抵扣的运费结算单据（普通发票），是指国营铁路、民用航空、公路和水上运输单位开具的货票，以及从事货物运输的非国有运输单位开具的套印全国统一发票监制章的货票。其发货人、收货人、起运地、到达地、运输方式、货物名称、货物数量、运输单价、运费金额等项目的填写必须齐全，与购货发票上所列的有关项目必须相符，否则不予抵扣。注意，准予计算进项税额扣除的货运发票种类，不包括增值税一般纳税人取得的货运定额发票。

增值税一般纳税人在申报抵扣 2003 年 1 月 1 日起取得的运输发票增值税进项税额时，应向主管国家税务局填报《增值税运输发票抵扣清单》纸质文件及电子信息，未报送的，其进项税额不得抵扣。

一般纳税人购进或销售货物通过铁路运输，并取得铁路部门开具的运输发票，如果铁路部门开具的铁路运输发票托运人或收货人名称与其不一致，但铁路运输发票托运人栏或备注栏注有该纳税人名称的（手写无效），该运输发票可以作为进项税额抵扣凭证，允许计算抵扣进项税额。［《财政部 国家税务总局关于增值税若干政策的通知》（财税〔2005〕165 号）］

中国铁路包裹快运公司的铁路快运包干费、超重费、到付运费和转运费可按 7% 扣除率计算抵扣进项税额。［《国家税务总局关于铁路运费进项税额抵扣有关问题的补充通知》（国税函〔2003〕970 号）］

增值税一般纳税人外购和销售货物所支付的管道运输费用，可以根据套印有全国统一发票监制章的运输费用结算单据（普通发票）所列运费金额，按运费规定的扣除率计算进项税额抵扣。

增值税一般纳税人支付的国际货物运输代理费用，不得作为运输费用抵扣进项税额。[《国家税务总局关于增值税一般纳税人支付的货物运输代理费用不得抵扣进项税额的批复》（国税函〔2005〕54号）]

一般纳税人取得的汇总开具的运输发票，凡附有运输企业开具并加盖财务专用章或发票专用章的运输清单，允许计算抵扣进项税额。

一般纳税人取得的项目填写不齐全的运输发票（附有运输清单的汇总开具的运输发票除外）不得计算抵扣进项税额。

（5）对进口环节、混合销售、兼营及以物易物等进项税额抵扣条件的特殊规定。

① 对海关代征进口环节增值税开具的增值税专用缴款书上标明有两个单位名称（既有代理进口单位名称，又有委托进口单位名称）的，只准予其中取得专用缴款书原件的一个单位抵扣税款。申报抵扣税款的委托进口单位，必须提供相应的海关代征增值税专用缴款书原件、委托代理合同及付款凭证，否则，不予抵扣进项税额。

② 混合销售行为和兼营的非应税劳务，按规定应当征收增值税的，该混合销售行为所涉及的非应税劳务和兼营的非应税劳务所用购进货物的进项税额，凡符合《增值税暂行条例》第八条规定的，准予从销项税额中抵扣。

③ 对商业企业采取以物易物、以货抵债、以物投资方式交易的，收货单位可以凭以物易物、以货抵债、以物投资书面合同以及与之相符的增值税专用发票和运输费用普通发票，确定进项税额，报经税务征收机关批准予以抵扣。

（6）对外国政府和国际组织无偿援助项目在国内采购货物的规定。

对外国政府和国际组织无偿援助项目在国内采购的货物免征增值税，同时允许销售免税货物的单位，将免税货物的进项税额在其他内销货物的销项税额中抵扣。[《财政部 国家税务总局 外经贸部关于外国政府和国际组织无偿援助项目在华采购物资免征增值税问题的通知》（财税〔2002〕2号）]

（7）对一般纳税人在商品交易所进行期货交易的规定。

对增值税一般纳税人在商品交易所通过期货交易购进货物，其通过商品交易所转付货款可视同向销货单位支付货款，对其取得的合法增值税专用发票允许抵扣。[《国家税务总局关于增值税一般纳税人期货交易进项税额抵扣问题的通知》（国税发〔2002〕45号）]

（8）对自来水公司购进自来水的规定。

对自来水公司销售自来水按6%的征收率征收增值税的同时，对其购进独立核算水厂的自来水取得的增值税专用发票上注明的增值税税款（按6%征收率开具）予以抵扣。[《国家税务总局关于自来水行业增值税政策问题的通知》（国税发〔2002〕56号），自2009年1月1日起废止，参见《财政部 国家税务总局关于部分货物适用增值税低税率和简易办法征收增值税政策的通知》（财税〔2009〕9号）]

（9）企业购置税收专用设备的规定。

企业购置增值税防伪税控系统专用设备和通用设备，可凭购货所取得的专用发票所注明的税额从增值税销项税额中抵扣。其中，专用设备包括税控金税卡、税控IC卡和读卡器，通用设备包括用于防伪税控系统开具专用发票的计算机和打印机。增值税一般纳税人用于采集增值税专用发票抵扣联信息的扫描器具和计算机，属于防伪税控通用设备。对纳税人购置上述设备取得的增值税专用发票所注明的增值税税额，计入当期增值税进项税额。[《国家税务总局关于增值税专用发票抵扣联信息扫描器具等设备有关税收问题的通知》（国税函〔2006〕1248号）]

自2004年12月1日起，增值税一般纳税人购进税控收款机所支付的增值税额（以购进税控收款机取得的增值税专用发票上注明的增值税额为准），准予在企业当期销项税额中抵扣。需要强调的是，纳税人购进的税控收款机不论是否达到固定资产标准，其取得的增值税专用发票上注明的增值税额均可以从当期销项税额中抵扣；但如果购进税控收款机时未取得增值税专用发票，则不得抵扣进项税额。

（10）外贸企业出口视同内销货物征税时的进项税额抵扣问题。

自2008年4月1日起，外贸企业购进货物后，无论内销还是出口，须将所取得的增值税专用发票在规定的认证期限内到税务机关办理认证手续。凡未在规定的认证期限内办理认证手续的增值税专用发票，不予抵扣或退税。

外贸企业出口货物，凡未在规定期限内申报退（免）税或虽已申报退（免）税但未在规定期限内向税务机关补齐有关凭证，以及未在规定期限内申报开具《代理出口货物证明》的，自规定期限截止之日的次日起30天内，由外贸企业根据应征税货物相应的未办理过退税或抵扣的进项增值税专用发票情况，填具进项发票明细表，向主管退税的税务机关申请开具《外贸企业出口视同内销征税货物进项税额抵扣证明》（以下简称《证明》）。已办理过退税或抵扣的进项发票外贸企业不得向税务机关申请开具《证明》。外贸企业取得《证明》后，应将《证明》允许抵扣的进项税额填写在《增值税纳税申报表》中，并在取得《证明》的下一个征收期申报纳税时，向主管征税的税务机关申请抵扣相应的进项税额。超过申报时限的，不予抵扣。

主管征税的税务机关接到外贸企业的纳税申报后，应将外贸企业的纳税申报表与主管退税的税务机关转来的《证明》进行人工比对，申报表数据小于或等于《证明》所列税额的，予以抵扣，否则不予抵扣。[《国家税务总局关于外贸企业出口视同内销货物进项税额抵扣有关问题的通知》（国税函〔2008〕265号）]

（11）丢失增值税专用发票的抵扣问题。

① 一般纳税人丢失已开具专用发票的发票联和抵扣联，如果丢失前已认证相符的，购买方凭销售方提供的相应专用发票记账联复印件及销售方所在地主管税务机关出具的《丢失增值税专用发票已报税证明单》，经购买方主管税务机关审核同意后，可作为增值税进项税额的抵扣凭证；如果丢失前未认证的，购买方凭销售方提供的相应专用发票记账联复印件到主管税务机关进行认证，认证相符的凭该专用发票记账联复印件及销售方所在地主管税务机关出具的《丢失增值税专用发票已报税证明单》，经购买方主管税务机关审核同意后，可作为增值税进项税额的抵扣凭证。

② 一般纳税人丢失已开具专用发票的抵扣联，如果丢失前已认证相符的，可使用专用发票发票联复印件留存备查；如果丢失前未认证的，可使

用专用发票发票联到主管税务机关认证，专用发票发票联复印件留存备查。

③ 一般纳税人丢失已开具专用发票的发票联，可将专用发票抵扣联作为记账凭证，专用发票抵扣联复印件留存备查。

2. 不得从销项税额中抵扣的进项税额

（1）用于非增值税应税项目的购进货物或者应税劳务。

此处所述的非应税项目是指提供非增值税应税劳务、转让无形资产、销售不动产和不动产在建工程等。纳税人新建、改建、扩建、修缮、装饰建筑物，无论会计制度规定如何核算，均属于不动产在建工程，其进项税额不能扣除。

注意：当纳税人做出应确定为征收增值税的混合销售与兼营非应税劳务行为的，其混合销售与兼营行为中的用于非应税劳务购进货物或应税劳务的进项税额，可依法抵扣。

（2）购进或销售免税货物（购进免税农业产品除外）或者免税劳务以及非增值税应税劳务、不动产在建工程所发生的运输费用。

注意：增值税一般纳税人采取邮寄方式销售、购买货物所支付的邮寄费，不允许计算进项税额抵扣。

（3）用于集体福利或者个人消费的购进货物或者应税劳务。

此处所称集体福利或者个人消费，是指企业内部设置的供职工使用的食堂、浴室、理发室、宿舍、幼儿园等福利设施及其设备、物品或者以福利、奖励、津贴等形式发给职工的个人物品。

注意：劳保用品的进项税额可以抵扣。

（4）非正常损失的购进货物，在产品、产成品所耗用的购进货物或者应税劳务。

此处所称非正常损失，是指因管理不善造成货物被盗、丢失、发生霉烂变质的损失。按新的增值税实施细则的规定，自然灾害损失不再属于非正常损失。

（5）对已抵扣进项税额的固定资产的相关规定。

纳税人已抵扣进项税额的固定资产发生用于非增值税应税项目、免征增值税项目、集体福利或者个人消费的购进货物或者应税劳务，非正常损失的购进货物及相关的应税劳务，非正常损失的在产品、产成品所耗用的购进货物或者应税劳务情形的，应在当月按下列公式计算不得抵扣的进项税额：

$$不得抵扣的进项税额＝固定资产净值×适用税率$$

此处所称固定资产净值，是指纳税人按照财务会计制度计提折旧后计算的固定资产净值。

（6）兼营免税项目或非增值税项目（或劳务）。

对纳税人兼营免税项目或非增值税应税项目，兼营免税项目或者非增值税应税劳务而无法划分不得抵扣的进项税额的，按下列公式计算不得抵扣的进项税额：

$$不得抵扣的进项税额＝当月无法划分的全部进项税额×当月免税项目销售额、非增值税应税劳务营业额合计÷当月全部销售额、营业额合计$$

文化出版单位纳税人应准确划分为制作、印刷广告所用的购进货物不得抵扣的进项税额，对无法准确划分不得抵扣的进项税额的，以广告版面占整个出版物版面的比例为划分标准，确定用于广告业务的购进货物的进项税额，凡文化出版单位能准确提供广告所占版面比例的，应按此项比例划分不得抵扣的进项税额。

（7）未取得相应凭证或不符合相关条件的不得扣除进项税额。

纳税人购进货物或者应税劳务，未按照规定取得并保存增值税扣税凭证，或者增值税扣税凭证上未按照规定注明增值税额及其他有关事项的，其进项税额不得从销项税额中抵扣。自2003年8月1日起，全国停止开具手写版增值税专用发票。增值税一般纳税人取得2003年8月1日以后开具的手写版专用发票一律不得作为增值税扣税凭证。自2009年1月1日起，纳税人购进货物或者应税劳务，取得的增值税扣税凭证不符合法律、行政法规或者国务院税务主管部门有关规定的，其进项税额不得从销项税额中抵扣。

一般纳税人有下列情形之一者，应按销售额依照增值税税率计算应纳税额，不得抵扣进项税额，也不得使用增值税专用发票：①会计核算不健全，或者不能够提供准确税务资料的；②符合一般纳税人条件，但不申请办理一般纳税人认定手续的。上述所称的"不得抵扣进项税额"是指纳税人在停止抵扣进项税额期间发生的全部进项税额，包括在停止抵扣期间取得的进项税额、上期留抵税额以及经批准允许抵扣的期初存货已征税款。纳税人经税务机关核准恢复抵扣进项税额资格后其在停止抵扣进项税额期间发生的全部进项税额不得抵扣。

（三）一般纳税人应纳税额的计算

一般纳税人应纳税额的基本计算公式为：

$$应纳税额 = 当期销项税额 - 当期进项税额$$

要正确运用这一公式，还需要掌握以下几个方面的规定：

1. 计算应纳税额的时间界定

在实际计算应纳税额时，还应特别关注计算应纳税款时间，具体地说就是销项税额确定时间及进项税额抵扣时限，只有在纳税期限内实际发生的销项税额、进项税额，才是法定的当期销项税额或当期进项税额。

（1）销项税额的时间界定。

计算销项税额的时间关系到当期销项税额的大小，其总原则是"销项税额的确定不得滞后"。具体确定销项税额的时间根据前述"增值税纳税义务发生时间"的有关规定执行。

（2）进项税额抵扣时限的界定。

进项税额的大小，直接影响纳税人的应纳税额的多少，而进项税额抵扣时间，则影响纳税人不同纳税期应纳税额。确定进项税额抵扣时间总的原则是"进项税额的抵扣不得提前"。

表 2-1　　　　　　　　　　进项税额抵扣时限

防伪税控系统开具的增值税专用发票进项税额的抵扣时限	增值税一般纳税人申请抵扣的防伪税系统开具的增值税专用发票，必须自该发票开具之日起90天内到税务机关认证，否则不予抵扣进项税额。 增值税纳税人认证通过的防伪税控系统开具的增值税专用发票应在认证通过的当月按照增值税有关规定核算当期进项税额并申报抵扣，否则不予抵扣进项税额。增值税一般纳税人取得由税务机关代开的专用发票后，应以专用发票上填写的税额为进项税额，即按发票注明的销售额和征收率计算的应纳税额为抵扣的进项税额

续表

海关完税凭证进项税额的抵扣时限	增值税一般纳税人取得的 2004 年 2 月 1 日以后开具的海关完税凭证应当在开具之日起 90 天后的第一个纳税申报期结束以前向主管税务机关申报抵扣逾期不予抵扣进项税额
运费发票进项税额的抵扣时限	增值税一般纳税人取得的 2003 年 10 月 31 日以后开具的运费发票，应当在开票之日起 90 天内向主管税务机关申报抵扣，超过 90 天的不予抵扣。在办理运费进项税额抵扣时，应附抵扣发票清单
购进废旧物资取得的普通发票进项税额的抵扣时限	增值税一般纳税人取得的 2004 年 3 月 1 日以后开具的废旧物资发票，应当在开具之日起 90 天后的第一个纳税申报期结束以前向主管税务机关申报抵扣，逾期不得抵扣进项税额。采用增值税防伪税控系统开具的废旧物资增值税专用发票，按增值税专用发票的申报抵扣时限处理

2. 扣减当期销项税额的规定

纳税人在销售货物时，因货物质量、规格等原因而发生销货退回或销售折让，由于销货退回或折让不仅涉及销货价款或折让价款的退回，还涉及增值税的退回，因此，销货方应对当期销项税额进行调整。税法规定，一般纳税人因销货退回和折让而退还给购买方的增值税额，应从发生销货退回或折让当期的销项税额中扣减。

3. 扣减当期进项税额的规定

（1）进货退出或折让的税务处理。

一般纳税人因进货退回和折让而从销货方收回的增值税额，应从发生进货退回或折让当期的进项税额中扣减。如不按规定扣减，造成进项税额虚增，不纳或少纳增值税的，属于偷税行为，按偷税予以处罚。

（2）平销行为及向供货方收取返还收入的税务处理。[《国家税务总局关于平销行为征收增值税问题的通知》（国税发〔1997〕167 号）、《国家税务总局关于商业企业向货物供应方收取的部分费用征收流转税问题的通知》（国税发〔2004〕136 号）]

平销行为即生产企业以商业企业经销价或高于商业企业经销价的价格将货物销售给商业企业，商业企业再以进货成本或低于进货成本的价格进行销售，生产企业则以返还利润方式等方式（主要有返还利润、向商业企业投资等返还资金形式，或赠送实物、以实物投资等形式）弥补商业企业的进销差价损失。

凡增值税一般纳税人，无论是否有平销行为，因购买货物而从销售方取得的各种形式的返还资金，均应依所购货物的增值税税率计算应冲减的进项税金，并从其取得返还资金当期的进项税金中予以扣减。

自 2004 年 7 月 1 日起，对商业企业向供货方收取的与商品销售量、销售额挂钩（如以一定比例、金额、数量计算）的各种返还收入，均应按平销返利行为的有关规定冲减当期增值税进项税额。应冲减进项税额的计算公式为：

当期应冲减的进项税额 = 当期取得的返还资金 ÷（1 + 所购进货适用增值税税率）× 所购进货物适用增值税税率

与总机构实行统一核算的分支机构从总机构取得的日常工资、电话费、租金等资金，不应视为因购买货物而取得的返利收入，不应作冲减进项税额处理。[《国家税务总局关于增值税一般纳税人平销行为征收增值税问题的批复》（国税函〔2001〕247 号）]

商业企业向供货方收取的各种返还收入，一律不得开具增值税专用发票。

（3）已经抵扣进项税额的购进货物发生用途改变的税务处理。

当期购进的货物或应税劳务如果事先并未确定将用于非应税项目等不允许抵扣的情况，其进项税额会在当期销项税额中予以抵扣，该项购进货物或应税劳务发生用于非应税项目、用于免税项目、用于集体福利或者个人消费、购进货物发生非正常损失、在产品或产成品发生非正常损失等增值税暂行条例规定不允许抵扣情况的，应将其进项税额从当期发生的进项税额中扣减（指发生上述五种情况的当期而无须追溯到抵扣进项税额的那个时期）。无法准确确定该项进项税额的，按当期实际成本乘以征税时该货物或应税劳务适用的税率计算应扣减的进项税额。

"按当期实际成本计算应扣减的进项税额"是指其扣减进项税额的计算依据不是按该货物或应税劳务的原进价，而是按发生上述情况的当期该货物或应税劳务的实际成本。即如果属于进口货物，实际成本包括进价、运费、保险费和其他有关费用；如果是国内购进的货物，主要包括进价和运费两大部分。

（4）进项税额不足抵扣的税务处理。

① 纳税人在计算应纳税额时，如果当期销项税额小于当期进项税额，不足抵扣的部分可以结转下期继续抵扣。

② 对纳税人因销项税额小于进项税额而产生期末留抵税额的，该进项留抵税额可抵减增值税欠税，也可抵减纳税检查查补税款欠税。抵减欠缴税款时，应按欠税发生时间逐笔抵扣，先发生的先抵。抵缴的欠税包括呆账、税金及欠税滞纳金。若欠缴总额大于期末留抵税额，实际抵减金额应等于期末留抵税额，并按配比方法计算抵减的欠税和滞纳金；若欠缴总额小于期末留抵税额，实际抵减金额等于欠缴总额。[《国家税务总局关于增值税一般纳税人用进项留抵税额抵减增值税欠税问题的通知》（国税发〔2004〕112 号）、《国家税务总局关于增值税一般纳税人将增值税进项留抵税额抵减查补税款欠税问题的批复》（国税函〔2005〕169 号）]

（5）一般纳税人注销时存货及留抵税额处理问题。

一般纳税人注销或被取消辅导期一般纳税人资格，转为小规模纳税人时，其存货不作进项税额转出处理，其留抵税额也不予以退税。

（四）计算应用

案例 2-1　　　　　增值税应纳税额的计算

某厂系增值税一般纳税人，2010 年 9 月份外购项目如下（外购货物均已验收入库，本月取得的相关发票均在本月认证并抵扣）：

（1）外购某材料 A 价款 50000 元，专用发票注明增值税税额 8500 元。

（2）外购某易耗品价款 27000 元，增值税专用发票注明税额 4590 元。

（3）从农业生产者手中购进某农业产品用于生产价款 60000 元，无进项税额。

（4）从小规模纳税人企业购进修理用配件 8000 元，发票未注明税额。

（5）购进煤炭 20 吨，价款 10000 元，增值税专用发票注明税额 1700 元。

（6）生产用外购电力若干千瓦时，增值税专用发票注明税额6700元。

（7）生产用外购水若干吨，增值税专用发票注明税额980元。

（8）购小汽车1辆，价款10000元，增值税专用发票注明税额1700元。

（9）购某生产设备1台，价款60000元，增值税专用发票注明税额10200元。

该厂本月份销售货物情况如下（除注明外，销售收入均为不含税）：

（1）销售产品A收入400000元。

（2）销售产品B收入500000元，其中销售给一般纳税人的收入为400000元，销售给小规模纳税人价税混合收取计100000元。

根据上述资料，计算该厂本月份应纳增值税。

解答：对该厂增值税的计算可分为三个部分进行，首先计算销项税额，其次计算进项税额，然后再根据销项税额和进项税额计算应纳税额。

第一，销项税额的计算。

计算销项税额时，除价税混收的之外，其他销售项目用销售收入额乘以增值税税率即可取得：

（1）销售给一般纳税人的货物收入：产品A收入400000元，产品B收入400000元。

销项税额的计税依据为：

$$计税依据 = 400000 + 400000 = 800000（元）$$

销项税额为：

$$销项税额 = 800000 \times 17\% = 136000（元）$$

（2）销售给小规模纳税人的货物，是价税混合收取的，需要先分出销售额，确定销售额的公式为：销售额 = 含税销售收入 ÷（1 + 增值税税率），然后再计算应纳税额。本月销售给小规模纳税人的货物收入为100000元。

$$销售额 = 100000 ÷（1 + 17\%）= 85470.09（元）$$

销项税额为：

$$销项税额 = 85470.09 \times 17\% = 14529.91（元）$$

（3）该厂本月销项税额合计为：

销项税额合计＝136000＋14529.91＝150529.91（元）

第二，进项税额的计算。

（1）购进货物专用发票上注明的增值税税额：外购某材料8500元，外购某易耗品4590元，外购煤炭1700元，外购电力6700元，外购水980元，生产设备10200元，计32670元。

（2）购进农业产品按13%的税率计算进项税额。该厂本月从农业生产者手中购进农业产品，按价款60000元计算应抵扣的进项税额为：

进项税额＝60000×13%＝7800（元）

（3）该厂本月从小规模纳税人企业中购进的配件因没有取得增值税专用发票，其进项税额不得抵扣。

（4）该厂本月购进的小汽车，根据新增值税暂行条例的规定不得抵扣。

（5）该厂本月进项税额合计为：

进项税额合计＝32670＋7800＝40470（元）

第三，应纳税额的计算。

企业应纳增值税税额，是用当期销项税额减去当期进项税额计算的，其计算公式为：

应纳税额＝当期销项税额－当期进项税额

该厂本月应纳税额为：

应纳税额＝150529.91－40470＝110059.91（元）

案例2-2　　增值税应纳税额的计算

2010年9月，某电冰箱厂生产出最新型号的电冰箱，每台不含税销售单价4000元。当月发生如下经济业务：

（1）9月4日，向各大商场销售电冰箱3000台，对这些大商场在当月20天内付清3000台电冰箱购货款均给予了5%的销售折扣。

（2）9月6日，发货给外省分支机构400台，用于销售，并支付发货运费等费用2000元，其中：取得运输单位开具的货票上注明的运费1200元，建设基金200元，装卸费200元，保险费200元，保管费200元。

（3）9月9日，采取以旧换新方式，从消费者个人手中收购旧型号电冰箱，销售新型号电冰箱100台，每台旧型号电冰箱折价为600元。

（4）9月12日，购进生产电冰箱用原材料一批，取得增值税专用发票上注明的价款为1000000元，增值税税额为170000元，专用发票已认证。

（5）9月20日，向若干所学校赠送电冰箱10台。

（6）9月23日，从国外购进两台电冰箱检测设备，取得的海关开具的完税凭证上注明的增值税税额为160000元。

计算该企业9月份应纳增值税税额。

解答： 第1笔经济业务的销项税额为：$3000 \times 4000 \times 17\% = 2040000$（元）。这里需要特别注意的是：5%的销售折扣不应减少销项税额，而应作为财务费用处理，即企业在融资的过程中，不应当以牺牲国家税款为代价。

第2笔经济业务中发货给外省分支机构的400台电冰箱用于销售，应视同销售计算销项税额：$400 \times 4000 \times 17\% = 272000$（元），同时，所支付的运费允许计算进项税额进行抵扣。但需特别注意的是，这里允许计算进项税额抵扣的项目只能是运费1200元和建设基金200元，其他费用不许计算进项税额进行扣除，且抵扣率为7%。因为从1998年7月1日起，运费进项税额的抵扣率由10%降为7%。因此该笔业务允许抵扣的进项税额为：$(1200 + 200) \times 7\% = 98$（元）。

第3笔经济业务的销项税额为：$100 \times 4000 \times 17\% = 68000$（元）。需要特别注意的是，采取以旧换新方式销售货物，应以新货物的同期销售价格确定销售额计算销项税额，不得扣减旧货物的收购价格。同时还应注意，收购的旧电冰箱不能计算进项税额进行抵扣，原因在于：一是旧电冰箱是从消费者手中直接收购的，不可能取得增值税专用发票；二是必须从事废旧物资收购的增值税一般纳税人收购的废旧物资才可按10%比例计算进项税额抵扣。

第4笔经济业务的进项税额为170000元，专用发票已认证，允许在当期全部抵扣。

第 5 笔经济业务的销项税额为：$10 \times 4000 \times 17\% = 6800$（元），因为赠送的 10 台电冰箱应视同销售，按售价计算销项税额。

第 6 笔经济业务，购进的是固定资产，根据新增值税暂行条例，进口的两台检测设备已纳进口环节增值税 160000 元可以从当月销项税额中抵扣。

综上所述，该企业 9 月份应纳增值税税额为：

$2040000 + 272000 + 68000 + 6800 - 98 - 170000 - 160000 = 2056702$（元）。

案例 2-3　　　增值税应纳税额的计算

某印刷厂（增值税一般纳税人）2010 年 8 月份接受某出版社委托，印刷图书 5000 册，每册不含税的印刷价格 15 元，另收运输费 1000 元。印刷挂历 1500 本，每本售价 23.4 元（含税价），零售 80 本，批发给某图书城 1000 本，实行七折优惠，开票时将销售额与折扣额开在了同一张专用发票上，并规定 5 天之内付款再给 5% 折扣，购货方如期付款；发给本企业职工 200 本，赠送客户 200 本。为免税产品印刷说明书收取加工费 6000 元（不含税价）。本月购进原材料取得增值税专用发票上注明增值税 7500 元，购买一台设备取得增值税专用发票上注明税金 11000 元，上月购进的价值 40000 元（不含税价）的纸张因管理不善浸水，无法使用。计算该企业当月应纳增值税额。

解答：（1）印刷图书业务，印刷厂印刷图书应按 13% 税率计算增值税，即销项税额为：$15 \times 5000 \times 13\% = 9750$（元）；收取的运输费属价外费用，应换算为不含税收入，再并入销售额计算增值税，即销项税额为 $1000/（1+13\%）\times 13\% = 115$（元）。

（2）印刷挂历业务，发给企业职工和赠送给客户的均为视同销售行为，同零售业务一样应按售价计算销项税额，即销项税额为：$23.4/（1+17\%）\times（80+200+200）\times 17\%$；批发给某图书城 1000 本挂历给予 30%（按 7 折销售）的折扣销售可以从销售额中扣除，但给予 5% 的销售折扣，不应减少销售额，即该部分业务的销项税额为 $23.4/（1+17\%）\times 1000 \times 70\% \times 17\%$，二者合计为：$23.4/（1+17\%）\times（80+200+200）\times 17\% + 23.4/（1+17\%）\times 1000 \times 70\% \times 17\% = 4012$（元）。

（3）为免税商品印刷说明书属征税范围按17%缴纳增值税，即此项业务的销项税额为：$6000 \times 17\% = 1020$（元）。

（4）上月购进的纸张本月因管理不善不能使用，其进项税额不得抵扣，应作进项税额转出处理，在本月的进项税额中予以扣除。该企业当月可扣除进项税额为：$7500 + 11000 - 40000 \times 17\% = 11700$（元）。

该企业当月应纳增值税额计算如下：

销项税额 $= 9750 + 115 + 4012 + 1020 = 14897$（元）

进项税额 $= 11700$（元）

应纳增值税额 $= 14897 - 11700 = 3197$（元）

三、小规模纳税人应纳税额的计算

（一）应纳税额的计算公式

小规模纳税人销售货物或提供应税劳务，实行简易办法，按销售额和规定征收率计算应纳税额，不得抵扣进项税额，同时，销售货物也不得自行开具增值税专用发票。其应纳税额的计算公式为：

应纳税额 = 销售额 × 征收率

公式中销售额是销售货物或提供应税劳务向购买方收取的全部价款和价外费用，但不包括按3%的征收率收取的增值税税额。

（二）含税销售额的换算

小规模纳税人销售货物自行开具的发票是普通发票，所列示的是含税销售额，在计税时需要将其换算为不含税销售额。换算公式为：

不含税销售额 = 含税销售额 ÷ （1 + 征收率）

（三）主管税务机关为小规模纳税人代开发票应纳税额的计算

小规模纳税人销售货物或提供应税劳务，可以申请由主管税务机关代开发票。主管税务机关为小规模纳税人代开专用发票，应在专用发票"单价"栏和"金额"栏分别填写不含增值税税额的单价和销售额，因此，其应纳税额按销售额依征收率计算。

主管税务机关为小规模纳税人代开专用发票后，发生退票的，可比照增值税一般纳税人开具专用发票后作废或开具红字发票的有关规定处理，由销售方到税务机关办理。对于重新开票的，应同时进行新开票税额与原开票税额的清算，多退少补；对无需重新开票的，退还其已征的税款或抵顶下期正常申报税款。

（四）小规模纳税人购进税控收款机的进项税额抵扣

自 2004 年 12 月 1 日起，增值税小规模纳税人购置税控收款机，经主管税务机关审核批准后，可凭购进税控收款机取得的增值税专用发票，按照发票上注明的增值税额，抵免当期应纳增值税。或者按照购进税控收款机取得的普通发票上注明的价款，依下列公式计算可抵免的税额：

$$可抵免的税额 = 价款 \div （1 + 17\%） \times 17\%$$

当期应纳税额不足抵免的，未抵免的部分可在下期继续抵免。

（五）计算应用

案例 2 - 4 小规模纳税人增值税税额计算

某商店为增值税小规模纳税人，2010 年 8 月取得零售收入总额 15.45 万元。计算该商店 8 月应缴纳的增值税税额。

（1）8 月取得的不含税销售额：$15.45 \div （1 + 3\%） = 15$（万元）

（2）8 月应缴纳增值税税额：$15 \times 3\% = 0.45$（万元）

第三章　进出口业务中增值税的计算与管理

阅读提示：

　　随着国与国之间的交流合作不断地推进，国际贸易在一国经济中具有重要的位置。我国加入世界贸易组织，促进了进出口业务的发展。进出口业务中增值税的计算与管理是一个重要的问题，在进口业务中着重掌握进口货物增值税的计算，在出口业务中着重掌握出口退税政策。

一、进口货物如何征税

（一）进口货物的征税范围与纳税人

根据《中华人民共和国增值税暂行条例》（以下简称《条例》）的规定，在中华人民共和国境内进口货物的单位和个人都应当依照《条例》规定缴纳增值税。

1. 进口货物的征税范围

根据《条例》的规定，申报进入中华人民共和国海关境内的货物，均应缴纳增值税。

确定一项货物是否属于进口货物，首先要看其是否有报关进口手续。

一般来说，境外产品要输入境内，都必须向我国海关申报进口，并办理有关报关手续。只要是报关进境的应税货物，不论其用途如何，是自行采购用于贸易还是自用，不论是购进还是国外捐赠，均应按照规定缴纳进口环节的增值税（免税进口的货物除外，国家对某些进口货物制定了减免税的特殊规定，对进口货物是否减免税由国务院统一规定，任何地方、部门都无权规定减免税项目）。

2. 进口货物的纳税人

根据《条例》的规定，对报关进口货物，以进口货物的收货人或办理报关手续的单位和个人为进口货物的纳税人，包括国内一切从事进口业务的企事业单位、机关团体和个人；对代理进口货物（即企业、单位和个人委托代理进口应征增值税的货物），以海关开具的完税凭证上的纳税人为增值税纳税人。即：对代理进口货物，凡是海关的完税凭证开具给委托方的，对代理方不征增值税；凡是海关的完税凭证开具给代理方的，对代理方应按规定征收增值税。

（二）进口货物的适用税率与应纳税额的计算

1. 进口货物的适用税率

进口货物增值税税率与增值税一般纳税人在国内销售同类货物的税率相同。

2. 进口货物应纳税额的计算

纳税人进口货物，按照组成计税价格和增值税暂行条例规定的税率计算应纳税额，不得抵扣任何税额（指在计算进口环节的应纳增值税税额时，不得抵扣发生在我国境外的各种税金）。

（1）组成计税价格的确定。

进口货物增值税的组成计税价格中包括已纳关税税额，如果进口货物属于消费税应税消费品，其组成计税价格中还要包括进口环节已纳消费税税额。

按照《海关法》和《进出口关税条例》的规定，一般贸易项下进口货物的关税完税价格以海关审定的成交价格为基础的到岸价格作为完税价格。所谓成交价格是一般贸易项下进口货物的买方为购买该项货物向卖方实际支付或应当支付的价格；到岸价格是包括货价、加上货物运抵我国关境内输入地点起卸前的包装费、运费、保险费和其他劳务费等费用构成的一种价格。

增值税的计税依据以人民币计算，纳税人以外汇结算销售额的，应当按外汇市场价格折合成人民币计算。折合率可以选择销售额发生的当天或当月1日的人民币汇率中间价。纳税人应在事先确定采用何种折合率，确定后1年内不得变更。

特殊贸易项下进口的货物，由于进口时没有"成交价格"可作依据，为此，《进出口关税条例》对这些进口货物制定了确定其完税价格的具体办法。

组成计税价格的计算公式是：

$$组成计税价格 = 关税完税价格 + 关税 + 消费税$$

或：

$$组成计税价格 = （关税完税价格 + 关税） ÷ （1 - 消费税税率）$$

（2）进口货物应纳税额的计算。

纳税人进口货物，按照组成计税价格和适用的税率计算应纳税额，不得抵扣任何税额，即在计算进口环节的应纳增值税税额时，不得抵扣发生在我国境外的各种税金。

$$应纳税额 = 组成计税价格 × 税率$$

进口货物在海关缴纳的增值税，符合抵扣范围的，凭借海关完税凭证可以从当期销项税额中抵扣。

（三）进口货物的税收管理

进口货物，增值税纳税义务发生时间为报关进口的当天；其纳税地点应当为报关地海关，由进口人或其代理人向报关地海关申报纳税；其纳税期限应当自海关填发税款缴款书之日起15日内缴纳税款，进口货物的增值税由海关代征；个人携带或者邮寄进境自用物品的增值税，连同关税一并计征。

进口货物增值税的征收管理，依据《税收征收管理法》、《海关法》、《进出口关税条例》和《进出口税则》的有关规定执行。

（四）进口货物的进项税额抵扣

纳税人进口货物，凡已缴纳了进口环节增值税的，不论其是否已经支付货款，其取得的海关完税凭证均可作为增值税进项税额抵扣凭证，在《国家税务总局关于加强海关进口增值税专用缴款书和废旧物资发票管理有关问题的通知》（国税函〔2004〕128号）中规定的期限内申报抵扣进项税额。

案例3-1　　　　　进口货物的进项税额抵扣计算

某商场2010年8月进口货物一批，该批货物在国外的买价50万元，另该批货物运抵我国海关前发生的包装费、运输费、保险费等共计20万元。货物报关后，商场按规定缴纳了进口环节的增值税并取得了海关开具的完税凭证。假定该批进口货物在国内全部销售，取得不含税销售额120万元。

要求：计算该批货物进口环节、国内销售环节分别应缴纳的增值税税额（货物进口关税税率15%，增值税税率17%）。

解答：（1）关税完税价格：$50 + 20 = 70$（万元）

（2）应缴纳进口关税：$70 \times 15\% = 10.5$（万元）

（3）进口环节应纳增值税的组成计税价格：$70 + 10.5 = 80.5$（万元）

（4）进口环节应缴纳增值税的税额：$80.5 \times 17\% = 13.685$（万元）

（5）国内销售环节的销项税额：$120 \times 17\% = 20.4$（万元）

（6）国内销售环节应缴纳增值税税额：$20.4 - 13.685 = 6.715$（万元）

案例3-2　　　　　进口货物的进项税额计算

某企业为增值税一般纳税人，2010年8月进口一批货物，买价75万元，境外运费及保险费共计5万元。该企业于同月缴纳进口环节税金后海关放行。计算该企业进口环节应纳增值税（关税税率为20%，消费税税率为30%）。

关税完税价格 $= 75 + 5 = 80$（万元）

组成计税价格 =（关税完税价格 + 关税）÷（1 - 消费税税率）

　　　　　　 = 80 ×（1 + 20%）/（1 - 30%）= 137.14（万元）

进口环节缴纳增值税 = 137.14 × 17% = 23.31（万元）

二、出口货物如何办理退（免）税

（一）出口货物退（免）税范围

出口货物退（免）税是指在国际贸易业务中，对报关出口的货物退还在国内各生产环节和流转环节按税法规定已缴纳的增值税和消费税，或免征应缴纳的增值税和消费税，以鼓励本国出口货物的一种税收措施，为世界各国普遍接受。根据我国《增值税暂行条例》规定，纳税人出口货物，除国务院另有规定外，税率为零。目前，出口货物不实行零税率的货物有：出口的原油，援外出口货物；国家禁止出口的天然牛黄、麝香、铜及铜基合金、白金、糖等。《消费税暂行条例》规定"对纳税人出口应税消费品，免征消费税"。出口货物退（免）税的税种仅限于增值税和消费税。就具体方式而言，我国采取出口退税与免税相结合的政策，分为出口免税并退税、出口免税不退税、出口不免税也不退税等几种形式。

1. 出口货物退（免）税的适用范围

出口货物退（免）税的企业范围，一般是指经国家商务主管部门及其授权单位批准，享有进出口经营权的企业和委托出口企业代理出口自产货物的生产企业。我国现行享受出口货物退（免）税的企业主要有：一是经国家商务主管部门及其授权单位批准的有进出口经营权的外贸企业；二是经国家商务主管部门及其授权单位批准的有进出口经营权的自营生产企业；三是外商投资企业；四是委托外贸企业代理出口的生产企业；五是特定退（免）税企业。除上述企业出口货物准予退（免）税外，其他非生产性企业委托外贸企业出口的货物不予退（免）税。

我国现行出口货物退（免）税的货物范围主要是报关出口的增值税、消费税应税货物。《出口货物退（免）税管理办法》规定，对出口的凡属于已征或应征增值税、消费税的货物，除国家明确规定不予退（免）税的货物和出口企业从小规模纳税人购进并持普通发票的部分货物外，都是出口货物退（免）税的货物范围，均应予以退还已征增值税和消费税或免征应征的增值税和消费税。但可以退（免）税的出口货物一般应具备以下四个条件：一是必须是属于增值税、消费税征税范围的货物；二是必须是报关离境的货物；三是必须是在财务上作销售处理的货物；四是必须是出口收汇并已核销的货物。满足上述四个条件的生产企业自营出口或委托外贸企业代理出口的自产货物，有出口经营权的外贸企业收购后直接出口或委托其他外贸企业代理出口的货物，除另有规定外（指出口属于税法列举规定的免税货物或限制、禁止出口的货物，不按"免税并退税"政策处理），给予免税并退税。

此外，在出口货物中，有一些不同时具备上述四个条件，但由于其销售方式、消费环节、结算办法的特殊性，以及国际间的特殊情况等缘故，国家特准退还或免征其增值税和消费税，如对外承包工程公司运出境外用于对外承包项目的货物，企业在国内采购并运往境外作为在国外投资的货物，利用中国政府的援外优惠贷款和合资合作项目基金方式下出口的货物等。

2. 出口货物免税不退税的情形

第一，出口货物免税不退税的企业范围：

下列企业出口的货物，除另有规定外，给予免税（指出口的货物如属于税法列举规定的限制或禁止出口的货物，则不能免税或退税），但不予退税：

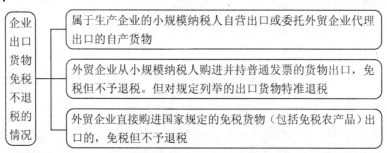

企业出口货物免税不退税的情况

- 属于生产企业的小规模纳税人自营出口或委托外贸企业代理出口的自产货物
- 外贸企业从小规模纳税人购进并持普通发票的货物出口，免税但不予退税。但对规定列举的出口货物特准退税
- 外贸企业直接购进国家规定的免税货物（包括免税农产品）出口的，免税但不予退税

图3-1　出口货物免税不退税的情况

第二，出口货物免税不退税的货物范围：

下列出口货物，免税但不予退税：

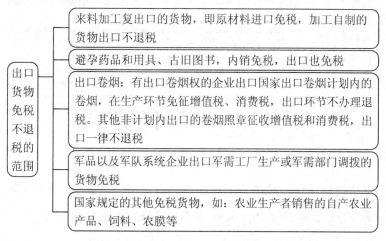

出口货物免税不退税的范围

- 来料加工复出口的货物，即原材料进口免税，加工自制的货物出口不退税
- 避孕药品和用具、古旧图书，内销免税，出口也免税
- 出口卷烟：有出口卷烟权的企业出口国家出口卷烟计划内的卷烟，在生产环节免征增值税、消费税，出口环节不办理退税。其他非计划内出口的卷烟照章征收增值税和消费税，出口一律不退税
- 军品以及军队系统企业出口军需工厂生产或军需部门调拨的货物免税
- 国家规定的其他免税货物，如：农业生产者销售的自产农业产品、饲料、农膜等

图3-2　出口货物免税不退税的范围

出口享受免征增值税的货物，其耗用的原材料、零部件等支付的进项税额，包括准予抵扣的运输费用所含的进项税额，不能从内销货物的销项税额中抵扣，应计入产品成本处理。

3. 不免税也不退税的情形

指按税法规定不能享受出口退（免）税且要视同内销征税的出口货物，如稀土金属、尿素、电解铝、钢铁初级产品，以及国家禁止出口的天然牛黄、麝香、铜及铜基合金（出口电解铜自2001年1月1日起按17%的退税率退还增值税）、白金等等。同时，通过借权、挂靠出口的货物不能享受出口退税政策。

4. 视同内销货物计提销项税额或征收增值税

出口企业出口的下列货物，除另有规定外，视同内销货物计提销项税额或征收增值税（见图3-3）。

出口企业出口的上述货物若为应税消费品，除另有规定者外，出口企业为生产企业，须按规定缴纳消费税，出口企业为外贸企业的，不退还消费税。

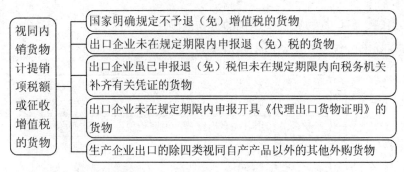

图3-3　视同内销货物计提销项税额或征收增值税的货物

（二）出口货物退税率

出口货物退（免）税的税率，即出口退税率，是指出口货物的应退税额与计税依据之间的比例。我国现行出口退税率主要有17%、13%、11%、8%、5%五档。

表3-1　　　　　各种货物出口退税率一览表

船舶、汽车及其关键件零部件、航空航天器、数控机床、加工中心、印刷电路、铁道机车等	出口退税率为17%
小麦粉、玉米粉、分割鸭、分割兔等货物与以农产品为原料加工生产的工业品及其他征税率为17%的货物	出口退税率为13%
汽油、未锻轧锌	出口退税率调低到11%
未锻轧铝、黄磷及其他磷、未锻轧镍、铁合金、钼矿砂及其精矿等货物	出口退税率调低到8%
焦炭半焦炭、炼焦煤、轻重烧镁、莹石、滑石、冻石等附件五所列明的货物	出口退税率调低到5%
农产品	出口退税率为5%或13%

（三）出口货物退税的计算

我国《出口货物退（免）税管理办法》规定了两种退税计算办法：第一种办法是"免、抵、退"办法，主要适用于自营和委托出口自产货物的生产企业；第二种办法是"先征后退"办法，目前主要用于收购货物出口的外（工）贸企业。对此两类企业，其出口货物退（免）税的计税依据有所差别，目前对生产企业出口货物计算办理退（免）税，以出口货物离岸价格作为计税依据；对外贸企业出口货物计算办理退税，以出口数量和货物购进金额作为计税依据。

1. 生产企业出口货物"免、抵、退"税的计算

生产企业自营或委托外贸企业代理出口自产货物，除另有规定外，增值税一律实行免、抵、退税管理办法。"免"税，是指对生产企业出口的自产货物，免征本企业生产销售环节增值税；"抵"税，是指生产企业出口自产货物所耗用的原材料、零部件、燃料、动力等所含应予退还的进项税额，抵顶内销货物的应纳税额；"退"税，是指生产企业出口的自产货物在当月内应抵顶的进项税额大于应纳税额时，对未抵顶完的部分予以退税。

生产企业是指独立核算，经主管国税机关认定为一般增值税纳税人，并且具有实际生产能力的企业和企业集团。增值税小规模纳税人出口自产货物继续实行免征增值税办法。生产企业出口自产的属于应征消费税的产品，实行免征消费税办法。此外，对生产企业出口的下列四类产品，视同自产产品给予退（免）税：

第一，生产企业出口外购的产品，凡同时符合以下条件的，可视同自产货物办理退税：（1）与本企业生产的产品名称、性能相同；（2）使用本企业注册商标或外商提供给本企业使用的商标；（3）出口给进口本企业自产产品的外商。

第二，生产企业外购的与本企业所生产的产品配套出口的产品，若出口给进口本企业自产产品的外商，符合下列条件之一的，可视同自产产品办理退税：（1）用于维修本企业出口的自产产品的工具、零部件、配件；（2）不经过本企业加工或组装，出口后能直接与本企业自产产品组合成成套产品的。

第三，凡同时符合下列条件的，主管出口退税的税务机关可认定为集团成员，集团公司（或总厂，下同）收购成员企业（或分厂，下同）生产的产品，可视同自产产品办理退（免）税：（1）经县级以上政府主管部门批准为集团公司成员的企业，或由集团公司控股的生产企业；（2）集团公

司及其成员企业均实行生产企业财务会计制度；（3）集团公司必须将有关成员企业的证明材料报送给主管出口退税的税务机关。

第四，生产企业委托加工收回的产品，同时符合下列条件的，可视同自产产品办理退税：（1）必须与本企业生产的产品名称、性能相同，或者是用本企业生产的产品再委托深加工收回的产品；（2）出口给进口本企业自产产品的外商［生产企业正式投产前委托加工的产品与正式投产后自产产品属于同类产品，收回后出口，并且是首次出口的，不受"出口给进口本企业自产产品的外商"的条件的限制。出口的上述产品，若同时满足其他条件，主管税务机关在严格审核的前提下，准予视同自产产品办理出口退（免）税］；（3）委托方执行的是生产企业财务会计制度；（4）委托方与受托方必须签订委托加工协议。主要原材料必须由委托方提供。受托方不垫付资金，只收取加工费，开具加工费（含代垫的辅助材料）的增值税专用发票。

生产企业出口货物免、抵、退税应根据出口货物离岸价格、出口货物适用退税率计算。出口货物离岸价格（FOB）以出口发票上的离岸价格为准，以其他价格条件成交的，应扣除出口销售收入的运费、保险费、佣金等按会计制度规定允许冲减的费用。申报数与实际支付数有差额的，在下次申报退税时调整。若出口发票不能如实反映离岸价格，企业应按实际离岸价格申报免、抵、退税，税务机关有权依法核定。免、抵、退税具体计算方法与公式如下：

（1）当期应纳税额的计算：

当期应纳税额＝当期内销货物的销项税额－（当期进项税额－当期免抵退税不得免征和抵扣税额）－上期留抵税额

其中：

当期免抵退税不得免征和抵扣税额＝出口货物离岸价×外汇人民币中间价×（出口货物征税率－出口货物退税率）－免抵退税不得免征和抵扣税额抵减额

免抵退税不得免征和抵扣税额抵减额＝免税购进原材料价格×（出口货物征税率－出口货物退税率）

免税购进原材料包括从国内购进免税原材料和进料加工免税进口料件，其中进料加工免税进口料件的价格为组成计税价格。

进料加工免税进口料件的组成计税价格＝货物到岸价＋海关实征关税和消费税

（2）免抵退税额的计算：

免抵退税额＝出口货物离岸价×外汇人民币中间价×出口货物退税率－免抵退税额抵减额

其中：

免抵退税额抵减额＝免税购进原材料价格×出口货物退税率

如果当期没有免税购进原材料价格，上述公式中的免抵退税不得免征和抵扣税额抵减额，以及免抵退税额抵减额，就不用计算。

（3）当期应退税额和免抵税额的计算：

① 如当期期末留抵税额≤当期免抵退税额，则：

当期应退税额＝当期期末留抵税额

当期免抵税额＝当期免抵退税额－当期应退税额

② 如当期期末留抵税额＞当期免抵退税额，则：

当期应退税额＝当期免抵退税额

当期免抵税额＝当期免抵退税额－当期应退税额＝0

当期期末留抵税额根据当期《增值税纳税申报表》中"期末留抵税额"确定。

案例3－3 出口货物"免、抵、退"税的计算

某自营出口的生产企业为增值税一般纳税人，出口货物的征税税率为17%，退税税率为13%。2010年6月的有关经营业务为：购进原材料一批，取得的增值税专用发票注明的价款200万元，外购货物准予抵扣的进项税额34万元通过认证。上月末留抵税款3万元，本月内销货物不含税销售额100万元，销项税额17万元，本月出口货物的销售额折合人民币200万元。

（1）试计算该企业当期的"免、抵、退"税额。

（2）假设其他条件不变，该企业当月还进口有免税原材料，该免税进

口料件的组成计税价格 100 万元。试计算该企业当期的"免、抵、退"税额。

解答： (1) ①当期免抵退税不得免征和抵扣税额 = 当期出口货物离岸价 × 外汇人民币中间价 × （出口货物征税税率 − 出口货物退税税率）= 200 × （17% − 13%）= 8（万元）

②当期应纳税额 = 当期内销货物的销项税额 − （当期进项税额 − 当期免抵退税不得免征和抵扣税额）− 上期留抵税额 = 100 × 17% − （34 − 8）− 3 = −12（万元）

③出口货物"免、抵、退"税额 = 出口货物离岸价 × 外汇人民币中间价 × 出口货物退税率 = 200 × 13% = 26（万元）

④按规定，如当期末留抵税额 ≤ 当期免抵退税额时：

当期应退税额 = 当期期末留抵税额

即该企业当期应退税额 = 12（万元）

⑤当期免抵税额 = 当期免抵退税额 − 当期应退税额

当期免抵税额 = 26 − 12 = 14（万元）

(2) ①免抵退税不得免征和抵扣税额抵减额 = 免税进口料件的组成计税价格 × （出口货物征税税率 − 出口货物退税税率）= 100 × （17% − 13%）= 4（万元）

②免抵退税不得免征和抵扣税额 = 当期出口货物离岸价 × 外汇人民币中间价价 × （出口货物征税税率 − 出口货物退税税率）− 免抵退税不得免征和抵扣税额抵减额 = 200 × （17% − 13%）− 4 = 4（万元）

③当期应纳税额 = 100 × 17% − （34 − 4）− 3 = −16（万元）

④免抵退税额抵减额 = 免税购进原材料 × 材料出口货物退税税率 = 100 × 13% = 13（万元）

⑤出口货物"免、抵、退"税额 = 出口货物离岸价 × 外汇人民币牌价 × 出口货物退税率 − 免抵退税额抵减额 = 200 × 13% − 13 = 13（万元）

⑥按规定，如当期期末留抵税额 > 当期免抵退税额时：

当期应退税额 = 当期免抵退税额

即该企业应退税额 = 13（万元）

⑦ 当期免抵税额 = 当期免抵退税额 — 当期应退税额

$$当期该企业免抵税额 = 13 - 13 = 0（万元）$$

⑧ 8 月期末留抵结转下期继续抵扣税额为 3 万元（即 16 - 13）。

2. 外贸企业"先征后退"的计算方法

（1）外贸企业以及实行外贸企业财务制度的工贸企业收购货物出口，其出口销售环节的增值税免征；其收购货物的成本部分，因外贸企业在支付收购货款的同时也支付了生产经营该类商品的企业已纳的增值税款，因此，在货物出口后按收购成本与退税税率计算退税退还给外贸企业，征、退税之差计入企业成本，即外贸企业出口货物退还增值税应依据购进货物（指出口的货物）的增值税专用发票所注明的进项金额和出口货物对应的退税率计算，其公式为：

$$应退税额 = 外贸收购不含增值税购进金额 \times 退税税率$$

案例 3 - 4   外贸企业"先征后退"的计算

某进出口公司 2010 年 5 月出口一批货物，进货增值税专用发票列明计税金额 80000 元，退税税率 13%，其应退税额为：

$$80000 \times 13\% = 10400（元）。$$

（2）外贸企业收购小规模纳税人出口货物增值税的退税规定：

① 凡从小规模纳税人购进持普通发票（该普通发票应符合《中华人民共和国发票管理办法》的有关使用规定，否则不予办理退税）特准退税的抽纱、工艺品等 12 类出口货物，同样实行销售出口货物的收入免税，并退还出口货物进项税额的办法。小规模纳税人使用普通发票，其销售额和应纳税额没有单独计价，须将合并定价的销售额换算成不含税价格，然后据以计算出口货物退税。其计算公式为：

$$应退税额 = 普通发票所列（含增值税）销售金额 \div （1 + 征收率）\times 6\%$$
或 5%

② 凡从小规模纳税人购进税务机关代开的增值税专用发票的出口货物按以下公式计算退税：

$$应退税额 = 增值税专用发票注明的金额 \times 6\% 或 5\%$$

案例 3-5   外贸企业收购小规模纳税人出口

货物增值税的退税计算

某进出口公司 2010 年 5 月购进某小规模纳税人抽纱工艺品 400 套，全部出口，普通发票注明金额 16000 元；购进另一小规模纳税人西服 800 套全部出口，取得税务机关代开的增值税专用发票，发票注明金额 24000 元，退税税率 6%，该企业的应退税额：

$$16000 \div (1+3\%) \times 6\% + 5000 \times 6\% = 1232.04 （元）。$$

（3）外贸企业委托生产企业加工出口货物的退税规定：

外贸企业委托生产企业加工收回后报关出口的货物，按购进国内原辅材料的增值税专用发票上注明的进项金额，依原辅材料的退税税率计算原辅材料应退税额。支付的加工费，凭受托方开具货物的退税税率，计算加工费的应退税额。

案例 3-6   外贸企业委托生产企业加工出口货物的退税计算

某进出口公司 2010 年 5 月购进布匹委托加工成服装出口。取得布匹增值税发票一张，注明计税金额 20000 元（退税税率 13%）；取得服装加工费计税金额 5000 元（退税税率 17%）。该企业的应退税额：

$$20000 \times 13\% + 5000 \times 17\% = 3450 （元）。$$

3. 出口已取消退税（原属退税范围）的商品，应纳税额的计算

《财政部 国家税务总局关于出口货物退（免）税若干具体问题的通知》（财税〔2004〕116 号）第二条规定：出口企业（包括外贸企业和生产企业）出口《财政部 国家税务总局关于调整出口货物退税率的通知》（财税〔2003〕222 号）及其他有关文件规定的不予退（免）税的货物，应分别按下列公式计提销项税额。

一般纳税人：

销项税额＝出口货物离岸价格×外汇人人民币中间价×法定增值税税率/（1＋法定增值税税率）

小规模纳税人：

应纳税额＝出口货物离岸价格×外汇人人民币中间价×法定增值税税率×征收率/（1＋征收率）

（四）出口货物退（免）税管理

1. 出口货物退（免）税的基本流程

纳税人出口货物适用退（免）税规定的，应当向海关办理出口手续，凭出口报关单等有关凭证，在规定的出口退（免）税申报期内按月向主管税务机关申报办理该项出口货物的退（免）税。具体流程如下：

生产企业办理免、抵、退税的业务流程：

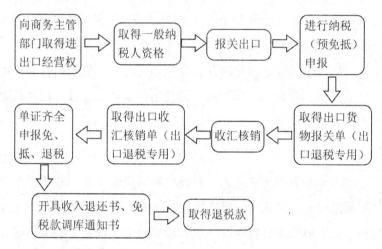

图3-4　生产企业办理免、抵、退税的业务流程

外贸企业办理出口退税业务流程：

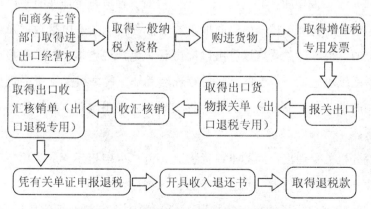

图3-5　外贸企业办理出口退税业务流程

2. 出口货物退（免）税认定管理

对外贸易经营者按《中华人民共和国对外贸易法》和商务部《对外贸易经营者备案登记办法》的规定办理备案登记后，没有出口经营资格的生产企业委托出口自产货物（含视同自产产品，下同），应分别在备案登记、代理出口协议签订之日起 30 日内持有关资料，填写《出口货物退（免）税认定表》，到所在地税务机关办理出口货物退（免）税认定手续。已办理出口货物退（免）税认定的出口商，其认定内容发生变化的，须自有关管理机关批准变更之日起 30 日内，持相关证件向税务机关申请办理出口货物退（免）税认定变更手续。出口商发生解散、破产、撤销以及其他依法应终止出口货物退（免）税事项的，应持相关证件、资料向税务机关办理出口货物退（免）税注销认定。对申请注销认定的出口商，税务机关应先结清其出口货物退（免）税款，再按规定办理注销手续。

3. 出口货物退（免）税申报及受理

（1）出口商应在规定期限内，收齐出口货物退（免）税所需的有关单证，使用国家税务总局认可的出口货物退（免）税电子申报系统生成电子申报数据，如实填写出口货物退（免）税申报表，向税务机关申报办理出口货物退（免）税手续。逾期申报的，除另有规定者外，税务机关不再受理该笔出口货物的退（免）税申报，该补税的应按有关规定补征税款。

（2）出口商申报出口货物退（免）税时，税务机关应及时予以接受并进行初审。经初步审核，出口商报送的申报资料、电子申报数据及纸质凭证齐全的，税务机关受理该笔出口货物退（免）税申报；出口商报送的申报资料或纸质凭证不齐全的，除另有规定者外，税务机关不予受理该笔出口货物的退（免）税申报，并要当即向出口商提出改正、补充资料、凭证的要求。

税务机关受理出口商的出口货物退（免）税申报后，应为出口商出具回执，并对出口货物退（免）税申报情况进行登记。

（3）出口商报送的出口货物退（免）税申报资料及纸质凭证齐全的，除另有规定者外，在规定申报期限结束前，税务机关不得以无相关电子信息或电子信息核对不符等原因，拒不受理出口商的出口货物退（免）税申报。

4. 出口货物退（免）税的期限及逾期不申报的处理

出口货物退（免）税的期限是指货物出口行为发生后，申报办理出口货物退（免）税的时间要求。未在规定申报期内申报的，除另有规定者外，一律视同内销征税，不再退税。

（1）生产企业未在规定期限内申报出口货物的处理。

出口企业应在货物报关出口之日［以出口货物报关单（出口退税专用）上注明的出口日期为准，下同］起 90 日内向退税部门申报办理出口货物退（免）税手续。逾期不申报的，除另有规定者和确有特殊原因经地市级以上税务机关批准者外，不再受理该笔出口货物的退（免）税申报。生产企业未按规定在报关出口 90 日内申报办理退（免）税手续的，如果其到期之日超过了当月的"免、抵、退"税申报期，税务机关可暂不按视同内销货物予以征税。但生产企业应当在次月"免、抵、退"税申报期内申报"免、抵、退"税，如仍未申报，税务机关应当视同内销货物予以征税。

对生产企业视同内销已缴纳税款的出口货物，在收齐退（免）税凭证后，向主管退税机关申请办理免、抵、退税手续。

（2）出口企业未在规定期限内申报出口货物的处理。

① 外贸企业自货物报关出口之日［以出口货物报关单（出口退税专用）上注明的出口日期为准］起 90 日内未向主管税务机关退税部门申报出口退税的货物，除另有规定者和确有特殊原因，经地市以上税务机关批准者外，企业须向主管税务机关征税部门进行纳税申报并计提销项税额。上述货物属于应税消费品的，还须按消费税有关规定进行申报。

② 外贸企业对上述货物应纳税额的计算公式。一般纳税人以进料加工复出口贸易方式出口上述货物以及小规模纳税人出口上述货物计算应纳税额公式：

应纳税额 =（出口货物离岸价格×外汇人民币中间价）÷（1 + 征收率）×征收率

对上述应计提销项税额的出口货物，生产企业如已按规定计算免抵退税不得免征和抵扣税额并已转入成本科目的，可从成本科目转入进项税额科目；外贸企业如已按规定计算征税率与退税率之差并已转入成本科目的，可将征税率与退税率之差及转入应收出口退税的金额转入进项税额科目。

③ 对出口企业提出延期申报出口货物退（免）税的，主管税务机关退税部门除按《国家税务总局关于出口货物退（免）税管理有关问题的通知》（国税发〔2004〕64 号）第三条规定和《国家税务总局关于出口货物退（免）税管理有关问题的补充通知》（国税发〔2004〕113 号）第一条规定执行外，出口企业提出书面合理理由的，可经地市以上（含地市）税务机关核准后在核准的期限内申报办理退（免）税。

5. 出口货物退（免）税审核、审批

根据《出口货物退（免）税管理办法》规定，出口退税的审批必须由地市级以上国家税务局负责，具体内容如下：

（1）税务机关应当使用国家税务总局认可的出口货物退（免）税电子化管理系统以及总局下发的出口退税税率文库，按照有关规定进行出口货物退（免）税审核、审批，不得随意更改出口货物退（免）税电子化管理系统的审核配置、出口退税税率文库以及接收的有关电子信息。

（2）税务机关受理出口商出口货物退（免）税申报后，应在规定的时间内，对申报凭证、资料的合法性、准确性进行审查，并核实申报数据之间的逻辑对应关系。根据出口商申报的出口货物退（免）税凭证、资料的不同情况，税务机关应当重点审核以下内容：

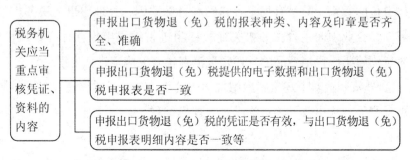

图3-6　税务机关应当重点审核凭证、资料的内容

重点审核的凭证有：

表3-2   税务机关重点审核的凭证

出口货物报关单（出口退税专用）	出口货物报关单必须是盖有海关验讫章，注明"出口退税专用"字样的原件（另有规定者除外），出口报关单的海关编号、出口商海关代码、出口日期、商品编号、出口数量及离岸价等主要内容应与申报退（免）税的报表一致
代理出口证明	代理出口货物证明上的受托方企业名称、出口商品代码、出口数量、离岸价等应与出口货物报关单（出口退税专用）上内容相匹配并与申报退（免）税的报表一致
增值税专用发票（抵扣联）	增值税专用发票（抵扣联）必须印章齐全，没有涂改。增值税专用发票（抵扣联）的开票日期、数量、金额、税率等主要内容应与申报退（免）税的报表匹配
出口收汇核销单（或出口收汇核销清单，下同）	出口收汇核销单的编号、核销金额、出口商名称应当与对应的出口货物报关单上注明的批准文号、离岸价、出口商名称匹配
消费税税收（出口货物专用）缴款书	消费税税收（出口货物专用）缴款书各栏目的填写内容应与对应的发票一致；征税机关、国库（银行）印章必须齐全并符合要求

（3）在对申报的出口货物退（免）税凭证、资料进行人工审核后，税务机关应当使用出口货物退（免）税电子化管理系统进行计算机审核（包括确定审核企业、自动审核、审核疑点调整、审核确认等四个步骤），将出口商申报出口货物退（免）税提供的电子数据、凭证、资料与国家税务总局及有关部门传递的出口货物报关单、出口收汇核销单、代理出口证明、增值税专用发票、消费税税收（出口货物专用）缴款书等电子信息进行核对。审核、核对重点见表3-3。

表3-3   电子信息审核、核对的重点

出口报关单电子信息	出口报关单的海关编号、出口日期、商品代码、出口数量及离岸价等项目是否与电子信息核对相符
代理出口证明电子信息	代理出口证明的编码、商品代码、出口日期、出口离岸价等项目是否与电子信息核对相符
出口收汇核销单电子信息	出口收汇核销单号码等项目是否与电子信息核对相符

续表

出口退税率文库	出口商申报出口退（免）税的货物是否属于可退税货物，申报的退税税率与出口退税税率文库中的退税税率是否一致
增值税专用发票电子信息	增值税专用发票的开票日期、金额、税额、购货方及销售方的纳税人识别号、发票代码、发票号码是否与增值税专用发票电子信息核对相符。在核对增值税专用发票时应使用增值税专用发票稽核、协查信息。暂未收到增值税专用发票稽核、协查信息的，税务机关可先使用增值税专用发票认证信息，但必须及时用相关稽核、协查信息进行复核；对复核有误的，要及时追回已退（免）税款
消费税税收（出口货物专用）缴款书电子信息	消费税税收（出口货物专用）缴款书的号码、购货企业海关代码、计税金额、实缴税额、税率（额）等项目是否与电子信息核对相符

（4）税务机关在审核中，发现的不符合规定的申报凭证、资料，税务机关应通知出口商进行调整或重新申报；对在计算机审核中发现的疑点或问题，应按电子化管理办法有关规定进行调整或按出口货物税收情况函调规定进行发函调查；对出口商申报的出口货物退（免）税凭证、资料有疑问的，应分别以下情况处理：

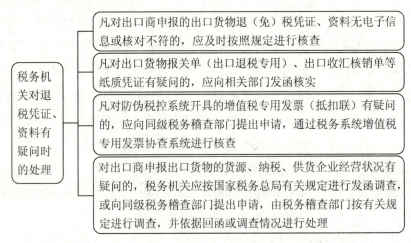

图3-7 税务机关对退税凭证、资料有疑问时的处理

（5）出口商提出办理相关出口货物退（免）税证明的申请，税务机关经审核符合有关规定的，应及时出具相关证明。

（6）出口货物退（免）税应当由设区的市、自治州以上（含本级）税务机关根据审核结果按照有关规定进行审批。在审核确认时系统会自动生成退税待审批数据，该数据作为审核的结果和审批的依据，一经生成不得修改。对于审核的退税额可以有两种审批方式：一是全额审批，系统自动标识该笔数据审批完毕；二是部分税额审批，即本次只审批部分退税额，未审批部分的税额留待以后审批。

6. 退库、调库

税务机关在审批后应当按照有关规定办理退库或调库手续。主管退税机关对企业申报的出口退税款，经审核审批后，在上级税务机关下达的退税计划额度内，填开《收入退还书》，送交所在地国库办理退库手续，将税款退给出口企业；经退税机关审批有免、抵税额的，退税机关应根据审批意见，于每月 10 日前在国家下达的出口退税计划内开具《生产企业出口货物免、抵、退税审批通知单》，通知生产企业所在地征税机关，由征税机关根据审批的免、抵税数额，以正式文件通知同级国库办理免、抵税款调库手续。免、抵税及退税均实行计划管理，不得超计划办理退库或调库。

7. 新发生出口业务的退免税

《国家税务总局关于出口货物退（免）税若干问题的通知》（国税发〔2003〕139 号）第八条规定，新发生出口业务的企业，除下面（1）（2）两种情况外，自发生首笔出口业务之日起 12 个月内发生的应退税额，不实行按月退税的办法，而是采取结转下期继续抵顶其内销货物应纳税额。12个月后，如该企业属于小型出口企业，则按本通知第九条有关小型出口企业的规定执行；如该企业属于小型出口企业以外的企业，则实行统一的按月计算办理免、抵、退税的办法。

（1）注册开业时间在一年以上的新发生出口业务的企业（小型出口企业除外），经地市税务机关核实确有生产能力并无偷税行为及走私、逃套汇等违法行为的，可实行统一的按月计算办理免、抵、退税的办法。

（2）新成立的内外销售额之和超过 500 万元（含）人民币，且外销销售额占其全部销售额的比例超过 50%（含）的生产企业，如在自成立之日起 12 个月内不办理退税确有困难的，在从严掌握的基础上，经省、自治区、直辖市国家税务局批准，可实行统一的按月计算办理免、抵、退税的办法。

该《通知》第九条规定，对《财政部 国家税务总局关于进一步推进出口货物实行免抵退税办法的通知》（财税〔2002〕7 号）第八条规定的退税审核期为 12 个月的小型出口企业在年度中间发生的应退税额，不实行按月退税的办法，而是采取结转下期继续抵顶其内销货物应纳税额，年底对未抵顶完的部分一次性办理退税的办法。小型出口企业的标准，由各省（自治区、直辖市）国家税务局根据企业上一个纳税年度的内外销销售额之和在 200 万元（含）人民币以上，500 万元（含）人民币以下的幅度内，按照本省（自治区、直辖市）的实际情况确定全省（自治区、直辖市）统一的标准。

8. 出口货物退（免）税日常管理

出口货物退（免）税日常管理见图 3-8。

9. 违章处理

《国家税务总局关于印发＜出口货物退（免）税管理办法（试行）＞的通知》（国税发〔2005〕51 号）对违章行为的处理做出以下规定：

（1）出口商有下列行为之一的，由税务机关责令限期改正，可以处以 2000 元以下的罚款；情节严重的，处以 2000 元以上 10000 元以下的罚款。

① 未按规定办理出口货物退（免）税认定、变更或注销认定手续的。

② 未按规定设置、使用和保管有关出口货物退（免）税账簿、凭证、资料的。

（2）出口商拒绝税务机关检查或拒绝提供有关出口货物退（免）税账簿、凭证、资料的，由税务机关责令改正。可以处以 10000 元以下的罚款；情节严重的，处以 10000 元以上 50000 元以下的罚款。

（3）出口商以假报出口或其他欺骗手段骗取国家出口退税款的，由税务机关追缴其骗取的退税款，并处骗取税款一倍以上五倍以下的罚款；构

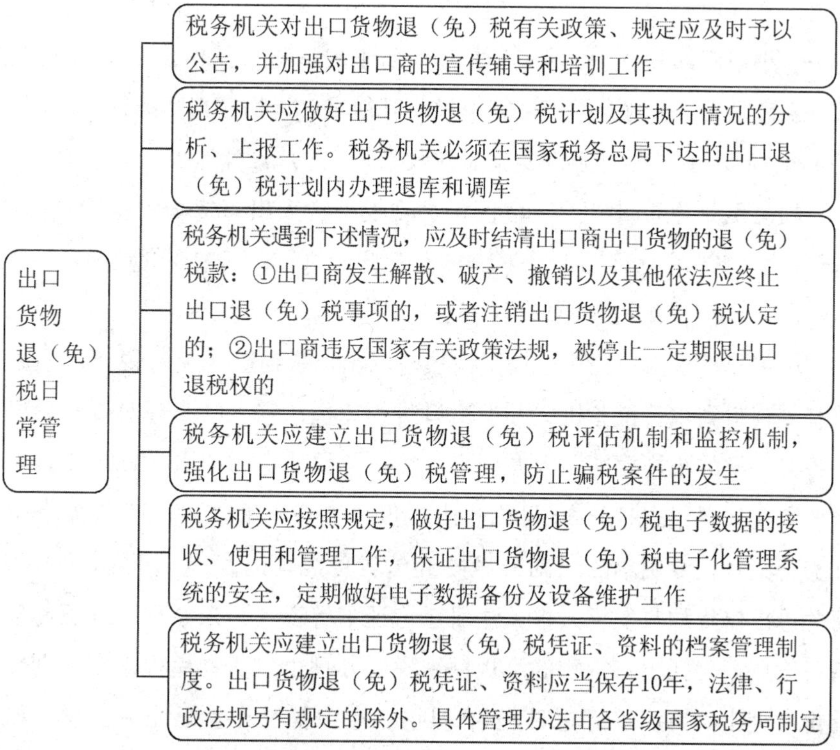

图3-8 出口货物退（免）税日常管理

成犯罪的，依法追究刑事责任。

对骗取国家出口退税款的出口商，经省级以上（含本级）国家税务局批准，可以停止其6个月以上的出口退税权。在出口退税权停止期间自营、委托和代理出口的货物，一律不予办理退（免）税。

（4）出口商违反规定需采取税收保全措施和税收强制执行措施的，税务机关应按照《税收征收管理法》及实施细则的有关规定执行。

（五）特定企业或特准货物出口退（免）税

我国对除一般贸易、加工贸易等贸易方式出口货物以外的其他一些国家指定经营方式或通过特殊方式出口或交易的货物，也准予退（免）税，这是我国出口退税制度的有益补充。

1. 小规模纳税人出口货物退（免）税

现行税收政策规定，对增值税小规模纳税人出口货物免征增值税、消费税，其进项税额不予抵扣或退税。小规模纳税人直接出口货物实行免税办法。小规模纳税人销售给其他出口企业的货物，其他出口企业再出口后，农产品按5%的退税率计算退税，其他出口货物按其实际征收率（6%或4%，新增值税暂行条例实施后征收率为3%）计算退税。

国家税务总局制定了《增值税小规模纳税人出口货物免税管理办法》（国税发〔2007〕123号），自2008年起开始执行。其主要规定为：

（1）小规模纳税人出口货物免税认定。

小规模纳税人应在规定期限内填写《出口货物退（免）税认定表》并持有关资料到主管税务机关办理出口货物免税认定。已办理对外贸易经营者备案登记的小规模纳税人办理出口货物免税认定的期限是办理对外贸易经营者备案登记之日起30日内。应申报税务登记证（由税务机关查验）、加盖备案登记专用章的《对外贸易经营者备案登记表》、中华人民共和国海关进出口货物收发货人报关注册登记证书等资料；未办理对外贸易经营者备案登记委托出口货物的小规模纳税人办理出口货物免税认定的期限是首份代理出口协议签订之日起30日内，应申报税务登记证（由税务机关查验）、代理出口协议。

（2）小规模纳税人出口货物免税认定的变更、注销。

已办理出口货物免税认定的小规模纳税人，其认定内容发生变化的，须自有关管理机关批准变更之日起30日内，持相关证件向税务机关申请办理出口货物免税认定变更手续。

小规模纳税人发生解散、破产、撤销等依法应当办理注销税务登记的，应首先注销其出口货物免税认定，再办理注销税务登记；小规模纳税人发生其他依法应终止出口货物免税认定的事项但不需要注销税务登记的，应在有关机关批准或者宣告终止之日起15日内向税务机关申请注销出口免税认定。

（3）小规模纳税人出口货物免税申报。

小规模纳税人自营出口货物报关后，应向海关部门申请签发出口货物报关单（出口退税专用），并及时登录"口岸电子执法系统"出口退税子系统，按照有关规定提交相关电子数据。

小规模纳税人自营或委托出口货物后，须在次月向主管税务机关办理增值税纳税申报时，提供《小规模纳税人出口货物免税申报表》及电子申报数据。主管税务机关受理纳税申报时，应进行核对。经核对相符后，在《免税申报表》第一联签章并交小规模纳税人。如核对不符主管税务机关应将申报资料退回小规模纳税人，由其补正后重新申报。

小规模纳税人应按月将收齐有关出口凭证的出口货物，填写《小规模纳税人出口货物免税核销申报汇总表》、《小规模纳税人出口货物免税核销申报明细表》，并于货物报关出口之日（以出口货物报关单上注明的出口日期为准，下同）次月起 4 个月内的各申报期内（申报期为每月 1—15 日），持下列资料到主管税务机关（负责出口退税业务的部门或岗位）按月办理出口货物免税核销申报，并同时报送出口货物免税核销电子申报数据：①出口发票；②小规模纳税人自营出口货物应提供的其他资料，包括出口货物报关单（出口退税专用）、出口收汇核销单（出口退税专用）；③小规模纳税人委托出口货物应提供的其他资料，包括代理出口货物证明、代理出口协议、出口货物报关单（出口退税专用）或其复印件、出口收汇核销单（出口退税专用）或其复印件；④主管税务机关要求提供的其他资料。

（4）小规模纳税人出口货物免税的审核、审批。

主管税务机关在接受小规模纳税人的免税核销申报后，应当核对小规模纳税人申报的纸质单证是否齐全，逻辑关系是否对应，并对小规模纳税人申报的电子数据与出口货物报关单、出口收汇核销单、代理出口证明等相关电子信息进行核对。对审核无误的，在《小规模纳税人出口货物免税核销申报汇总表》、《小规模纳税人出口货物免税核销申报明细表》上签章，经由设区的市、自治州以上（含本级）税务机关根据审核结果批准免税核销（下放出口退税审批权试点地区除外）。

小规模纳税人在按规定办理出口货物免税认定以前出口的货物，凡在免税核销申报期限内申报免税核销的，税务机关可按规定审批免税；超过免税核销申报期限的，税务机关不予审批免税。

小规模纳税人无法按规定期限办理免税核销申报手续的，可在申报期限内向主管税务机关提出书面合理理由申请免税核销延期申报，经核准后，可延期3个月办理免税核销申报手续。

（5）小规模纳税人出口下列货物，除另有规定者外，应征收增值税。下列货物为应税消费品的，若小规模纳税人为生产企业，还应征收消费税：

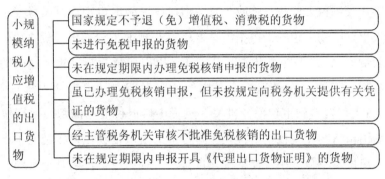

图3-9 小规模纳税人应增收增值税的出口货物

上述小规模纳税人出口货物应征税额按以下公式确定：

增值税应征税额 =（出口货物离岸价×外汇人民币中间价）÷（1+征收率）×征收率

实行从量定额征税办法的出口应税消费品的消费税应征税额 = 出口应税消费品数量×消费税单位税额

实行从价定率征税办法的出口应税消费品的消费税应征税额 =（出口应税消费品离岸价×外汇人民币中间价）÷（1+增值税征收率）×消费税适用税率

实行从量定额与从价定率相结合征税办法的出口应税消费品的消费税应征税额为二者分别计算的应征税额之和。

上述出口货物的离岸价及出口数量的确定与生产企业相同，详见前述出口货物退税的计算。

2. 代理出口货物退（免）税

代理出口是指出口企业受其他企业的委托，代办出口货物的报关、收汇及外汇核销等手续并收取一定代理费用的出口业务。代理出口货物一律在委托方退（免）税。出口企业（受托方）在代理出口的货物报关出口并取得有关单证后，须按规定向主管退税机关办理《代理出口货物证明》。委托出口的货物，委托方不得向受托方开具增值税专用发票，否则视同内销征收增值税。如果出口企业与委托方签订了代理出口合同或协议，但不办理《代理出口货物证明》且不向供货方索取发票和办理退税，对代理方代理出口的货物视同内销征税，还要按违反发票管理有关规定进行处理。

出口企业代理其他企业出口后，除另有规定外，须在自货物报关出口之日起60天内凭出口货物报关单、代理出口协议，向主管税务机关申请开具《代理出口货物证明》，并及时转给委托出口企业。

3. 援外出口货物退（免）税

现行税收政策规定，对一般物资援助项下出口的货物不予办理退税。实行实报实销结算的，不征增值税，只对承办企业取得的手续费收入征收营业税；实行承包结算制的，对承办企业以"对内总承包价"为计税依据征收增值税。对利用中国政府的援外优惠贷款和合资合作项目基金方式下出口的货物，比照一般贸易出口，实行出口退税政策。

援外企业必须在国家商务主管部门批准使用援外优惠贷款和合资合作项目基金30日内，持有关批文到主管退税机关办理退税认定手续。援外企业属于外（工）贸企业的按现行外贸企业出口退税办法执行，属于生产企业的实行免、抵、退税办法。援外企业申请办理出口退（免）税时必须提供以下凭证：（1）国家商务主管部门批准使用援外优惠贷款的批文（或"援外任务书"）复印件或国家商务主管部门批准使用援外合资合作项目基金的批文（或"援外任务书"）复印件。（2）与中国进出口银行签订的援外优惠贷款协议（复印件）或与商务部有关部门签订的"援外合资合作项目基金借款合同"（复印件）。对利用中国政府援外优惠贷款采用转贷方式出口的货物，援外出口企业在申请退（免）税时可免予提供援外出口企业与中国进出口银行签订的贷款协议，但要附送援外出口企业与受援国业主签订的出口合同和中国进出口银行开具给税务机关的证明出口企业转贷业务的证明。在项目执行完毕后，援外出口企业还要提供中国进出口银行向其支付货款的付款凭证。（3）购进出口货物的增值税专用发票（税款抵扣联）。（4）盖有海关验讫章的出口货物报关单（出口退税专用）。（5）出口发票。

援外出口企业只能就利用援外优惠贷款和合资合作项目基金方式出口的货物申报办理退（免）税，不得将其他援外方式出口的货物办理退税，否则除追回税款外，一律停止援外出口企业半年以上的出口退税权，并按有关骗取出口退税的处罚规定进行处理。

4. 对外承接国外修理修配业务退（免）税

外贸企业承接国外修理修配业务后委托生产企业修理修配的在修理修配的货物复出境后，应单独填报《出口货物退（免）税申报表》，同时提供生产企业开具的修理修配增值税专用发票、外贸企业开给外方的修理修配发票、修理修配货物复出境报关单。其应退税额按照生产企业修理修配增值税专用发票所列金额计算。

生产企业承接国外修理修配业务，应在修理修配的货物复出境后，向主管税务机关办理免、抵、退税申报，按规定提供已用于修理修配的零部件、原材料等的购货增值税专用发票和货物出库单、修理修配发票、修理修配货物复出境报关单。

5. 销往出口加工区货物的退（免）税

出口加工区是指经国务院批准、由海关专门监管的特定区域。出口加工区运往区外的货物，海关按照对进口货物的有关规定办理进口报关手续，并对报关的货物征收增值税、消费税。出口加工区外的企业（以下简称区外企业）运入出口加工区的货物视同出口，由海关办理出口报关手续，签发出口货物报关单（出口退税专用）。区外企业是指具有进出口经营权的企业，包括外贸（工贸）公司、外商投资企业和具有进出口经营权的内资生产企业。

（1）出口加工区退（免）税货物范围。（见图 3－10）

（2）出口加工区不予退（免）税的货物范围。（见图 3－11）

（3）出口加工区货物退（免）税的监管。

区外企业销售并运入出口加工区的货物，一律开具出口销售发票，不区外企业销售给出口加工区内企业并运往出口加工区供区内企业使用的国产设备、原材料、零部件、元器件、包装物料，以及建造基础设施、加工企业和行政管理部门的生产、办公用房的基建物资，区外企业可凭海关签发的出口货物报关单（出口退税专用）和其他现行规定的出口退税凭证，向税务机关申报办理退（免）税

出口加工区退（免）税货物范围

出口加工区内生产企业生产出口货物耗用的水、电、气，准予退还所含的增值税。区内企业须按季填报《出口加工区内生产企业耗用水、电、气退税申报表》，并附送下列凭证向主管出口退税的税务机关申报办理退税手续：一是供水、供电、供气公司（或单位）开具的增值税专用发票（税款抵扣联）；二是支付水、电、气费用的银行结算凭证（复印件加盖银行印章）。水、电、气应退税额计算分式：

应退税额=增值税专用发票上注明的进项金额×退税税率

水、电、气的退税税率为13%，供应单位按简易办法征收增值税的，退税率为征收率

图3-10 出口加工区退（免）税货物范围

出口加工区不予退（免）税的货物范围

区外企业销售给区内企业、行政管理部门并运入出口加工区供其使用的生活消费用品、交通运输工具，海关不予签发出口货物报关单（出口退税专用），税务部门不予办理退（免）税

区外企业销售给区内企业、行政管理部门并运入出口加工区供其使用的进口机器、设备、原材料、零部件、无器件、包装物料和基建物资，海关不予签发出口货物报关单（出口退税专用），税务部门不予办理退（免）税

区内企业在区内加工、生产的货物，凡属于货物直接出口和销售给区内企业的，免征增值税、消费税，出口不退税

区内企业委托区外企业进行产品加工，一律不予退（免）税

区内生产企业从区外购进的水、电、气、凡用于出租、出让厂房的，不予办理退税

图3-11 出口加工区不予退（免）税的货物范围

得开具增值税专用发票或普通发票。区外企业销售给区内企业并运入出口加工区供区内企业使用的实行退（免）税的货物，区外企业应按海关规定填制出口货物报关单。区外企业销售并输入出口加工区内企业的水、电、气，一律向区内企业开具增值税专用发票，不得开具普通发票或出口专用

发票。主管退税机关负责区内企业水、电、气退税的登记、审批、管理工作，按季核查区内企业水、电、气的实际耗用情况，年度终了后对上年水、电、气的退税进行清算。

6. 对外承包工程出口货物退（免）税

对外工程承包，又称国际承包，是指我国对外承包工程公司承揽的外国政府、国际组织或国外客户、公司为主的建设项目，以及物资采购和其他承包业务。对外承包工程公司运出境外用于对外承包工程项目的设备、原材料、施工机械等货物，在货物报关出口后，比照外贸企业出口货物退税办法，向主管退税机关申请退税，须提供以下凭证资料：

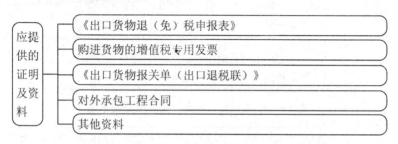

图3-12 对外承包工程企业申请出口货物退（免）税须提供的凭证资料

7. 外商投资企业采购国产设备的退税

自1999年9月1日起，为鼓励外商投资企业使用国产设备，我国对外商投资企业在投资总额内采购的国产设备，可全额退还国产设备增值税，根据《财政部 国家税务总局关于停止外商投资企业购买国产设备退税政策的通知》（财税〔2008〕176号）规定，自2009年1月1日起，对该政策（即外商投资企业在投资总额内采购国产设备可全额退还国产设备增值税的政策）停止执行。为保证政策调整平稳过渡，外商投资企业在2009年6月30日以前（含本日，下同）购进的国产设备，在增值税专用发票稽核信息核对无误的情况下，可选择按原规定继续执行增值税退税政策，但应当同时符合下列条件：

（1）2008年11月9日以前获得《符合国家产业政策的外商投资项目确认书》，并已于2008年12月31日以前在主管税务机关备案；（2）2009年6月30日以前实际购进国产设备并开具增值税专用发票，且已在主管税务机关申报退税；（3）购进的国产设备已列入《项目采购国产设备清单》。

外商投资企业购进的已享受增值税退税政策国产设备的增值税额，不得再作为进项税额抵扣销项税额。外商投资企业购进的已享受增值税退税政策的国产设备，由主管税务机关负责监管，监管期为5年。在监管期内，如果企业性质变更为内资企业，或者发生转让、赠送等设备所有权转让情形，或者发生出租、再投资等情形的，应当向主管退税机关补缴已退税款，应补税款按以下公式计算：

$$应补税款 = 国产设备净值 \times 适用税率$$

国产设备净值是指企业按照财务会计制度计提折旧后计算的设备净值。

第四章 增值税的申报与交纳

阅读提示：

依照税收法律法规的规定进行纳税申报并适时适地缴纳增值税是纳税人履行纳税义务的必然要求，后者是履行纳税义务的基本方式，而前者是实施后者的必要环节。

增值税的申报是企业自觉履行纳税义务的体现，企业自行申报纳税可以减轻纳税管理者的负担，使纳税工作更顺畅地进行。企业应该在国家规定的时间、地点进行纳税申报。

本章我们将详细介绍增值税的申报与缴纳的基本要求以及增值税纳税申报表的填写。

一、增值税申报与缴纳的基本要求

（一）增值税纳税义务发生时间

增值税纳税义务发生时间，是指增值税纳税义务人、扣缴义务人发生应税、扣缴税款行为应承担纳税义务、扣缴义务的起始时间，纳税义务发生时间一经确定，必须按此时间计算应缴税款。《增值税暂行条例》明确规定了增值税纳税义务的发生时间：销售货物或者应税劳务，为收讫销售款或者取得索取销售款凭据的当天；自 2009 年 1 月 1 日起，先开具发票的，为开具发票的当天。进口货物，为报关进口的当天。销售货物或者应税劳务的纳税义务发生时间，按销售结算方式的不同，具体确定为：

表4-1　　　　　　不同销售结算方式下增值税纳税义务发生时间

采取直接收款方式销售货物，不论货物是否发出	均为收到销售额或取得索取销售额的凭据，并将提货单交给买方的当天
采取托收承付和委托银行收款方式销售货物	为发出货物并办妥托收手续的当天
采取赊销和分期收款方式销售货物	为按合同约定的收款日期的当天
采取预收货款方式销售货物	为货物发出的当天
委托其他纳税人代销货物	为收到代销单位销售的代销清单的当天
纳税人以代销方式销售货物，在收到代销清单前已收到全部或部分货款的	其纳税义务发生时间为收到全部或部分货款的当天
对于发出代销商品超过180天仍未收到代销清单及货款的，视同销售实现，一律征收增值税	其纳税义务发生时间为发出代销商品满180天的当天
销售应税劳务	为提供劳务同时收讫销售额或取得索取销售额的凭据的当天
纳税人发生视同销售货物行为	为货物移送的当天
进口货物	为报关进口的当天

　　上述销售货物或应税劳务纳税义务发生时间的确定，明确了企业在计算应纳税额时，对"当期销项税额"时间的限定，是增值税计税和征收管理中重要的规定，企业必须按上述规定的时限，及时、准确地记录销售额和计算当期销项税额。

（二）纳税期限

　　《增值税暂行条例》规定，增值税的纳税期限分为1日、3日、5日、10日、15日、1个月（或者1个季度，自2009年1月1日起）。纳税人的具体纳税期限，由主管税务机关根据纳税人应纳税额的大小分别核定；不能按照固定期限纳税的，可以按次纳税。

纳税人进口货物，应当自海关填发税款缴纳凭证的次日起 7 日（自 2009 年 1 月 1 日起，改为 15 日）内缴纳税款。

（三）纳税地点

为保证和便于纳税人按期申报纳税，根据企业跨地区经营和搞活商品流通的特点及不同情况，税法具体规定了增值税的纳税地点：

1. 固定业户的纳税地点

（1）固定业户应当向其机构所在地主管税务机关申报纳税。总机构和分支机构不在同一县（市）的，应当分别向各自所在地主管税务机关申报纳税；经国家税务总局或其授权的税务机关批准，可以由总机构汇总向总机构所在地主管税务机关申报纳税。固定业户的总、分支机构不在同一县（市），但在同一省、自治区、直辖市范围内的，其分支机构应纳的增值税是否可由总机构汇总缴纳，由省、自治区、直辖市国家税务局决定。

（2）固定业户到外县（市）销售货物的，应当向其机构所在地主管税务机关申请开具《外出经营活动税收管理证明》，向其机构所在地主管税务机关申报纳税。未持有其机构所在地主管税务机关核发的《外出经营活动税收管理证明》，到外县（市）销售货物或者应税劳务的，应当向销售地（或者劳务发生地，自 2009 年 1 月 1 日起）主管税务机关申报纳税，销售地主管税务机关一律按 6% 的征收率征税；未向销售地（或者劳务发生地，自 2009 年 1 月 1 日起）主管税务机关申报纳税的，由其机构所在地主管税务机关补征税款。

（3）固定业户（指增值税一般纳税人）临时到外省、市销售货物的，必须向经营地税务机关出示《外出经营活动税收管理证明》回原地纳税，需要向购货方开具专用发票的，亦回原地补开。

案例 4－1　　固定业户的增值税缴纳地点

某企业为增值税一般纳税人，机构所在地在甲地，2010 年 9 月将部分商品运往乙地销售，因时间急迫，未向机构所在地税务机关申请外出经营活动税收管理证明，该企业在乙地向消费者销售商品取得销售收入 40 万元。请确定该企业在乙地销售商品的纳税地点和应纳增值税额。

在乙地销售商品应在乙地纳税：应纳增值税 = 40 ÷ （1 + 17%） × 17% = 5.81（万元）

2. 非固定业户增值税纳税地点

非固定业户销售货物或者提供应税劳务，应当向销售地（或者劳务发生地，自 2009 年 1 月 1 日起）主管税务机关申报纳税。非固定业户到外县（市）销售货物或者提供应税劳务，未向销售地（或者劳务发生地，自 2009 年 1 月 1 日起）主管税务机关申报纳税的，由其机构所在地或居住地主管税务机关补征税款。

3. 进口货物增值税纳税地点

进口货物应当由进口人或其代理人向报关地海关申报纳税。自 2009 年 1 月 1 日起，扣缴义务人应当向其机构所在地或者居住地的主管税务机关申报缴纳其扣缴的税款。

二、如何填报增值税纳税申报表

（一）增值税一般纳税人纳税申报办法

增值税一般纳税人纳税申报是指增值税一般纳税人依照税收法律法规规定或主管税务机关依法确定的申报期限，向主管税务机关办理增值税纳税申报的业务。根据《国家税务总局关于重新修订 < 增值税一般纳税人纳税申报办法 > 的通知》（国税发〔2003〕53 号）、《国家税务总局关于印发 < 增值税一般纳税人纳税申报"一窗式"管理操作规程 > 的通知》（国税发〔2005〕61 号）等文件的规定，增值税纳税申报需符合以下要求：

1. 纳税人应提供主表、份数

《增值税纳税申报表（适用于增值税一般纳税人)》，2 份。

根据《增值税暂行条例》第二十二条和第二十三条的规定制定本表，纳税人不论有无销售额，均应按主管税务机关核定的纳税期限按期填报本表，并于次月 1 日起 10 日内，向当地税务机关申报。

表4－2　　　**增值税纳税申报表（适用于增值税一般纳税人）**

税款所属时间：　自　　年　月　日至　　年　月　日

填表日期：　　　　　年　月　日　　金额单位：元至角分

纳税人识别号										纳税类型： 所属行业： 电脑编码：	
纳税人名称	（公章）	法定代表人姓名			注册 地址			营业 地址			
开户银行及账号		企业登记注册类型						电话 号码			

项　目		行　次	一般货物及劳务		即征即退货物及劳务	
			本月数	本年累计	本月数	本年累计
销售额	（一）按适用税率征税货物及劳务销售额	1				
	其中：应税货物销售额	2				
	应税劳务销售额	3				
	纳税检查调整的销售额	4				
	（二）按简易征收办法征税货物销售额	5				
	其中：纳税检查调整的销售额	6				
	（三）免、抵、退办法出口货物销售额	7			——	——
	（四）免税货物及劳务销售额	8			——	——
	其中：免税货物销售额	9			——	——
	免税劳务销售额	10			——	——

税款计算	销项税额	11			
	进项税额	12			
	上期留抵税额	13	——		——
	进项税额转出	14			
	免抵退货物应退税额	15		——	——
	按适用税率计算的纳税检查应补缴税额	16		——	——
	应抵扣税额合计	$17 = 12 + 13 - 14 - 15 + 16$	——		——
	实际抵扣税额	18（如 $17 < 11$，则为 17，否则为 11）			
	应纳税额	$19 = 11 - 18$			
	期末留抵税额	$20 = 17 - 18$	——		——
	简易征收办法计算的应纳税额	21			
	按简易征收办法计算的纳税检查应补缴税额	22		——	——
	应纳税额减征额	23			
	应纳税额合计	$24 = 19 + 21 - 23$			
税款缴纳	期初未缴税额（多缴为负数）	25			
	实收出口开具专用缴款书退税额	26		——	——
	本期已缴税额	$27 = 28 + 29 + 30 + 31$			
	其中：（1）分次预缴税额	28		——	——
	（2）出口开具专用缴款书预缴税额	29		——	——
	（3）本期缴纳上期应纳税额	30			

续表

（4）本期缴纳欠缴税额	31				
期末未缴税额（多缴为负数）	32 = 24 + 25 + 26 − 27				
其中：欠缴税额（≥0）	33 = 25 + 26 − 27			——	——
本期应补（退）税额	34 = 24 − 28 − 29			——	——
即征即退实际退税额	35	——	——		
期初未缴查补税额	36			——	——
本期入库查补税额	37			——	——
期末未缴查补税额	38 = 16 + 22 + 36 − 37			——	——
授权声明	如果你已委托代理人申报，请填写以下资料： 为代理一切税务事宜，现授权 （地址） 为本纳税人的代理申报人，任何与本申报表有关的往来文件，都可寄予此人。 授权人签字：		申报人声明	此纳税申报表是根据《中华人民共和国增值税暂行条例》的规定填报的，我相信它是真实的、可靠的、完整的。 声明人签字：	

以下由税务机关填写：

收到日期：　　　　　　　　接收人：　　　主管税务机关盖章：

2. 纳税人应提供资料

（1）《增值税纳税申报表附列资料（表一）、（表二）、（表三）、（表四）》；

（2）税控 IC 卡（使用小容量税控 IC 卡的企业还需要持有报税数据软盘）；

（3）防伪税控开具发票汇总表及明细表；

（4）加盖开户银行"转讫"或"现金转讫"章的《中华人民共和国税收通用缴款书》（适用于未实行税库银联网的纳税人）；

（5）《成品油购销存情况明细表》和加油 IC 卡、《成品油购销存数量明细表》；

（6）《增值税运输发票抵扣清单》；

（7）《海关完税凭证抵扣清单》；

（8）按月报送《机动车辆生产企业销售明细表》及其电子信息（机动车生产企业报送）；

（9）每年第一个增值税纳税申报期，报送上一年度《机动车辆生产企业销售情况统计表》及其电子信息（机动车生产企业报送）；

（10）按月报送《机动车辆销售统一发票清单》及其电子信息（机动车生产企业报送）；

（11）《机动车销售统一发票领用存月报表》，以及已开具的统一发票存根联（机动车生产企业报送）；

（12）报送申报当期销售所有机动车辆的《代码清单》（机动车生产企业报送）；

（13）按月报送《机动车辆经销企业销售明细表》及其电子信息（机动车经销企业报送）；

（14）按月报送《机动车辆销售统一发票清单》及其电子信息（机动车经销企业报送）；

（15）《机动车销售统一发票领用存月报表》，以及已开具的统一发票存根联（机动车经销企业报送）；

（16）重点税源企业报表（重点税源企业）（一式一份）；

（17）纳税人如果取得货物运输发票、废旧物资发票、海关进口货物完税凭证用于抵扣税款的，应当报送录有抵扣发票信息的电子申报软盘；

（18）退税部门确认的上期《生产企业出口货物免、抵、退税申报汇总表》（办理"免抵退"税的生产企业提供）；

（19）稽核结果比对通知书（辅导期一般纳税人报送）。

（二）增值税小规模纳税人纳税申报办法

根据《国家税务总局关于做好增值税普通发票一窗式票表比对准备工作的通知》（国税发〔2005〕141号）等文件的规定，增值税小规模纳税人纳税申报需符合以下要求：

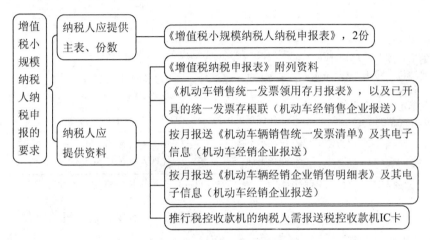

图4-1 增值税小规模纳税人纳税申报的要求

表4-3 　　　　　　　　增值税纳税申报表（适用小规模纳税人）

纳税人识别号：

纳税人名称（公章）：　　　　　　　　　　　金额单位：　元（列至角分）
税款所属期：　年　月　日至　年　月　日　　填表日期：　年　月　日

	项　目	栏　次	本月数	本年累计
一、计税依据	应征增值税货物及劳务不含税销售额	1		
	其中：税务机关代开的增值税专用发不含税销售额	2		
	税控器具开具的普通发票不含税销售额	3		
	（二）销售使用过的应税固定资产不含税销售额	4		
	其中：税控器具开具的普通发票不含税销售额	5		
	（三）免税货物及劳务销售额	6		
	其中：税控器具开具的普通发票销售额	7		
	（四）出口免税货物销售额	8		
	其中：税控器具开具的普通发票销售额	9		

续表

	项 目	栏 次	本月数	本年累计
一、计税依据	本期应纳税额	10		
	本期应纳税额减征额	11		
	应纳税额合计	12 = 10 - 11		——
	本期预缴税额	13		——
	本期应补（退）税额	14 = 12 - 13		

纳税人或代理人声明： 此纳税申报表是根据国家税收法律的规定填报的，我确定它是真实的、可靠的、完整的。	如纳税人填报，由纳税人填写以下各栏：
	办税人员（签章）： 财务负责人（签章）： 法定代表人（签章）： 联系电话：
	委托代理人填报，由代理人填写以下各栏：
	代理人名称： 经办人（签章）： 联系电话： 代理人（公章）：

受理人： 受理日期： 年 月 日 受理税务机关（签章）：

本表为 A3 竖式一式三份，一份纳税人留存，一份主管税务机关留存、一份征收部门留存。

（三）纳税人办理业务的时限要求

纳税人以一个月为一期纳税的，自期满之日起 10 日内申报纳税。

（四）税务机关承诺时限

提供资料完整、填写内容准确、各项手续齐全、无违章问题，符合条件的当场办结。

（五）税务机关工作标准和要求

（1）审核、接收资料。

对增值税一般纳税人要审核、接收见图 4－2 所列资料。

对小规模纳税人需要审核、接收上述①至④项内容，此外，要对使用税控收款机的小规模纳税人进行"一窗式"比对。对于纳税人所报资料齐全完整，《增值税纳税申报表》与附报资料数字符合逻辑关系，符合申报条件的，在

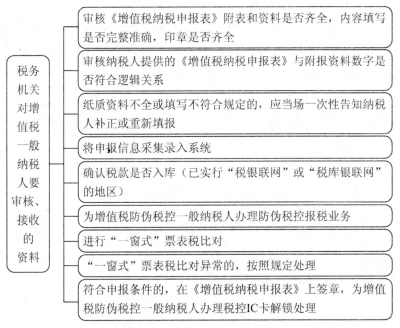

税务机关对增值税一般纳税人要审核、接收的资料

- 审核《增值税纳税申报表》附表和资料是否齐全，内容填写是否完整准确，印章是否齐全
- 审核纳税人提供的《增值税纳税申报表》与附报资料数字是否符合逻辑关系
- 纸质资料不全或填写不符合规定的，应当场一次性告知纳税人补正或重新填报
- 将申报信息采集录入系统
- 确认税款是否入库（已实行"税银联网"或"税库银联网"的地区）
- 为增值税防伪税控一般纳税人办理防伪税控报税业务
- 进行"一窗式"票表税比对
- "一窗式"票表税比对异常的，按照规定处理
- 符合申报条件的，在《增值税纳税申报表》上签章，为增值税防伪税控一般纳税人办理税控IC卡解锁处理

图4-2 税务机关对增值税一般纳税人要审核、接收的资料

《增值税纳税申报表》上签章，将申报信息采集录入系统，当期申报有税款的，开具完税凭证。

（2）资料归档。

第五章　增值税的优惠与减免

　　阅读提示：

　　国家对于增值税的优惠减免政策主要是出于战略考虑，比如：为了促进优势产业、先进技术企业的发展；促进产业结构的优化升级；提倡环境保护；平衡区域发展……

　　税收是国家进行宏观调控的重要手段，当然对于增值税的相关规定是其重要的组成部分。因此，企业在考虑自身发展战略的时候关注企业增值税的优惠与减免政策是非常必要的。

　　让我们进入到本章的学习，仔细捕捉与目标企业相关的增值税优惠与减免政策吧。

一、销售自产农产品

　　农业生产者销售的自产农业产品免征增值税。

　　农业生产者销售的自产农业产品，是指直接从事植物的种植、收割和动物的饲养、捕捞的单位和个人销售的注释所列的自产农业产品；对上述单位和个人销售的外购的农业产品，以及单位和个人外购农业产品生产、加工后销售的仍然属于注释所列的农业产品，不属于免税的范围，应当按照规定税率征收增值税。

　　农业生产者用自产的茶青再经筛分、风选、拣剔、碎块、干燥、匀堆等工序精制而成的精制茶，不得按照农业生产者销售自产农业产品免税的规定执行，应当按照规定的税率征税。对农民个人按照竹器企业提供样品规格，自产或购买竹、芒、藤、木条等，再通过手工简单编织成竹制或竹芒藤柳混合坯具的，属于自产农业初级产品，应当免征销售环节增值税。

二、粮食和食用植物油

（1）对承担粮食收储任务的国有粮食购销企业销售的粮食免征增值税。对其他粮食企业经营粮食，除下列项目免征增值税外，一律征收增值税：

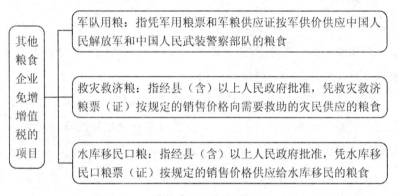

图 5-1　其他粮食企业免增增值税的项目

对销售食用植物油业务，除政府储备食用植物油的销售继续免征增值税外，一律照章征收增值税。

（2）享受免税优惠的国有粮食购销企业可继续使用增值税专用发票。自 1999 年 8 月 1 日起，凡国有粮食购销企业销售粮食，一律开具增值税专用发票。国有粮食购销企业开具增值税专用发票时，应当比照非免税货物开具增值税专用发票，企业记账销售额为"价税合计"数。

属于一般纳税人的生产、经营单位从国有粮食购销企业购进的免税粮食，可依据国有粮食购销企业开具的增值税专用发票注明的税额抵扣进项税额。

（3）凡享受免征增值税的国有粮食购销企业，均按增值税一般纳税人认定，并进行纳税申报、日常检查及有关增值税专用发票的各项管理。

经税务机关认定为增值税一般纳税人的国有粮食购销企业，自 2000 年 1 月 1 日起，其粮食销售业务必须使用防伪税控系统开具增值税专用发票。

（4）对粮食部门经营的退耕还林还草补助粮，凡符合国家规定标准的，比照"救灾救济粮"免征增值税。

（5）自 2000 年 6 月 1 日起，对中国储备粮食总公司及各分公司所属的政府储备食用植物油承储企业，按照国家指令计划销售的政府储备食用植物油，可比照《国家税务总局关于国有粮食购销企业开具粮食销售发票有关问题的通知》（国税明电〔1999〕10 号）及《国家税务总局关于加强国有粮食购销企业增值税管理有关问题的通知》（国税函〔1999〕560 号）的有关规定执行，允许其开具增值税专用发票并纳入增值税防伪税控系统管理。

三、农业生产资料

（一）饲料

免征增值税饲料产品的范围见表 5 - 1。

表 5 - 1　　　　　　　　　　免增增值税饲料包含的范围

单一大宗饲料	指以一种动物、植物、微生物或矿物质为来源的产品或其副产品。其范围仅限于糠麸、酒糟、鱼粉、草饲料、饲料级磷酸氢钙及除豆粕以外的菜子粕、棉子粕、向日葵粕、花生粉等粕类产品。饲用鱼油、饲料级磷酸二氢钙也按照"单一大宗饲料"对待。其中，饲用鱼油自 2003 年 1 月 1 日起免征增值税，饲料级磷酸二氢钙自 2007 年 1 月 1 日起免征增值税
混合饲料	指由两种以上单一大宗饲料、粮食、粮食副产品及饲料添加剂按照一定的比例配置，其中单一大宗饲料、粮食及粮食副产品的掺兑比例不低于 95% 的饲料
配合饲料	指根据不同的饲养对象、饲养对象的不同生长发育阶段的营养需要，将多种饲料原料按饲料配方经工业生产后，形成的能满足饲养动物全部营养需要（除水分外）的饲料

续表

复合预混料	指能够按照国家有关饲料产品的标准要求量，全面提供动物饲养相应阶段所需微量元素（4 种或以上）、维生素（8 种或以上），由微量元素、维生素、氨基酸和非营养性添加剂中任何两类或两类以上的组分与载体或稀释剂按一定比例配置的均匀混合物
浓缩饲料	指由蛋白质、复合预混料及矿物质等按一定比例配制的均匀混合物。矿物质微量元素舔砖，是以 4 种以上微量元素、非营养性添加剂和载体为原料，经高压浓缩制成的块状预混物，可供牛、羊等牲畜直接食用

宠物饲料不属于免征增值税的饲料。

（二）其他农业生产资料

下列货物免征增值税：

其他农业生产资料中的免税货物

- 农膜
- 生产销售的氮肥、磷肥以及以免税化肥为主要原料的复混肥（企业生产复混肥产品所用的免税化肥成本占原料中全部化肥成本的比重高于70%）。（1）自2004年12月1日起，对化肥生产企业生产销售的饵肥由免征增值税改为实行先征后返，（2）自2008年1月1日起，对纳税人生产销售的磷酸二铵产品免征增值税。“复混肥”是指用化学方法或物理方法加工制成的氮、磷、钾三种养分中至少有两种养分标明的肥料，包括仅用化学方法制成的复合肥和仅用物理方法制成的混配肥（也称掺合肥）
- 批发和零售的种子、种苗、化肥、农药、农机
- 有机肥。自2008年6月1日起，纳税人生产销售和批发、零售有机肥产品免征增值税。（1）享受上述免税政策的有机肥产品是指有机肥料、有机一元机复混肥料和生物有机肥。（2）纳税人销售免税的有机肥产品，应按规定开具普通发票，不得开具增值税专用发票。（3）纳税人申请免征增值税，应按要求向主管税务机关提供相应资料，凡不能提供的，一律不得免税
- 自2007年2月1日起，硝酸铵不再享受化肥产品免税征增值税政策
- 自2007年7月1日起，纳税人生产销售和批发、零售滴灌带和滴灌管产品免征增值税

图 5－2　其他农业生产资料中的免税货物

四、资源综合利用

（一）按6%征收的墙体材料

一般纳税人生产下列货物，可按简易办法依照6%征收率计算缴纳增值税，并可由其自己开具专用发票：原料中掺有煤石干石、石煤、粉煤灰、烧煤锅炉的炉底渣以及其他废渣（不包括高炉水渣）生产的墙体材料。所称墙体材料是指废渣砖石煤和粉煤灰砌块、煤研石砌块、炉底渣及其他废渣（不包括高炉水渣）砌块。本规定自1994年5月1日起执行。

（二）建材产品

对企业生产的原料中掺有不少于30%的煤肝石、石煤、粉煤灰、烧煤锅炉的炉底渣（不包括高炉水渣）的建材产品，免征增值税。免征增值税的建材产品包括以其他废渣为原料生产的建材产品。

自2001年1月1日起，对下列货物实行增值税即征即退的政策：（1）在生产原料中掺有不少于30%的废旧沥青混凝土生产的再生沥青混凝土。（2）在生产原料中掺有不少于30%的煤肝石、石煤、粉煤灰、烧煤锅炉的炉底渣（不包括高炉水渣）及其他废渣生产的水泥。

自2001年1月1日起，对部分新型墙体材料产品实行按增值税应纳税额减半征收的政策。

（三）综合利用发电

自2001年1月1日起，对利用城市生活垃圾生产的电力，实行增值税即征即退的政策；对利用煤肝石、煤泥、油母页岩和风力生产的电力实行按增值税应纳税额减半征收的政策。自2004年1月1日起，利用石煤生产的电力按增值税应纳税额减半征收；对燃煤电厂烟气脱硫副产品实行增值税即征即退政策。

（四）页岩油

自2001年1月1日起，对利用煤炭开采过程中伴生的舍弃物油母页岩生产加工的页岩油及其他产品，实行增值税即征即退的政策。

（五）废旧物资

（1）自2001年5月1日起，对废旧物资回收经营单位销售其收购的废旧物资免征增值税。废旧物资，是指在社会生产和消费过程中产生的各类废弃物品，包括经过挑选、整理等简单加工后的各类废弃物品。利用废旧物资加工生产的产品不享受废旧物资免征增值税的政策。这里所称的"废旧物资回收经营单位"是指同时具备下列三个条件：一是经工商行政管理部门批准，从事废旧物资回收经营业务的单位；有固定的经营场所及仓储场地；财务会计核算健全，能够提供准确的税务资料。凡不同时具备上述条件的，一律不得享受增值税优惠。这里并不包括个人和个体经营者。

（2）废旧物资回收经营单位设立的独立核算的分支机构应与总机构分别认定，异地非独立核算的分支机构应在所在地主管税务机关认定。未经主管税务机关免税资格认定的回收经营单位不得免征增值税。

（3）废旧物资回收经营单位应将废旧物资和其他货物的经营分别核算，不能准确分别核算的，不得享受废旧物资免征增值税政策。对回收经营单位确有虚开废旧物资发票行为的，除依法处罚外，一律取消其免税资格。开具的收购凭证必须票物相符，且逐笔开具，不得汇总开具，也不得跨省开具。

各级税务机关按照《国家税务总局关于加强废旧物资回收经营单位和使用废旧物资生产企业增值税征收管理的通知》（国税发〔2004〕60号）规定的免税条件，组织对废旧物资回收经营单位（以下简称回收经营单位）免税资格认定。回收经营单位设立的独立核算的分支机构应与总机构分别认定，异地非独立核算的分支机构应在所在地主管税务机关认定。未经主管税务机关免税资格认定的回收经营单位不得免征增值税。

（六）森工企业

对纳税人以三剩物和次小薪材为原料生产加工的综合利用产品实行增值税即征即退办法。生产上述综合利用产品的企业，应单独核算该综合利用产品的销售额和增值税销项税额、进项税额或应纳税额，未单独核算或者不能准确核算的，不适用即征即退政策。具体执行期限为 2006 年 1 月 1 日至 2008 年 12 月 31 日。

"三剩物"包括：采伐剩余物（指枝丫、树梢、树皮、树叶、树根及藤条、灌木等）；造材剩余物（指造材截头）；加工剩余物（指板皮、板条、木竹截头、锯末、碎单板、木芯、刨花、术块、边角余料等）。

"次小薪材"包括：次加工材（指材质低于针、阔叶树加工用原木最低等级但具有一定利用价值的次加工原木，其中东北、内蒙古地区按 ZBB 68009—89 标准执行，南方及其他地区按 ZBB 68003—86 标准执行）；小径材（指长度在 2 米以下或径级 8 厘米以下的小原木条、松木杆、脚手杆、杂木杆、短原木等）；薪材。

（七）污水处理费

对各级政府及主管部门委托自来水厂（公司）随水费收取的污水处理费，免征增值税。

（八）白银

对企业利用废液（渣）生产的白银免征增值税。

五、电力

（一）农村电网维护费

1998 年 1 月 1 日起对农村电管站在收取电价时一并向用户收取的农村电网维护费（包括低压线路损耗和维护费以及电工经费）给予免征增值税的照顾。电管站改制后由县供电有限责任公司收取的农村电网维护费应免征增值税。对供电企业收取的免征增值税的农村电网维护费，不分摊转出外购电力产品所支付的进项税额（国税函〔2005〕778 号）。

（二）三峡电站

三峡电站自发电之日起，其对外销售的电力产品按照增值税的适用税率征收增值税，电力产品的增值税税收负担超过8%的部分实行增值税即征即退的政策。

六、医疗卫生

（一）避孕药品和用具

避孕药品和用具免征增值税。

（二）医疗卫生机构

（1）关于非营利性医疗机构的税收政策。

对非营利性医疗机构按照国家规定的价格取得的医疗服务收入，免征各项税收。不按照国家规定价格取得的医疗服务收入不得享受这项政策。

医疗服务是指医疗服务机构对患者进行检查、诊断、治疗、康复和提供预防保健、接生、计划生育方面的服务，以及与这些服务有关的提供药品、医用材料器具、救护车、病房住宿和伙食的业务。

对非营利性医疗机构自产自用的制剂，免征增值税。

非营利性医疗机构的药房分离为独立的药品零售企业，应按规定征收各项税收。

（2）关于营利性医疗机构的税收政策。

对营利性医疗机构取得的收入，按规定征收各项税收。但为了支持营利性医疗机构的发展，对营利性医疗机构取得的收入，直接用于改善医疗卫生条件的，自其取得执业登记之日起，3年内对其自产自用的制剂免征增值税。

对营利性医疗机构的药房分离为独立的药品零售企业应按规定征收各项税收。

（3）关于疾病控制机构和妇幼保健机构等卫生机构按照国家规定的价格取得的卫生服务收入（含疫苗接种和调拨、销售收入），免征各项税收。不按照国家规定的价格取得的卫生服务收入不得享受这项政策。

（三）血站

对血站供应给医疗机构的临床用血免征增值税。血站是指根据《中华人民共和国献血法》的规定，由国务院或省级人民政府卫生行政部门批准的，从事采集、提供临床用血，不以营利为目的的公益性组织。

七、促进残疾人就业税收优惠政策

为了更好地发挥税收政策促进残疾人就业的作用，进一步保障残疾人的切身利益，自2007年7月1日起决定在全国统一实行新的促进残疾人就业的税收优惠政策。

（一）对安置残疾人单位的增值税政策

对安置残疾人的单位，实行由税务机关按单位实际安置残疾人的人数，限额即征即退增值税的办法。

（1）实际安置的每位残疾人每年可退还的增值税的具体限额，由县级以上税务机关根据单位所在区县（含县级市、旗，下同）适用的经省级（含自治区、直辖市、计划单列市，下同）人民政府批准的最低工资标准的6倍确定，但最高不得超过每人每年3.5万元。

（2）主管国税机关应按月退还增值税，本月已缴增值税额不足退还的，可在本年度（指纳税年度，下同）内以前月份已缴增值税扣除已退增值税的余额中退还，仍不足退还的可结转本年度内以后月份退还。

（3）上述增值税优惠政策仅适用于生产销售货物或提供加工、修理修配劳务取得的收入占增值税业务和营业税业务收入之和达到50%的单位，但不适用于上述单位生产销售消费税应税货物和直接销售外购货物（包括商品批发和零售）以及销售委托外单位加工的货物取得的收入。

单位应当分别核算上述享受税收优惠政策和不得享受税收优惠政策业务的销售收入或营业收入，不能分别核算的，不得享受增值税优惠政策。

（4）兼营按规定享受增值税和营业税税收优惠政策业务的单位，可自行选择退还增值税或减征营业税，一经选定，一个年度内不得变更。

（5）如果既适用促进残疾人就业税收优惠政策，又适用下岗再就业、军转干部、随军家属等支持就业的税收优惠政策的，单位可选择适用最优惠的政策，但不能累加执行。所述"单位"是指税务登记为各类所有制企业（包括个人独资企业、合伙企业和个体经营户）、事业单位、社会团体和民办非企业单位。

（二）享受税收优惠政策单位的条件

安置残疾人就业的单位（包括福利企业、盲人按摩机构、工疗机构和其他单位），同时符合以下条件并经过有关部门的认定后，均可申请享受规定的税收优惠政策：

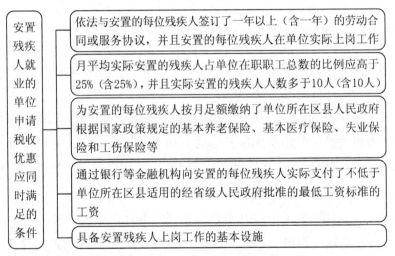

图 5-3　安置残疾人就业的单位申请税收优惠应同时满足的条件

（三）资格认定

1. 认定部门

申请享受《财政部 国家税务总局关于促进残疾人就业税收优惠政策的通知》（财税〔2007〕92 号）规定的税收优惠政策的符合福利企业条件的用人单位，安置残疾人超过 25%（含 25%），且残疾职工人数不少于 10人的，在向税务机关申请减免税前，应当先向当地县级以上地方人民政府民政部门提出福利企业的认定申请。

盲人按摩机构、工疗机构等集中安置残疾人的用人单位在向税务机关申请享受财税〔2007〕92号文件规定的税收优惠政策前，应当向当地县级残疾人联合会提出认定申请。申请享受财税〔2007〕92号文件规定的税收优惠政策的其他单位，可直接向税务机关提出申请。

2. 认定事项

民政部门、残疾人联合会应当按照财税〔2007〕92号文件规定的条件，对单位安置残疾人的比例和是否具备安置残疾人的条件进行审核认定并向申请人出具书面审核认定意见。

《中华人民共和国残疾人证》和《中华人民共和国残疾军人证》的真伪，分别由残疾人联合会、民政部门进行审核。

各地民政部门、残疾人联合会在认定工作中不得直接或间接向申请认定的单位收取任何费用。如果认定部门向申请认定的单位收取费用，则申请认定的单位可不经认定，直接向主管税务机关提出减免税申请。

（四）减免税申请及审批

（1）取得民政部门或残疾人联合会认定的单位，可向主管税务机关提出减免税申请，并提交以下材料：

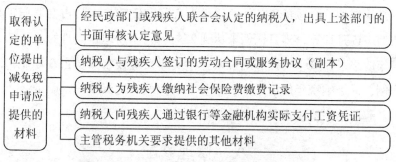

图5-4 单位提出减免税申请应提供的材料

（2）不需要经民政部门或残疾人联合会认定的单位以及由于认定部门收费等原因可不经认定的单位，可向主管税务机关提出减免税申请，并提交以下材料：

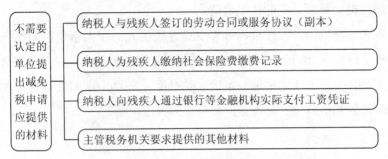

图5-5　不需要认定的单位提出减免税申请应提供的材料

（五）退税减税办法

增值税实行即征即退方式。主管税务机关对符合减免税条件的纳税人应当按月退还增值税，当月已缴增值税不足退还的，可在当年已缴增值税中退还，仍不足退还的可结转当年以后月份退还。当年应纳税额小于核定的年度退税限额的，以当年应纳税额为限；当年应纳税额大于核定的年度退税限额的，以核定的年度退税额为限。纳税人当年应纳税额不足退还的，不得结转以后年度退还。纳税人当月应退增值税额按以下公式计算：

当月应退增值税额＝纳税人当月实际安置残疾人员人数×县级以上税务机关确定的每位残疾人员每年可退还增值税的具体限额÷12

缴纳增值税的纳税人应当在取得主管税务机关审批意见的次月起，随纳税申报一并书面申请退、减增值税。

经认定的符合减免税条件的纳税人实际安置残疾人员占在职职工总数的比例应逐月计算，当月比例未达到25%的，不得退还当月的增值税。

年度终了，应平均计算纳税人全年实际安置残疾人员占在职职工总数的比例，一个纳税年度内累计3个月平均比例未达到25%的，应自次年1月1日起取消增值税退税优惠政策。

八、修理修配

（一）飞机修理

自2000年1月1日起，对飞机维修劳务增值税实际税负超过6%的部分实行即征即退的政策。

（二）铁路货车修理

自 2001 年 1 月 1 日起，对铁路系统内部单位为本系统修理货车的业务免征增值税。"铁路系统内部单位"包括中国南方、北方机车车辆工业集团公司所属企业，其为铁路系统修理铁路货车的业务免征增值税。

（三）轮船修理

自 2002 年度起，中远集团的轮船修理业务，免征增值税。

九、煤层气抽采

自 2007 年 1 月 1 日起，对煤层气抽采企业的增值税一般纳税人抽采销售煤层气实行增值税先征后退政策，先征后退税款由企业专项用于煤层气技术的研究和扩大再生产。煤层气是指赋存于煤层及其围岩中与煤炭资源伴生的非常规天然气，也称煤矿瓦斯。

十、国产支线飞机

自 2000 年 4 月 1 日起，对生产销售的支线飞机（包括运十二、运七系列、运八、运五飞机）免征增值税。农五系列飞机适用国产支线飞机政策免征国内销售环节增值税。

十一、外国政府和国际组织无偿援助项目

（一）进口物资

外国政府、国际组织无偿援助的进口物资和设备免征增值税。

（二）在华采购物资

自 2001 年 8 月 1 日起，对外国政府和国际组织无偿援助项目在国内采购的货物免征增值税，同时允许销售免税货物的单位，将免税货物的进项税额在其他内销货物的销项税额中抵扣。

十二、进口免税品销售业务

经国务院或国务院授权机关批准的从事免税品销售业务的专业公司，对其所属免税品商店批发、调拨进口免税的货物，暂不征收增值税。

名单范围内的免税品经营单位及其所属免税品商店零售的进口免税品，按照实现的销售额，暂按 6% 的征收率征收增值税。

自 1998 年 8 月 1 日起，经国务院或国务院授权机关批准的免税商店零售免税货物，征收率由 6% 调减为 4%。

十三、进口仪器、设备

（1）直接用于科学研究、科学试验和教学的进口仪器、设备；

（2）来料加工、来件装配和补偿贸易所需进口的设备，免征增值税。

十四、金融资产管理

享受税收优惠政策的主体为经国务院批准成立的中国信达资产管理公司、中国华融资产管理公司、中国长城资产管理公司和中国东方资产管理公司，及其经批准分设于各地的分支机构。除另有规定者外，资产公司所属、附属企业，不享受资产公司的税收优惠政策。对资产公司接受相关国有银行的不良债权，借款方以货物、不动产、无形资产、有价证券和票据等抵充贷款本息的，免征资产公司销售转让该货物、不动产、无形资产、有价证券、票据以及利用该货物、不动产从事融资租赁业务应缴纳的增值税、营业税。

十五、转股企业

按债转股企业与金融资产管理公司签订的债转股协议，债转股原企业将货物资产作为投资提供给债转股新公司的，免征增值税。优惠政策从国务院批准债转股企业债转股实施方案之日起执行。

十六、增值税纳税人放弃免税权的处理

增值税纳税人放弃免税权的处理

生产和销售免征增值税货物或劳务的纳税人要求放弃免税权，应当以书面形式提交放弃免税权声明，报主管税务机关备案。纳税人自提交备案资料的次月份起，按照现行有关规定计算缴纳增值税

放弃免税权的纳税人符合一般纳税人认定条件尚未认定为增值税一般纳税人的，应当按现行规定认定为增值税一般纳税人，其销售的货物或劳务可开具增值税专用发票

纳税人一经放弃免税权，其生产销售的全部增值税应税货物或劳务均应按照适用税率征税，不得选择某一免税项目放弃免税权，也不得根据不同的销售对象选择部分货物或劳务放弃免税权

纳税人自税务机关受理纳税人放弃免税权声明的次月起12个月内不得申请免税

纳税人在免税期内购进用于免税项目的货物或者应税劳务所取得的增值税扣税凭证，一律不得抵扣

图5-6 增值税纳税人放弃免税权的处理

以上规定自2007年10月1日起执行（财税〔2007〕127号）。

第六章　增值税疑难问题解答

〰〰〰〰〰〰〰〰〰〰〰〰〰〰〰〰〰〰〰〰〰〰〰〰〰〰〰〰〰〰〰〰〰

阅读提示：

在实际的工作中，对于增值税处理你是否存在这样那样的疑难问题？你是否难以找到适用的法律条款？在本章的学习之中，我们将剖析增值税疑难问题：

一、新修订增值税暂行条例及实施细则涉及的相关问题

二、特殊经营行为的疑难问题的处理

三、进项税额中疑难问题的处理

四、销项税额中疑难问题的处理

五、税收管理中疑难问题的处理

六、其他疑难问题的处理

〰〰〰〰〰〰〰〰〰〰〰〰〰〰〰〰〰〰〰〰〰〰〰〰〰〰〰〰〰〰〰〰〰

一、新修订增值税暂行条例及实施细则涉及的相关问题

1. 新版《中华人民共和国增值税暂行条例》主要作了哪些修订？

解答： 新版增值税暂行条例体现了我国增值税的转型，其修订主要体现为：

（1）允许抵扣固定资产进项税额。修订前的增值税条例规定，购进固定资产的进项税额不得从销项税额中抵扣，即实行生产型增值税，这样企业购进机器设备的税负比较重。为了减轻企业负担，修订后的增值税条例删除了有关不得抵扣购进固定资产进项税额的规定，允许纳税人抵扣购进固定资产的进项税额，同时，由于转型改革后，不论企业购买进口设备还是国产设备，其进项税额均可以抵扣，原有的进口设备增值税免税政策和外商投资企业采购国产设备增值税退税政策已经可以用统一规范的进项

税额抵扣来替代，因此，相应取消了这两项曾经造成税负不公的政策，实现增值税由生产型向消费型的转换。

转型改革后允许抵扣的固定资产主要是机器、机械、运输工具以及其他与生产、经营有关的设备、工具、器具，房屋、建筑物等不动产不能纳入增值税的抵扣范围。

（2）降低小规模纳税人的征收率为3%，减轻中小企业税收负担。原先政策规定，小规模纳税人按工业和商业两类分别适用6%和4%的征收率。增值税转型改革后，一般纳税人的增值税负担水平总体降低，而小规模纳税人（包括个体工商户）由于是按照销售额和征收率计算缴纳增值税且不抵扣进项税额，其增值税负担则不会因增值税转型改革而降低。为了平衡小规模纳税人与一般纳税人之间的税负水平，促进中小企业的发展和扩大就业，同时考虑到现实经济活动中中小规模纳税人混业经营普遍，实际征管中难以明确划分工业和商业小规模纳税人，因此修订后的增值税条例对小规模纳税人不再设置工业和商业两档征收率，将征收率统一降至3%，这将减轻中小企业税收负担，为中小企业提供一个更加有利的发展环境。此外，财政部和国家税务总局通过调高增值税、营业税起征点等政策在税收上进一步鼓励中小企业的发展。

（3）为堵塞可能因转型而带来的一些税收漏洞，修订后的增值税条例规定，与企业技术更新无关且容易混为个人消费的自用消费品（如小汽车、游艇等）所含的进项税额，不得抵扣。

（4）将一些现行增值税政策体现到修订后的条例中。主要是补充了有关农产品和运输费用扣除率、对增值税一般纳税人进行资格认定等规定，取消了已不再执行的对来料加工、来料装配和补偿贸易所需进口设备的免税规定。

（5）根据税收征管实践，为了方便纳税人纳税申报，提高纳税服务水平，将纳税申报期限从10日延长至15日，并明确了对境外纳税人如何确定扣缴义务人、扣缴义务发生时间、扣缴地点和扣缴期限的规定。

（6）将金属矿采选产品、非金属矿采选产品增值税税率由13%恢复到17%，以公平税负，规范税制，促进资源节约和综合利用。为稳定和发展采掘业，经国务院批准，1994年5月起将金属矿、非金属矿采选产品的税率由17%，调整为13%。这一政策发挥了一定的作用，但也出现了一些问题，如不符合资源节约、环境保护的要求，减少了资源开采地的税收收入，削弱资源开采地提供公共产品的能力等。转型改革后，矿山企业外购设备将纳入进项税额的抵扣范围，整体税负将有所下降，为公平税负、规范税制、促进资源节约和综合利用，需要将金属矿、非金属矿采选产品的增值税税率恢复到17%。此外，提高矿产品增值税税率以后，因下个环节可抵扣的进项税额相应增加，最终产品所含的增值税在总量上并不会增减，只是税负在上下环节之间会发生一定转移。

2. 新的增值税暂行条例实施细则主要修改的条款有哪些？

解答：（1）建筑业混合销售行为较为常见，与其他行业的混合销售行为相比，具有一定特殊性，需要特殊处理。为解决建筑业重复征收两税问题，对销售自产货物并同时提供建筑业劳务的建筑业混合销售行为，规定应当分别核算，分别征收增值税和营业税。（细则第五条、第六条）

（2）原细则规定，纳税人兼营非应税劳务应分别核算销售额，不分别核算或不能准确核算的，应一并征收增值税，并由国家税务局确定。在执行中往往出现增值税和营业税重复征收的情况，为此，取消上述规定，改为未分别核算时，由主管税务机关核定其货物或者应税劳务的销售额。（细则第七条）

（3）原细则规定纳税人用外汇结算销售额的，应按销售额发生当天或当月1日的外汇牌价折合人民币。为方便纳税人核算，改为按照销售额发生当天或者当月1日的人民币汇率中间价折合成人民币计算销售额。（细则第十五条）

（4）原细则对农产品买价按支付的价款和代收代缴的农业特产税计算。目前，国家已停征了农业特产税，另行开征了烟叶税，且烟叶税由收购者自行缴纳的。为此，根据实际情况修改了确定农产品买价的规定。（细则十七条）

（5）机器、机械、运输工具等固定资产的用途具有多样性，经常混用于生产增值税应税项目和免税货物、非增值税应税劳务。只有专门用于非应税项目、免税项目等的固定资产进项税额才不得抵扣，其他混用的固定资产均可抵扣。（细则第二十一条）

（6）实行消费型增值税后，购进货物或者劳务用于机器设备类固定资产的在建工程已经允许抵扣，只有用于不动产在建工程的才不允许抵扣，因此将原细则"固定资产在建工程"相应修改为"不动产在建工程"，并对不动产的概念进行了解释。（细则第二十三条）

（7）原细则规定非正常损失的进项税额不得抵扣，包括自然灾害损失。但从当前社会认知度来看，自然灾害损失的进项税额不得抵扣有些不近情理。同时，原细则规定的"其他非正常损失"范围不够明确。为此，新细则规定非正常损失是指因管理不善造成货物被盗窃、丢失、发生霉烂变质的损失，不再包括自然灾害损失。（细则第二十四条）

（8）根据经济发展水平和增值税管理能力，降低小规模纳税人标准到50万元和80万元，同时将现行有关规定在细则中表述。（细则第二十八条）

（9）现行规定个体工商户依申请认定为增值税一般纳税人，但一些个体工商户收入规模很大，如果按小规模纳税人征税，有失公平。为此，取消了个体工商户依申请办理一般纳税人认定的规定。对于应税销售额超过小规模纳税人标准的其他个人按小规模纳税人纳税；非企业单位、不经常发生应税行为的企业可选择按小规模纳税人征税。（细则第二十九条，原细则第二十八条）

（10）原细则规定对于自然人销售自己使用过的游艇、摩托车和应征消费税的汽车征收增值税，其他物品免征增值税。考虑到对自然人征税不易操作，因此取消了上述征税规定，全部给予免税。（细则第三十五条，原细则第三十一条）

（11）增值税起征点适用于个体工商户，关系面广，涉及群体主要是小型经营者。结合当前经济形势，并考虑征管需要，根据统计的城乡最低生活保障标准等因素，确定了新的起征点幅度，以照顾民生，增加居民收入。（细则第三十七条）

（12）对于纳税义务发生时间的确认问题，总的原则是结合财务会计制度，方便准确地确认收入。

① 目前很多交易已不使用提货单，取得索取销售额凭证即可确认销售实现。因此删除了"并将提货单交给买方"的内容。

② 赊销是信用销售的俗称，是指卖方与买方签订购货协议后，卖方让买方取走货物，而买方按照协议在规定日期付款或分期付款形式付清货款的销售形式。分期收款销售是指商品已经交付，但货款分期收回的一种销售方式，是赊销的一种形式。修订后的会计准则和会计制度将分期收款作为企业的融资行为，按照合同或协议价款的公允价值在货物发出时确定销售收入。原则上，纳税义务发生时间应与会计规定保持一致，但考虑到企业一次性支付税金会负担较重，因此，赊销和分期收款销售货物的纳税义务发生时间仍规定为合同约定收款日期。但对于没有书面合同的或者书面合同没有约定收款日期的，在货物发出时确认纳税义务发生时间。

③ 纳税人生产工期超过 12 个月的大型机械设备、船舶、飞机等货物，大多采取预收货款销售货物的方式。为保证税款均衡入库，对于上述行为明确比照分期收款方式来确认纳税义务发生时间，即为收到预收款或者书面合同约定的收款日期的当天。

④ 对于代销行为，按现行规定进一步明确了有关纳税义务发生时间。

3. 此次增值税暂行条例实施细则修订将现行增值税哪些政策纳入新细则？

解答：（1）现行政策规定，对于纳税人开具增值税专用发票后发生销售货物退回或者折让、开票有误等情形的，需要开具红字专用发票。为加强专用发票管理，在细

则中加以明确。(细则第十一条)

(2) 增值税的计税依据包括销售额和价外费用,在条例第七条已明确价外费用不包括向购买方收取的销项税额,为简化表述,删除了原细则"向购买方收取的销项税额"的表述。并根据现行政策增列了"代为收取的政府性基金或行政事业性收费"和"代办保险费、车辆购置税、车辆牌照费"不属价外费用的规定。(细则第十二条)

(3) 现行政策规定,纳税人销售货物或者应税劳务适用免税规定的,可以放弃免税,依照条例的规定缴纳增值税。放弃免税后,36 个月内不得申请免税。该政策纳入细则。(细则第三十六条)

4. 新的增值税暂行条例实施细则增加的条款有哪些?

解答: (1) 修订后的条例增加了有关运输费用计算进项税额抵扣的内容,与其相对应,将现行有关准予抵扣的运输费用的规定写入细则。(细则第十八条)

(2) 修订后的条例增加了"增值税扣税凭证"的表述,在细则中对此进行了明确。(细则第十九条)

(3) 纳税人购进用于交际应酬的货物,国际通行做法是不得抵扣。因此,在解释个人消费的内涵时,新增规定凡是用于交际应酬的货物,不得抵扣进项税额。(细则第二十二条)

(4) 应征消费税的游艇、汽车、摩托车属于奢侈消费品,个人拥有的上述物品容易混入生产经营用品计算抵扣进项税额。为堵塞漏洞,借鉴国际惯例,规定凡纳税人自己使用的上述物品不得抵扣进项税额;但如果是外购后销售的,属于普通货物,仍可以抵扣进项税额。(细则第二十五条)

(5) 修订后的增值税条例将纳税期限延长到 1 个季度。但为保证税款及时入库,明确对于一般纳税人不适用以 1 个季度为纳税期限的规定。至于小规模纳税人的具体纳税期限,则由主管税务机关根据其应纳税额的大小分别核定。(细则第三十九条)

二、特殊经营行为的疑难问题的处理

1. 对折扣销售、销售折扣(现金折扣)、销售折让如何进行税务处理?

解答: (见表6-1)

表 6 - 1　　　　　　折扣销售、销售折扣、销售折让的概念

折扣销售	指销货方在销售货物或提供应税劳务时，因购货方数量较大等原因而给予购货方的价格优惠。因折扣是在实现销售时同时发生的，如果销售额和折扣额在同一张发票上分别注明，可按扣除折扣后的金额作为销售额计算销项税额；如果折扣额另开发票，不论会计上如何处理，都不得从销售额中扣除折扣额
销售折扣（现金折扣）	是销货方在销售货物或应税劳务后，为鼓励购货方及早偿还货款而给予的折扣优惠，它发生在销售货物之后，是一种融资性质的理财费用，因此销售折扣不得抵减销售额
销售折让	货物销售后，由于其品种、质量等原因，为避免购货方退货而给予的一种价格折让。销售折扣与销售折让二者虽然都是发生在销售货物之后，但销售折让的实质是原销售额的实际减少，所以可以按折让后的金额作为销售额计提销项税额

2. 对捆绑销售、买一送一等促销方式如何进行税务处理？如果将不同税率的商品捆绑销售，且不能分开核算具体货物的销售额，企业应如何计算缴纳增值税？

解答：企业为促销，将外购商品与本企业自产产品或者本企业两种商品捆绑销售，或者销售大件商品送一件小商品，所赠送商品的价值通过主产品的销售得以实现。因此，不应将其再作视同销售处理，且所赠商品的进项税应予以抵扣。

增值税暂行条例规定：纳税人兼营不同税率的货物或者应税劳务，应当分别核算不同税率货物或者应税劳务的销售额，未分别核算销售额的，从高适用税率。增值税一般纳税人企业将不同税率的商品捆绑销售如将家用电脑、软件（增值税税率为17%）和相关电脑杂志（增值税税率为13%）捆绑销售，且不能分开核算具体货物的销售额的，应从高适用税率按17%的增值税税率计算缴纳增值税。

3. 商场收到供应商的返利、返点、促销费、进店费、管理费等如何处理？

解答：根据《国家税务总局关于商业企业向货物供应方收取的部分费用征收流转税问题的通知》（国税发〔2004〕136号）的规定，商场收到供应商的返利、返点、促销费、进店费、管理费等类似收入应分别不同情况处理：

（1）对商业企业向供货方收取的与商品销售量、销售额挂钩（如以一定比例、金额、数量计算）的各种返还收入，均应按照平销返利行为的有关规定冲减当期增值税

进项税金，不征收营业税；商业企业从供货方取得的各种收入，一律不得开具增值税专用发票；当期应冲减进项税金＝当期取得的返还资金/（1＋所购货物适用增值税税率）×所购货物适用增值税税率。

（2）对商业企业向供货方收取的与商品销售量、销售额无必然联系，且商业企业向供货方提供一定劳务取得的收入，例如进场费、广告促销费、上架费、展示费、管理费等，不属于平销返利，不冲减当期增值税进项税金，应按营业税服务业的适用税目税率征收营业税，可以开具服务业发票。

4. 生产企业支付商业企业返利、返点、促销费、进店费、管理费等，如何进行税务处理？

解答：根据《国家税务总局关于商业企业向货物供应方收取的部分费用征收流转税问题的通知》（国税发〔2004〕136号）及其他有关规定，可分两种情况处理：

（1）对商业企业向供货方收取的与商品销售量、销售额挂钩（如以一定比例、金额、数量计算）的各种返还收入，均应按平销返利行为的有关规定冲减当期增值税进项税金，不征收营业税。同时，对返还收入商业企业不能向供货企业开具增值税专用发票。这种情况对于生产企业来说可按销售折让进行税务处理。对于销售折让，税法规定分两种情况，一种是在销货时与销售价款开在同一张发票上；另一种是在开具发票后发生的返还费用，或者需要在期后才能明确返利额，则可由销货方按现行增值税专用发票的有关规定开具红字发票冲销收入，也可以相应冲减销项税额。如果折让金额与销售额开在同一张发票上，会计处理可以直接按折让后金额入账。如果是开红字发票，可以只开具折让金额，账务处理是用红字冲销原来确认的销售额和相应的销项税额。

（2）对于商业企业向供货方收取的与商品销售量、销售额无必然联系，且商业企业向供货方提供一定劳务的收入，例如进场费、广告促销费、上架费、展示费、管理费等，不属于平销返利，不冲减商业企业当期增值税进项税金，对应生产企业的销项也不存在冲减问题。这种情况下，商业企业应该向供货的生产企业开具服务业发票，按营业税的适用税目税率缴纳营业税，而生产企业对此类费用作为销售费用列支。

5. 平销返利在税收上是如何规定的？

解答：平销返利是商业企业为生产企业销售货物。按照协议，前者以进货价对外销售后者的产品，后者根据前者的销售业绩返利前者。返利方式有现金返利、实物返利。

对商业企业向供货方收取的与商品销售量、销售额挂钩的各种返还收入，无论是收到货币性资产还是实物资产，均应按照平销返利行为在流转税上应作进项税额转出处理，不征收营业税。应转出的进项税金为：当期取得的返还资金÷（1＋所购货物适用增值税税率）×所购货物适用增值税税率。

对商业企业向供货方收取的与商品销售量、销售额无必然联系，且商业企业向供货方提供一定劳务的收入，例如进场费、广告促销费、上架费、展示费、管理费等，不属于平销返利，应征收营业税。

返利一般是在商业企业将商品售出后结算的，因而商业企业应做冲减"主营业务成本"处理。如果是次年收到的，应通过"以前年度损益调整"核算，如果商品尚未售出就收到返利，则应冲减商品成本。

6. 经销企业的"三包"收入如何纳税？对于"三包"用零配件税收上如何处理？

解答："三包"收入是指生产企业为了搞好售后服务，支付给经销企业的修理费用，作为经销企业为用户提供售后服务的费用支出。它其实是经销企业为用户提供修理修配劳务而预先获取的收入，只不过支付这项费用的是生产企业而不是消费者。《国家税务总局关于印发（增值税问题解答（之一）的通知》（国税函发〔1995〕288号）规定：经销企业从货物的生产企业取得三包收入，应按修理修配征收增值税，因此，对经销企业的"三包"收入应按"修理修配"的增值税税率17%征收增值税。

企业销售商品承诺售后"三包"服务的，对商品的销售收入已包含售后服务的部分，在税收上，此后发出的"三包"用零配件不再重复计算销项税，其进项税允许抵扣。

三、进项税额中疑难问题的处理

（一）税额抵扣范围相关问题

1. 以增值税为主的综合性企业，公司机关办公楼的水电费的进项税额是否可以抵扣？

解答：《增值税暂行条例实施细则》规定，纳税人兼营非应税劳务的，应分别核算货物或应税劳务的销售额和非应税劳务的销售额。用于非增值税应税项目的购进货物或者非增值税应税劳务的进项税额不得从销项税额中抵扣。

《财政部 国家税务总局关于增值税若干政策的通知》（财税〔2005〕165号）规

定，纳税人兼营免税项目或非应税项目（不包括固定资产在建工程）无法准确划分不得抵扣的进项税额部分，按下列公式计算不得抵扣的进项税额：

不得抵扣的进项税额 =（当月全部进项税额 − 当月可准确划分用于应税项目、免税项目及非应税项目的进项税额）× 当月免税项目销售额、非应税项目营业额合计/当月全部销售额、营业额合计 + 当月可准确划分用于免税项目和非应税项目的进项税额

2. 收取职工生活电费是作进项税转出还是作销项税处理？

解答：（1）企业如果按供电部门向企业收取的价格（购进价）和职工生活实际用电数收取职工生活电费，可将该部分电费的进项税作进项税转出处理。

（2）企业如果按高于供电部门收取的电费价格来收取职工电费，属有偿转让了货物的使用权，已属销售行为，因此，应当按照实际收取的全部销售额计提销项税额。

3. 办公用品、汽油等进项税额能否抵扣？

解答：办公用品、汽油进项税额均可以抵扣，但上述物品如用于非应税项目的，进项税额不得抵扣；发生非常损失的，进项税额不得抵扣，已经抵扣的应转出。对于一个企业既有增值税业务，同时兼营营业税业务的，或兼营免税项目的，其进项税额可以按照增值税项目收入与总收入的比例划分确定抵扣金额。

4. 降价销售商品，进项税额是否转出？

解答：在实务中对于降价销售行为，即低于当期同类商品正常销售价格但高于成本的行为，应按正常的销售行为处理，不存在进项税额转出问题。如果销售价格明显偏低甚至低于成本且无正当理由的，由税务机关核定其计税销售额。但企业对鲜活商品，过时、过季产品的降价甚至低于成本价销售，只要属于正常的营销手段，其进项税不需要转出，也不应由税务机关核定计税销售额。

5. 报社印刷广告所用的购进纸张的进项税额是否可以抵扣？

解答：根据《国家税务总局关于出版物广告收入有关增值税问题的通知》（国税发〔2000〕188号）规定，纳税人为制作、印刷广告所用的购进货物不得计入进项税额抵扣。因此，纳税人应准确划分不得抵扣的进项税额。确定文化出版单位用于广告业务的购进货物的进项税额，应以广告版面占整个出版物版面的比例为划分标准，凡文化出版单位能准确提供广告所占版面比例的，应按此项比例划分不得抵扣的进项税额。

6. 企业用于生产的外购模具，其进项税额能否抵扣？用于生产模具的外购材料进项税额能否抵扣？

解答：根据新修订的增值税暂行条例，无论外购模具是否符合固定资产的标准，

均可从当期销项税额中抵扣；外购材料自制模具，不论制作完成交付使用的模具是作为固定资产还是作为低值易耗品，其进项税额均可抵扣。

7. 超市向供货方收取的进场费是否冲减进项税额？

解答：《国家税务总局关于商业企业向货物供应方收取的部分费用征收流转税问题的通知》（国税发〔2004〕136号）规定，对商业企业向供货方收取的与商品销售量、销售额无必然联系，且商业企业向供货方提供一定劳务的收入，例如进场费、广告促销费、上架费、展示费、管理费等，不属于平销返利，不冲减当期增值税进项税金，应按营业税的适用税目税率征收营业税。对商业企业向供货方收取的与商品销售量、销售额挂钩（如以一定比例、金额、数量计算）的各种返还收入，均应按照平销返利行为的有关规定冲减当期增值税进项税金，不征收营业税。

应冲减进项税金的计算公式为：

当期应冲减进项税金＝当期取得的返还资金/（1＋所购货物适用增值税税率）×所购货物适用增值税税率

8. 企业购进工作服是否可以抵扣进项税额？

解答：根据《增值税暂行条例》的规定，购进的工作服虽取得了增值税专用发票，但其进项税额是否允许抵扣，关键在于购进的工作服是属于允许抵扣的劳动防护用品，还是属于不允许抵扣的集体福利。如果属于劳动防护用品，则可以抵扣；否则，则不予抵扣。

9. 职工歌咏比赛发放的服装取得专用发票，是否可以抵扣进项税额？

解答：《增值税暂行条例》第十条第四项规定：用于集体福利或者个人消费的购进货物或者应税劳务，其进项税额不得从销项税额中抵扣。因此，在歌咏比赛中为员工发放的服装取得的专用发票是不得抵扣进项税额的。

10. 一般纳税人购进柴油作为食堂用的燃料，并取得增值税专用发票，是否可以抵扣？

解答：根据《增值税暂行条例》第十条的规定，用于集体福利或者个人消费的购进货物或者应税劳务进项税额不得从销项税额中抵扣。因食堂所耗用的柴油属于集体福利支出，因此，此张专用发票不得从销项税额中抵扣，如已抵扣，则需从当期的进项税额中扣减。

11. 增值税一般纳税人购买防伪税控机（取得专用发票），该企业是否可以将该进项税额申报抵扣？

解答：根据《国务院办公厅转发国家税务总局关于全面推广应用增值税防伪税控

系统意见的通知》（国办发〔2000〕12 号）第四条规定：税控系统专用和通用设备的
购置费用准予在企业成本中列支，同时可凭购货发票（增值税专用发票）所注明的增
值税税额，计入该企业当期的增值税进项税额。因此该企业购买防伪税控机如取得增
值税专用发票，则可向税务机关申报抵扣进项税额。另外，根据新修订的增值税暂行
条例，仿伪税控机、专用发票扫描器具、税控加油机等固定资产进项税额，从 2009 年
1 月 1 日起可以抵扣。

12. 企业接受外单位对本企业设备的维修、维护费进项税额能否抵扣？

解答：企业接受外单位对本企业设备的维修、维护费（含材料费、人工费）开具
的专用发票，其进项额可以抵扣。但是，如果对房屋、建筑物等进行维护，属于修缮
业务，提供修缮业务的单位应当缴纳营业税，不能出具增值税专用发票，因此，不涉
及进项税额抵扣问题。

13. "以货易货"业务如何抵扣进项税额？

解答：以货易货"业务交易双方均要视同销售交纳增值税，并可开具增值税专用
发票，易进货物进项税额均可抵扣。《国家税务总局关于增值税一般纳税人取得防伪税
控系统开具的增值税专用发票进项税额抵扣问题的通知》（国税发〔2003〕17 号）规
定，增值税一般纳税人申请抵扣的防伪税控系统开具的增值税专用发票，必须自该专
用发票开具之日起 90 日内到税务机关认证，并在认证通过的当月按照增值税有关规定
核算当期进项税额并申报抵扣，否则不予抵扣进项税额。

14. 以物抵债的货物，进项税额是否可以抵扣？如抵债物品无偿赠送他人或本厂职工后是否还要缴纳增值税？

解答：根据《增值税暂行条例实施细则》规定，销售货物，是指有偿（包括从购
买方取得货币、货物或其他经济利益）转让货物的所有权。以物抵债属于从购买方取
得货物即有偿转让货物的所有权，因此，双方应分别作购销处理。对企业抵债抵出的
货物，均应依税法规定征收增值税。一般纳税人销售抵债抵进的货物应按税法规定依
货物的适用税率计算销项税额，在抵扣环节（包括直接销售或用于生产应税货物），根
据《国家税务总局关于增值税若干征管问题的通知》（国税发〔1996〕155 号）规定，
对商业企业采取以物易物、以货抵债、以货投资方式交易的，收货单位可以凭以物易
物、以货抵债、以货投资书面合同以及与之相符的增值税专用发票和运输费用普通发
票，确定进项税额，报经税务征收机关批准予以抵扣。根据上述规定，抵债货物进项
税额得以抵扣需同时满足三个条件：一是债务人与债权人以书面形式确定以货抵债事
项；二是债务人开具了增值税专用发票；三是要报经税务机关批准。即公司取得的以

物抵债的货物可以凭书面合同及与之相符的增值税专用发票和普通运输发票向所属税务征收机关申报抵扣进项税额。

《增值税暂行条例实施细则》规定，单位或个体经营者的下列行为，视同销售货物：将自产、委托加工的货物用于集体福利或个人消费；将自产、委托加工或购买的货物无偿赠送他人。据此，抵债物品无偿赠送他人或本厂职工视同销售货物需缴纳增值税。

15. A 公司将其自产的产品投资给 B 公司（为商业性增值税一般纳税人），并开出专用发票，B 公司取得此张专用发票是否可以抵扣？

解答：根据《国家税务总局关于增值税若干征管问题的通知》（国税发〔1996〕155 号）规定，对商业企业采取以物易物、以货抵债、以物投资方式交易的，收货单位可以凭以物易物、以货抵债、以物投资书面合同以及与之相符的增值税专用发票和运输费用普通发票，确定进项税额，报经税务征收机关批准予以抵扣。因此，B 公司取得的此张专用发票在报经主管税务机关批准之后可以抵扣。

16. 国际货物运输代理费用是否可以抵扣进项税额？

解答：根据《国家税务总局关于增值税一般纳税人支付的货物运输代理费用不得抵扣进项税额的批复》（国税函〔2005〕54 号）规定，国际货物运输代理业务是国际货运代理企业作为委托方和承运单位的中介人，受托办理国际货物运输和相关事宜并收取中介报酬的业务。因此，增值税一般纳税人支付的国际货物运输代理费用，不得作为运输费用抵扣进项税额。

17. 取得国际海运业发票、中铁快运发票、空运发票可否抵扣进项税额？

解答：根据《财政部 国家税务总局关于增值税若干政策的通知》（财税〔2005〕165 号）文件规定，一般纳税人取得的国际货物运输代理业发票和国际货物运输发票，不得计算抵扣进项税额。

根据《国家税务总局关于铁路运费进项税额抵扣有关问题的补充通知》（国税函〔2003〕970 号）规定，中国铁路包裹快运公司（简称中铁快运）为客户提供运输劳务，属铁路运输企业。一般纳税人取得的《中国铁路小件货物快运运单》上列明的铁路快运包干费、超重费、到付运费、转运费可按7%的扣除率抵扣进项税额。

根据《国家税务总局关于加强增值税征收管理若干问题的通知》（国税发〔1995〕192 号）规定，民用航空运输单位开具的套印全国统一发票监制章的货票，准予计算进项税额扣除。

18. 取得联运公司开具的货运发票是否能够抵扣进项税额？

解答：《国家税务总局关于货物运输业若干税收问题的通知》（国税发〔2004〕88号）对此予以了明确规定：增值税一般纳税人取得税务机关认定为自开票纳税人的联运单位和物流单位开具的货物运输业发票准予计算抵扣进项税额。准予抵扣的货物运费金额是指自开票纳税人和代开票单位为代开票纳税人开具的货运发票上注明的运费、建设基金和现行规定允许抵扣的其他货物运输费用；装卸费、保险费和其他杂费不予抵扣。货运发票应当分别注明运费和杂费，对未分别注明，而合并注明为运杂费的不予抵扣。

19. 增值税一般纳税人进项税额可否抵减增值税欠税、纳税检查查补税款欠税，如何进行账务处理？

解答：《国家税务总局关于增值税一般纳税人用进项留抵税额抵减增值税欠税问题的通知》（国税发〔2004〕112号）规定，对纳税人因销项税额小于进项税额而产生期末留抵税额的，应以期末留抵税额抵减增值税欠税。《国家税务总局关于增值税一般纳税人将增值税进项税额抵减查补税款欠税问题的批复》（国税函〔2005〕169号）规定，增值税一般纳税人拖欠纳税检查应补缴的增值税税款，如果纳税人有进项留抵税额，可按照国税发〔2004〕112号文的规定，用增值税留抵税额抵减查补税款欠税。

20. 增值税一般纳税人从林场购进原木，取得税务机关监制的普通发票，是否可以视为免税农产品计算抵扣进项税额？进项税额扣除率是多少？

解答：根据《增值税暂行条例》规定，农业生产者销售的自产农业产品免征增值税。《财政部 国家税务总局关于印发＜农产品征税范围注释＞的通知》（财税字〔1995〕52号）规定，农业产品是指种植业、养殖业、林业、水产业生产的各种植物、动物的初级产品，原木属于林业产品。《国家税务总局关于增值税若干征收问题的通知》（国税发〔1994〕122号）规定，对一般纳税人购进农业产品取得的普通发票，可以按普通发票上注明的价款计算进项税额。《财政部 国家税务总局关于提高农产品进项税抵扣率的通知》（财税〔2002〕12号）规定，增值税一般纳税人购进农业生产者销售的免税农产品的进项税额扣除率为13%。因此，纳税人从林场购进原木所取得的普通发票可按13%的扣除率计算抵扣进项税额。

（二）特殊情形下进项税的处理

1. 尚未支付货款，进项税额能否抵扣？

解答：1995年1月1日起，依据《国家税务总局关于加强增值税征收管理工作的通知》（国税发〔1995〕15号）规定，商业增值税一般纳税人购进货物的，必须在购进货物付款后才能申报抵扣进项税额，尚未付款的，进项税额不得作为纳税人当期进项税额予以抵扣。但《国家税务总局关于增值税一般纳税人取得防伪税控系统开具的增值税专用发票进项税额抵扣问题的通知》（国税发〔2003〕17号）对此作出改变，根据该文件，自2003年3月1日起，商业企业增值税一般纳税人购进货物并取得防伪税控系统开具的增值税专用发票后，是否付款已不再作为进项税额能否抵扣的条件，增值税一般纳税人申请抵扣的防伪税控系统开具的增值税专用发票，必须自该专用发票开具之日起90日内到税务机关认证，并在认证通过的当日按照增值税有关规定核算当期进项税额并申报抵扣，否则不予抵扣进项税额。

2. 小规模纳税人改为一般纳税人时，如何计算库存存货的进项税额？

解答：《国家税务总局关于印发〈增值税问题解答（之一）〉的通知》（国税函发〔1995〕288）规定："新申请认定为增值税一般纳税人的，不得计算期初存货已征税款。"据此，小规模纳税人改为一般纳税人后存货期初已征税款不作处理，不得计算进项税。在小规模纳税人期间取得的专用发票上注明的进项税额也不得抵扣。

如果企业原具一般纳税人资格，由于某些原因，被税务机关取消了一般纳税人资格，以后又恢复一般纳税人的，根据《国家税务总局关于增值税一般纳税人恢复抵扣进项税额资格后有关问题的批复》（国税函〔2000〕584号）规定，纳税人经税务机关核准恢复抵扣进项税额资格后，其停止抵扣进项税额期间发生的全部进项税额不得抵扣。

3. 一般纳税人划转为小规模纳税人后，其进项税如何处理？

解答：企业由一般纳税人划转为小规模纳税人，或者一般纳税人企业被取消一般纳税人资格转为小规模纳税人，其未抵扣的进项税额，不得抵扣。《财政部 国家税务总局关于贯彻国务院有关完善小规模商业企业增值税政策的决定的通知》（财税字〔1998〕113号）中未销售但已抵扣的增值税进项税，不补缴入库。该政策仅适用于1998年划转工作中被取消一般纳税人资格的小规模商业企业，且仅针对其在1998年7月1日前已抵扣增值税进项税额的存货，至于年检中被取消资格的小规模商业企业和其他情形划转为小规模纳税人的企业，则不能享受该政策。企业划转为小规模纳税人，存货进项税额已抵扣的，必须将其已抵扣的税款作进项转出。

4. 盘盈、盘亏货物进项税额如何处理？

解答：存货盘盈不构成应征增值税行为，企业发生存货盘盈时不需缴纳增值税，但在盘盈货物销售时应依法缴纳增值税。

《增值税暂行条例》规定，非正常损失（非正常损失指因管理不善造成被盗、丢失、霉烂变质的损失）的产成品所耗用的购进货物不得从销项税额中抵扣。也就是说，存货盘亏如属正常损耗则不需作进项税额转出；盘亏货物经核实属于非正常损失的，进项税额则不得抵扣，已抵扣的，应按规定从当期发生的进项税额中扣减。

5. 外购货物评估减值，是否应作进项税额转出？

解答：《国家税务总局关于企业改制中资产评估减值发生的流动资产损失进项税额抵扣问题的批复》（国税函〔2002〕1103号）规定，对于企业由于资产评估减值而发生的流动资产损失，如果流动资产未丢失或损坏，只是由于市场发生变化，价格降低，价值量减少，则不属于《增值税暂行条例实施细则》中规定的非正常损失，不作进项税额转出处理。

6. 产成品报废，构成产成品实体的材料重新回用，是否要作进项税额转出？

解答：《增值税暂行条例》第十条规定："非正常损失的在产品、产成品所耗用的购进货物或者应税劳务"所包含的进项税额不得抵扣。同时，《增值税暂行条例实施细则》对"非正常损失"的解释是指因管理不善造成被盗、丢失、霉烂变质的损失。产成品报废如果属于"非正常损失"，在会计处理中应当作进项税额转出；否则不作进项税额转出处理。

7. 免税货物恢复征税后，免税期间购进货物的进项税额能否抵扣？

解答：根据《国家税务总局关于增值税若干征管问题的通知》（国税发〔1996〕155号）文件第五条规定：免税货物恢复征税后，其免税期间外购的货物，一律不得作为当期进项税额抵扣。恢复征税后收到的该项货物免税期间的增值税专用发票，应当从当期进项税额中剔除。

8. 某公司购进一批材料并取得增值税专用发票，货款由该公司的分公司代付，总公司是否可以申报抵扣此笔进项税额？

解答：根据《国家税务总局关于加强增值税征收管理若干问题的通知》（国税发〔1995〕192号）规定，纳税人购进货物或应税劳务，支付运输费用，所支付款项的单位，必须与开具抵扣凭证的销货单位、提供劳务的单位一致，才能申报抵扣进项税额，否则不允抵扣。因此，货款应由总公司支付，否则不予抵扣进项税额。

9. 某增值税一般纳税人生产多种产品，其中部分产品属于免税产品，还有部分产品按简易办法征收，因进项税额无法准确划分，不得抵扣的进项税额如何确定？

解答：《财政部 国家税务总局关于增值税若干政策的通知》（财税〔2005〕165

号）规定，纳税人兼营免税项目或非应税项目（不包括固定资产在建工程）无法准确划分不得抵扣的进项税额部分，按下列公式计算不得抵扣的进项税额：

不得抵扣的进项税额 =（当月全部进项税额 - 当月可准确划分用于应税项目、免税项目及非应税项目的进项税额）×当月免税项目销售额、非应税项目营业额合计/当月全部销售额、营业额合计 + 当月可准确划分用于免税项目和非应税项目的进项税额

《财政部 国家税务总局关于调整农业产品增值税税率和若干项目征免增值税的通知》（财税字〔1994〕004 号）规定：根据增值税暂行条例的规定，按简易办法计算增值税额，不得抵扣进项税额。一般纳税人除生产文件所列货物外还生产其他货物或提供加工、修理修配劳务，并且选择简易办法计算上列货物应纳税额的，如果无法准确划分不得抵扣的进项税额，应按下列计算公式计算不得抵扣的进项税额：

不得抵扣进项税 = 当月全部进项税额×当月按简易办法计税的货物销售额/当月全部销售额

10. 一般纳税人是否可以用进项留抵税额抵减增值税欠税？

解答：《国家税务总局关于增值税一般纳税人用进项留抵税额抵减增值税欠税问题的通知》（国税发〔2004〕112 号）规定，对纳税人因销项税额小于进项税额而产生期末留抵税额的，应以期末留抵税额抵减增值税欠税。

11. 取得汇总开具的运输发票未附运输清单，能否作进项抵扣？

解答：根据《财政部 国家税务总局关于增值税若干政策的通知》（财税〔2005〕165 号）的规定，一般纳税人取得的汇总开具的运输发票，凡附有运输企业开具并加盖财务专用章或发票专用章的运输清单，允许计算抵扣进项税额。因此，如果没有符合以上规定的运输清单，那么不得抵扣此张汇总开具的运输发票。

四、销项税额中疑难问题的处理

1. 拍卖行拍卖查封货物如何纳销项税？

解答：根据《增值税暂行条例》及其实施细则以及《国家税务总局关于拍卖行取得的拍卖收入征收增值税、营业税有关问题的通知》（国税发〔1999〕40 号）规定，凡是拍卖行受托拍卖增值税应税货物，向买方收取的全部价款和价外费用，均应按照3%的征收率缴纳增值税；拍卖行向委托方收取的手续费则应缴纳营业税。按照此规定，拍卖行拍卖查封货物仍需依法缴纳增值税和营业税。当然，如果拍卖货物属免税货物范围的，经拍卖行所在地县级主管税务机关批准，可以免征增值税。

2. 从河里抽沙卖是否征收销项税？

解答：按照《财政部 国家税务总局关于调整金属矿、非金属矿采选产品增值税税率的通知》（财税〔1994〕22号）规定，未经加工的建筑用天然材料，也属"非金属矿采选产品"的征收范围。因此，销售从河里抽采的沙子应缴纳增值税。

3. 销售自产鲜奶是否纳销项税，纳什么税？

解答：《增值税暂行条例》规定自产自销农产品免税。《财政部 国家税务总局关于印发〈农产品征税范围注释〉的通知》（财税字〔1995〕52号）第一条明确规定：农业生产者销售的自产农业产品，是指直接从事植物的种植、收割和动物的饲养、捕捞的单位或个人销售的注释所列的自产农业产品；对上述单位和个人销售的外购的农业产品，以及单位和个人外购农业产品生产、加工后销售的仍然属于注释所列的农业产品，不属于免税的范围，应当按照规定税率征收增值税。在注释中，鲜奶是指各种哺乳类动物的乳汁和经净化、杀菌等加工工序生产的乳汁。因此，销售自产的鲜奶应属自产农业产品，属于免税范围，不纳增值税。

4. 某企业因被兼并而将全部产权进行了转让，其中包括货物、一部分机器设备和库存商品，这种行为是否要缴纳销项税？

解答：根据《国家税务总局关于转让企业全部产权不征收增值税问题的批复》（国税函〔2002〕420号）规定，根据《增值税暂行条例》及其实施细则的规定，增值税的征收范围为销售货物或者提供加工、修理修配劳务以及进口货物。转让企业全部产权是整体转让企业资产、债权、债务及劳动力的行为，因此，转让企业全部产权涉及的应税货物的转让，不属于增值税的征税范围，不征增值税。

5. 本单位研发部门领用完工产品用于实验，是否作视同销售处理？

解答：根据《增值税暂行条例实施细则》的规定，研发部门领用自产产品，应当视同销售处理。

6. 企业将自有钢材用于办公楼的维修（管理用办公楼），该维修增加办公楼的价值，所用钢材是否作为"用于非应税项目"视同销售，缴纳销项税？

解答：如果钢材是自产或加工收回的，用于办公楼的维修，作为"用于非应税项目"，应视同销售，缴纳增值税；如果钢材是外购的，用于办公楼的维修，则将钢材所负担的进项税额转出即可。

五、税收管理中疑难问题的处理

(一) 纳税主体与增值税的计算等相关问题

1. 小规模企业、小规模纳税人、一般纳税人之间是什么关系？小企业能认定为一般纳税人吗？

解答： 企业大、中、小的划分，是一个统计标准。小规模纳税人与一般纳税人的划分，是一个税收标准，是按经营规模大小及会计核算健全与否来划分的。小规模企业只要会计核算健全，并能够准确核算销项税额、进项税额和应纳税额，且年销售额达到规定标准，可以认定为一般纳税人。

2. 新办商贸企业如何办理一般纳税人资格？

解答： 根据《国家税务总局关于加强新办商贸企业增值税征收管理有关问题的紧急通知》（国税发明电〔2004〕37号）、《国家税务总局关于加强新办商贸企业增值税征收管理》（国税发明电〔2004〕62号）文件精神，新办商贸企业按下列规定办理一般纳税人资格：

（1）由于新办小型商贸批发企业尚未进行正常经营，对其一般纳税人资格，一般要经过一定时间的实际经营才能审核认定。但对具有一定经营规模，拥有固定的经营场所，有相应的经营管理人员，有货物购销合同或书面意向，有明确的货物购销渠道（供货企业证明），预计年销售额可达到180万元以上的新办商贸企业，经主管税务机关审核，也可认定其为一般纳税人，实行辅导期一般纳税人管理。

（2）对申请一般纳税人资格认定的新办小型商贸批发企业，主管税务机关必须严格进行案头审核、法定代表人约谈和实地查验工作。对不符合条件的新办商贸批发企业不得认定为增值税一般纳税人。认定为一般纳税人并售发票后一个月内，税务机关要对企业经营和发票使用情况进行实地检查，提供服务，跟踪管理。

（3）对新办小型商贸批发企业中只从事货物出口贸易，不需要使用专用发票的企业，为解决出口退税问题提出一般纳税人资格认定申请的，经主管税务机关案头审核、法定代表人约谈和实地查验，符合企业设立的有关规定，并有购销合同或书面意向，有明确的货物购销渠道（供货企业证明），可给予其增值税一般纳税人资格，但不发售增值税防伪税控开票系统和增值税专用发票。以后企业若要经营进口业务或内贸业务要求使用专用发票，则需重新申请，主管税务机关审核后按有关规定办理。

（4）对设有固定经营场所和拥有货物实物的新办商贸零售企业以及注册资金在

500 万元以上、人员在 50 人以上的新办大中型商贸企业在进行税务登记时，即提出一般纳税人资格认定申请的，可认定为一般纳税人，直接按照正常的一般纳税人管理。

3. 加油站是否都是一般纳税人？

解答：根据《国家税务总局关于加油站一律按照增值税一般纳税人征税的通知》（国税函〔2001〕882 号）的规定，为了加强对加油站成品油销售的增值税征收管理，经研究决定，对从事成品油销售的加油站，无论其年应税销售额是否超过 180 万元，一律按增值税一般纳税人征税。

4. 某建材零售商销售油漆时一并提供了油漆墙壁劳务，应如何缴税？

解答：根据《增值税暂行条例实施细则》的规定：一项销售行为如果既涉及货物又涉及非应税劳务，为混合销售行为。从事货物的生产、批发或零售企业、企业性单位及个体经营者的混合销售行为，视为销售货物，应当征收增值税；其他单位和个人的混合销售行为，视为非应税劳务，不征收增值税。因此该建材零售商发生的混合销售行为应缴纳增值税。

5. 美容院给客户提供美容服务的同时也向客户销售美容产品，此行为属于混合销售还是兼营行为？

解答：根据《增值税暂行条例实施细则》第五条规定，一项销售行为如果既涉及货物又涉及非应税劳务，为混合销售行为。从事货物的生产、批发或零售的企业、企业性单位及个体经营者的混合销售行为，视为销售货物，应当征收增值税；其他单位和个人的混合销售行为，视为销售非应税劳务，不征收增值税。由此可以看出美容院此行为属于混合销售行为。如果该美容院的主要经营活动是销售美容产品，则其发生的混合销售行为视为销售货物，应当征收增值税；如果该美容院的主要经营活动是提供美容服务，则属于其他单位的混合销售行为，应视为销售非应税劳务，不征收增值税。

6. 天然气销售收入包括两部分：天然气的销售款和天然气的管输费，如何纳税？

解答：一项销售行为如果既涉及货物又涉及非应税劳务，为混合销售行为。从事货物的生产、批发或零售的企业、企业性单位及个体经营者的混合销售行为，视为销售货物，应当征收增值税；其他单位和个人的混合销售行为，视为销售非应税劳务，不征收增值税。因此，从事天然气生产销售的企业销售天然气同时收取管输费应一并缴纳增值税。

7. 某汽贸公司代客户购买汽车，由供应商直接开票给最终客户，汽贸公司向客户收取汽车价款并额外收取手续费，但其中有代垫资金的行为，汽贸公司应如何计算缴纳增值税？

解答：根据《财政部 国家税务总局关于增值税、营业税若干政策规定的通知》（〔94〕财税字第 026 号）的规定：代购货物行为，凡同时具备以下条件的，不征收增值税；不同时具备以下条件的，无论会计制度规定如何核算，均征收增值税。

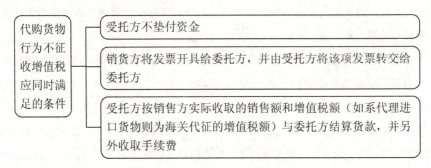

图 6-1 代购货物行为不征收增值税应同时满足的条件

由于汽贸公司在代购汽车的过程中有代垫资金的行为，因此，应当按照上述规定缴纳增值税，缴纳增值税的计税依据为汽车销售价款与手续费的合计数。

8. 销售抵债货物如何计算增值税？

解答：根据《增值税暂行条例》的规定，销售抵债货物应当以取得的销售收入计算销项税金，同时在取得抵债货物时应向对方索取与之相符的增值税专用发票，报经税务机关批准后，可以抵扣进项税金。

9. 外贸企业出口已取消退税（原属退税范围）的商品，如何计算应纳税额？

解答：《财政部 国家税务总局关于出口货物退（免）税若干具体问题的通知》（财税〔2004〕116 号）第二条规定：出口企业（包括外贸企业和生产企业）出口《财政部 国家税务总局关于调整出口货物退税率的通知》（财税〔2003〕222 号）及其他有关文件规定的不予退（免）税的货物，应分别按下列公式计提销项税额。

一般纳税人：

销项税额＝出口货物离岸价格×外汇人民币中间价×法定增值税税率/（1＋法定增值税税率）

小规模纳税人：

应纳税额＝出口货物离岸价格×外汇人民币中间价×法定增值税税率×征收率/（1

＋征收率）

10. 汽车销售企业对汽车进行装饰后再销售的，是否可以把汽车装饰的收入一同开到汽车销售发票中一并缴纳增值税？

解答：一项销售行为如果既涉及货物又涉及非应税劳务，为混合销售行为。从事货物的生产、批发或零售的企业、企业性单位及个体经营者的混合销售行为，视为销售货物，应当征收增值税；其他单位和个人的混合销售行为，视为销售非应税劳务，不征收增值税。

汽车销售企业把汽车装饰后再进行销售，属于一项销售行为既涉及货物又涉及非应税劳务的情况，是混合销售行为，应按规定一并缴纳增值税，可将汽车装饰的收入一同开到汽车销售发票中。

11. 增值税一般纳税人被注销或转为小规模纳税人，留抵税额是否可以申请退还？

解答：根据《财政部 国家税务总局关于增值税若干政策的通知》（财税〔2005〕165 号）的规定，一般纳税人注销或被取消辅导期一般纳税人资格，转为小规模纳税人时，其存货不作进项税额转出处理，其留抵税额也不予以退税。

12. 生产钾肥的企业如何计算缴纳增值税？

解答：根据《财政部 国家税务总局关于钾肥增值税有关问题的通知》（财税〔2004〕197 号）规定，对化肥生产企业生产销售的钾肥，由免征增值税改为实行先征后返。

（二）纳税申报等程序性相关问题

1. 销售合同跨月完成，在什么时间纳税申报？

解答：根据《增值税暂行条例实施细则》的规定，销售货物或者应税劳务，按销售结算方式的不同，纳税义务发生时间具体见图 6-2。

如果企业采用以销定产预收一部分定金（即采取预收货款方式），订单完成以后才开发票收取货款，销售合同跨月完成，产成品随生产进度跨月发出。其纳税义务发生时间为发出产品的当天，应在规定时限申报纳税，不可以在订单完成以后才结转销售收入申报纳税。如果企业采取的以销定产但未收取定金，只是在合同完成后才收款，则纳税义务发生时间为合同约定的收取货款的时间。

2. 以资金结算网络方式收取货款，增值税纳税地点如何确定？

解答：《国家税务总局关于纳税人以资金结算网络方式收取货款增值税纳税地点问

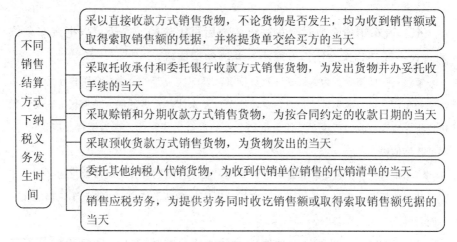

图6-2 不同销售结算方式下纳税义务发生时间

题的通知》(国税函〔2002〕802号)规定,纳税人与总机构所在地金融机构签订协议建立资金结算网络,以总机构的名义在各地开立账户(开立的账户为分支机构所在地账号,只能存款、转账,不能取款),通过资金结算网络在各地向购货方收取销货款,由总机构直接向购货方开具发票的行为,不具备《国家税务总局关于企业所属机构间移送货物征收增值税问题的通知》规定的受货机构向购货方开具发票、向购货方收取货款两种情形之一,其取得的应税收入应当在总机构所在地缴纳增值税。

3. 对于异地非独立核算的分支机构,其增值税在何处申报纳税?

解答:《增值税暂行条例》第二十二条第一款规定:总机构和分支机构不在同一县(市)的,应当分别向各自所在地主管税务机关申报纳税;经国务院财政、税务主管部门或者其授权的财政、税务机关批准,可以由总机构汇总向总机构所在地主管税务机关申报纳税。

4. 办事处销售商品后将货款汇到总公司账户,由总公司直接给客户开具发票,办事处的增值税能否由总公司汇总缴纳?

解答:根据《国家税务总局关于纳税人以资金结算网络方式收取货款增值税纳税地点问题的通知》(国税函〔2002〕802号)规定,纳税人以总机构的名义在各地开立账户,通过资金结算网络在各地向购货方收取货款,由总机构直接向购货方开具发票的行为,不具备《国家税务总局关于企业所属机构间移送货物征收增值税问题的通知》规定的受货机构向购货方开具发票、向购货方收取货款的两种情形之一,其取得的应税收入应当在总机构所在地缴纳增值税。不符合国税函〔2002〕802号规定的,应按照移送货物征收增值税的规定就地缴纳增值税。

5. 公司用于作为样品展示的产品，从仓库领出后是否作销售处理？

解答：《增值税暂行条例实施细则》规定，单位将自产产品用于样品陈列不属于视同销售货物的征税范围，因此，不征增值税。若将样品无偿赠送他人，应视同销售货物缴纳增值税。

6. 饲料企业生产的饲料产品免征增值税还需审批吗？

解答：《国家税务总局关于取消饲料产品免征增值税审批程序后加强后续管理的通知》（国税函〔2004〕884号）规定：符合免税条件的饲料生产企业，取得有计量认证资质的饲料质量检测机构（名单由省级国家税务局确认）出具的饲料产品合格证明后即可按规定享受免征增值税优惠政策，并将饲料产品合格证明报其所在地主管税务机关备案。饲料生产企业应于每月纳税申报期内将免税收入如实向其所在地主管税务机关申报。主管税务机关应加强对饲料免税企业的监督检查，凡不符合免税条件的要及时纠正，依法征税。对采取弄虚作假手段骗取免税资格的，应依照《税收征收管理法》及有关税收法律、法规的规定予以处罚。

7. 委托其他公司销售产品，是收到货款时计算收入还是发出产品时计算收入？

解答：根据《增值税暂行条例》的规定，纳税人采取委托其他纳税人代销货物的，纳税义务发生时间为收到代销单位销售的代销清单的当天。根据《财政部 国家税务总局关于增值税若干政策的通知》（财税〔2005〕165号）的规定，纳税人以代销方式销售货物，在收到代销清单前已收到全部或部分货款的，其纳税义务发生时间为收到全部或部分货款的当天。对于发出代销商品超过180天仍未收到代销清单及货款的，视同销售实现，一律征收增值税，其纳税义务发生时间为发出代销商品满180天的当天。

8. 收到客户违约延期付款支付的利息，是否应当申报增值税？

解答：《增值税暂行条例》规定：销售额为纳税人销售货物或者应税劳务向购买方收取的全部价款和价外费用，应向国税部门申报增值税。价外费用包括向购买方收取的手续费、补贴、基金、返还利润、奖励费、违约金（延期付款利息）、包装费等各种性质的价外收费。因此，收取的违约延期付款利息款项属于价外费用，应当申报缴纳增值税。

9. 增值税销项税额的确认时间是否为开具增值税票的时间？本月销售的货物未开发票，何时计提销项税金？

解答：增值税一般纳税人应在纳税义务发生时计提增值税销项税额。

《增值税暂行条例》第十九条规定，增值税纳税义务发生时间：

（1）销售货物或者应税劳务，为收讫销售款或者取得索取销售款凭据的当天；先开具发票的，为开具发票的当天。

（2）进口货物，为报关进口的当天。

本月销售的货物未开具发票，均应按照条例和实施细则规定的纳税义务发生时间计提增值税销项税额；开具发票的，以开具发票的时间计提销项税额。

10. 某外籍工程师在中国境内承接了一笔机器修理的业务并取得收入，是否需要在中国境内缴纳增值税，如何缴纳？

解答：根据《增值税暂行条例》第一条规定，在中华人民共和国境内销售货物或者提供加工、修理修配劳务以及进口货物的单位和个人，为增值税的纳税义务人，应当依照本条例缴纳增值税。《增值税暂行条例实施细则》规定，境外的单位或个人在境内销售应税劳务而在境内未设有经营机构的，其应纳税款以代理人为扣缴义务人；没有代理人的，以购买者为扣缴义务人。因此，该项业务须在中国境内缴纳增值税，由接受维修并支付款项的单位代扣代缴增值税。

（三）税率适用

1. 小规模商业企业偶然会发生修理业务，应按照什么征收率申报纳税？

解答：根据《增值税暂行条例》，增值税小规模纳税人不再区分工业企业和商业企业分别适用不同的征收率，而是统一按3%的税率征收增值税。

2. 印刷企业适用何种增值税税率？

解答：《增值税暂行条例》第二条规定：纳税人销售或者进口图书、报纸、杂志，税率为13%。根据这一规定，出版社、报刊社出版发行图书、报纸杂志，适用13%的税率。印刷企业采用印刷工艺将文字、图画和线条原稿制成图书、报刊成品，提供的是印刷加工劳务，因此，它接受出版单位提供纸张、稿样承印的印刷品所收取的加工费，应按"加工"项目依17%的税率缴纳增值税。

至于由印刷企业提供纸张并印制，财政部和国家税务总局联合印发《关于增值税若干政策的通知》（财税〔2005〕165号），其中第十二条规定：印刷企业接受出版单位委托，自行购买纸张，印刷有统一刊号（CN）以及采用国际标准书号编序的图书、报纸和杂志，按货物销售征收增值税。即按13%的税率征收增值税。

3. 经营花卉如何纳税？

解答： 根据《财政部 国家税务总局关于印发＜农业产品征税范围注释＞的通知》（财税字〔1995〕52号）规定，花卉作为植物的一种，属于农业产品的范围。又据《财政部 国家税务总局关于调整农业产品增值税税率和若干项目征免增值税的通知》（财税字〔1994〕004号）的规定，农业产品的增值税税率为13%。

如果花卉是从其他花卉批发商处购进的，其进项税额为增值税专用发票上注明的税款；如果是从花农直接购进的，其允许抵扣的进项税额应为买价乘以10%。当月应纳税额为销项税额减去进项税额后的余数。

4. 从林区采挖腐植土，经简单的筛选和消毒装袋后，销售给城市的公园和苗圃，应如何纳税？

解答： 根据《增值税暂行条例》的规定及所描述的经营活动，一般纳税人销售腐植土应按17%的税率征收增值税，小规模纳税人销售腐植土应按3%的征收率征收增值税。

5. 一般纳税人企业为其他单位提供报纸、杂志印制劳务，是否适用13%的税率？

解答：《财政部 国家税务总局关于增值税若干政策的通知》（财税〔2005〕165号）规定，印刷企业接受出版单位委托，自行购买纸张，印刷有统一刊号（CN）以及采用国际标准书号编序的图书、报纸和杂志，按货物销售征收增值税。因此，一般纳税人企业为其他单位提供印制报纸、杂志劳务，不适用13%的税率，应按17%的税率缴纳增值税。

6. 企业购进新鲜的香菇分包及晒干出售，适用的税率是多少？

解答： 根据《财政部 国家税务总局关于调整农业产品增值税税率和若干项目征免增值税的通知》（〔94〕财税字第004号）规定，农业产品的增值税税率由17%调整为13%。《财政部 国家税务总局关于＜印发农业产品征税范围注释＞的通知》（财税字〔1995〕52号）中对农业产品征税范围的注释规定：蔬菜是指可作副食的草本、木本植物的总称。本货物的征税范围包括各种蔬菜、菌类植物和少数可作副食的木科植物。经晾晒、冷藏、冷冻、包装、脱水等工序加工的蔬菜、腌菜、咸菜、酱菜和盐渍蔬菜等，也属于本货物的征税范围。因此，经分包及晒干的香菇的税率为13%。

7. 生产销售矿泉水适用增值税税率是多少？

解答： 根据《增值税暂行条例》规定，纯水和矿泉水增值税税率为17%。对年应税销售额达到或超过一般纳税人标准的纯水和矿泉水生产经营企业，按17%的税率计算征收增值税；未达到一般纳税人标准的均按照小规模纳税人依3%的征收率简易征收增值税。

8. 商业一般纳税人企业购进用于销售的砂、土、石料，能否按照简易征收办法征税？

解答：《财政部 国家税务总局关于调整农业产品增值税税率和若干项目征免增值税的通知》（财税〔1994〕4号）和新修订的增值税暂行条例规定，一般纳税人生产下列货物，可按简易办法依照3%征收率计算缴纳增值税，并可由其自己开具专用发票：

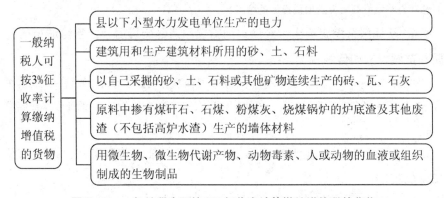

一般纳税人可按3%征收率计算缴纳增值税的货物

- 县以下小型水力发电单位生产的电力
- 建筑用和生产建筑材料所用的砂、土、石料
- 以自己采掘的砂、土、石料或其他矿物连续生产的砖、瓦、石灰
- 原料中掺有煤矸石、石煤、粉煤灰、烧煤锅炉的炉底渣及其他废渣（不包括高炉水渣）生产的墙体材料
- 用微生物、微生物代谢产物、动物毒素、人或动物的血液或组织制成的生物制品

图6-3 一般纳税人可按3%征收率计算缴纳增值税的货物

生产上列货物的一般纳税人，也可不按简易办法而按有关对一般纳税人的规定计算缴纳增值税。一般纳税人生产上列货物所选择的计算缴纳增值税的办法至少三年内不得变更。

根据以上规定，一般纳税人生产砂、土、石料可以按照简易办法征收，但是商贸企业购进再销售以上货物不能按照简易办法征收。

9. 从事生物工程的高新技术企业（一般纳税人）在计算增值税时，是否可以按3%的简易办法进行征收？

解答：根据《增值税暂行条例》及其实施细则以及《财政部 国家税务总局关于调整农业产品增值税税率和若干项目征免增值税的通知》（〔94〕财税字第004号）第四条规定，一般纳税人生产下列货物可按简易办法依照3%征收率计算缴纳增值税，并可由其自己开具专用发票：（1）县以下小型水力发电单位生产的电力；（2）建筑用和生产建筑材料所用的砂、土、石料；（3）以自己采掘的砂、土、石料或其他矿物连续生产的砖、瓦、石灰；（4）原料中掺有煤矸石、石煤、粉煤灰、烧煤锅炉的炉底渣及其他废渣（不包括高炉水渣）生产的墙体材料；（5）用微生物、微生物代谢产物、动毒素、人或动物的血液或组织制成的生物制品。因此，该高新技术企业如果是生产上述第五项中所列的生物制品的，可申请按简易办法依照3%征收增值税。

六、其他疑难问题的处理

1. 包装物、出租出借包装物押金如何纳税？

解答： 包装物一般分为以下几种类型：

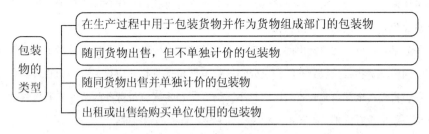

图6-4　包装物的类型

对于前3种包装物，属于货物销售范畴，无论是否单独计价，都应随货物销售缴纳增值税。

对第4种情况，即出租或出借给购买单位使用的包装物而收取押金，应根据《国家税务总局关于印发＜增值税若干具体问题的规定＞的通知》（国税发〔1993〕154号）的规定予以确定，即纳税人为销售货物而出租、出借包装物收取的押金，单独记账核算的，时间在1年以内，又未过期的，不并入销售额征税。对因逾期未收回包装物不再退还的押金，应按包装货物适用税率征收增值税。"逾期"是指按合同约定实际逾期或以1年为期限，对收取1年以上的押金，无论是否退还均并入销售额征税。当然，在将包装物押金并入销售额征税时，需要先将该押金换算为不含税价，再并入销售额征税。需要注意的是，对销售除啤酒、黄酒外的其他酒类产品收取的包装物押金，无论是否返还以及会计上如何核算，均应并入当期销售额征税。这一情形与企业销售商品有关。

如果纳税人出租、出借包装物收取的押金，与销售货物无关，则无论是否退还押金，均不征收增值税。对租金和不退还的押金应按"服务业——租赁业"税目征收营业税。

2. 建筑安装企业销售剩余材料如何纳税？

解答： 如果建安企业经常发生增值税业务并超过小规模纳税人标准，应办理增值税一般纳税人相关手续，按增值税一般纳税人缴纳增值税；如果不经常发生增值税业务，可按3%的征收率缴纳增值税。

3. 施工企业所用的建筑构件、建筑材料是本企业加工生产的，如何纳税？

解答：根据《增值税暂行条例》及其实施细则、《增值税若干具体问题的规定》（国税发〔1993〕154 号）规定，基本建设单位和从事建筑安装业务的企业附设的工厂、车间生产的水泥预制构件、其他构件及建筑材料，用于本单位或本企业的建筑工程的，应在移送使用时征收增值税。其所购的原材料、耗费的电力等，只要符合增值税进项税款抵扣的规定，其包含的进项税额是允许抵扣的。而在施工环节，仅就提供建筑业劳务全部价款缴纳营业税。

如果企业将上述建筑构件、建筑材料对外销售，则属于兼营行为，对于纳税人兼营不同税率货物或应税劳务的，应分别核算不同税率货物或应税劳务的销售额。即使产品销售额占全部经营收入的比例较小，仍应分别核算应税劳务的营业额和货物的销售额。如果没有分别核算，由主管税务机关核定货物的销售额。

4. 企业经销罚没物品如何缴税？

解答：《财政部 国家税务总局关于罚没物品征免增值税问题的通知》（财税字〔1995〕69 号）规定，执罚部门和单位（包括各级行政执法机关、政法机关和经济管理部门）查处的属于一般商业部门经营的商品，不具备拍卖条件的，由执罚部门、财政部门、国家指定销售单位会同有关部门按质论价，交由国家指定销售单位纳入正常销售渠道变价处理。执罚部门按商定价格所取得的变价收入作为罚没收入如数上缴财政，不予征税。而国家指定销售单位将罚没物品纳入正常销售渠道销售的，应照章征收增值税。应注意的是，取得的销售收入为含税收入，应换算为不含税收入计算纳税。

5. 免税品商店要缴税吗？

解答：免税商店是指向已办完出境手续即将离境或尚未办理入境手续的旅客销售免税商品的商店，主要设在出入境口岸的机场、车站、港口等地。免税商品由免税商店从国外购买，存放在海关指定的仓库、场所，并受海关监管。

根据国家有关规定，免税商店所免征的税种包括关税、进口环节的增值税、消费税等，并非免去所有环节的税收，即仅对进口环节免税，当其进入销售环节时，还应照章征税。因此，免税商店零售免税货物时应按 3% 缴纳增值税。

6. 花卉、种苗公司销售树苗、花卉，林业部门外购树苗再销售是否能享受免征增值税优惠？

解答：根据《增值税暂行条例》的规定，农业生产者销售的自产农业产品属免税项目。但这里所称的"农业生产者销售的自产农业产品"是指直接从事植物的种植、收割和动物的饲养、捕捞的单位和个人销售的属财政部、国家税务总局《农业产品征税范围注释》（财税字〔1995〕052号）中所列的自产农业产品；对上述单位和个人销售的外购农业产品，以及单位和个人外购农业产品生产、加工后销售的仍然属于注释所列的农业产品，不属于免税的范围，均应按照规定税率征收增值税。

树苗、花卉属《农业产品征税范围注释》所述农业产品征税范围植物类——其他植物范围。因此，花卉、种苗公司销售的属自产的免税，销售外购的以及外购后又生产、加工销售的，以及林业部门外购树苗，均应当按照规定的税率征收增值税。

7. 企业向顾客收取的"办卡费"、"续约费"、"会员费"，是否属于增值税价外费用？

解答：根据《增值税暂行条例》第六条规定：销售额为纳税人销售货物或应税劳务向购买方收取的全部价款和价外费用，但不包括收取的销项税额。价外费用是指价外向购买方收取的手续费、补贴、基金、集资费、返还利润、奖励费、违约金（延期付款利息）、包装费、包装物租金、储备费、优质费、运输装卸费、代收款项、代垫款项及其他各种性质的价外收费。但下列项目不包括在内：

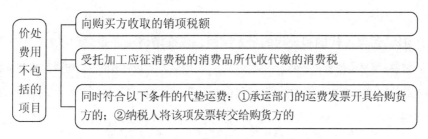

图6-5　价外费用不包括的项目

凡价外费用，无论其会计制度如何核算，均应并入销售额计算应纳税额。

根据《财政部　国家税务总局关于增值税若干政策的通知》（财税〔2005〕165号）规定，如果企业向顾客收取的"办卡费"、"续约费"、"会员费"是因销售货物而同时收取的费用，也应属于增值税的价外费用，并入销售额计算应纳税额。如果是单独收取的、与销售货物无关，则不征收增值税。

8. 对燃油电厂取得的发电补贴是否征收增值税？

解答：根据《增值税暂行条例》第六条规定，应税销售额是指纳税人销售货物或者提供应税劳务向购买方收取的全部价款和价外费用。因此，燃油电厂从政府财政专户取得的发电补贴不属于规定的价外费用，不计入应税销售额，不征收增值税。

9. 天然气公司一次性收取的天然气初装费应否缴纳增值税？

解答:《财政部 国家税务总局关于增值税若干政策的通知》（财税〔2005〕165号）规定，对从事热力、电力、燃气、自来水等公用事业的增值税纳税人收取的一次性费用，凡与货物的销售数量有直接关系的，征收增值税；凡与货物的销售数量无直接关系的，不征收增值税。

10. 电费保证金是否征收增值税？

解答:《电力产品增值税征收管理办法》（国家税务总局令第10号）第三条第二款规定：供电企业收取的电费保证金，凡逾期（超过合同约定时间）未退还的，一律并入价外费用缴纳增值税。

11. 电力公司向发电厂收取的过网费缴纳增值税还是营业税？

解答:《国家税务总局关于电力公司过网费收入征收增值税问题的批复》（国税函〔2004〕607号）规定：鉴于电力公司利用自身电网为发电企业输送电力过程中，需要利用输变电设备进行调压，属于提供加工劳务。根据《增值税暂行条例》有关规定，电力公司向发电企业收取的过网费，应当征收增值税，不征收营业税。

12. 买卖古代的和现代的名人字画，应征增值税还是营业税？

解答:《增值税暂行条例》第一条规定，在中华人民共和国境内销售货物或者提供加工、修理修配劳务以及进口货物的单位和个人，为增值税的纳税义务人，应当依照本条例缴纳增值税。经营古代和现代的名人字画的买进和卖出，属于增值税的销售货物行为，应按规定缴纳增值税。

13. 维修锅炉是交增值税还是营业税？

解答: 建筑业中的修缮与工商企业的修理修配都是对目的物进行修复、加固、养护、改善，使之恢复原来使用价值或延长其使用期限的业务，性质基本相同。但是从国家对行业归类来看，二者归属于不同的行业：凡是对建筑物、构筑物等不动产的大修、中修以及装饰、装修属于建筑物，应交营业税；对货物的修理、修配属于工业范畴，应交增值税。

《营业税税目注释（试行稿）》规定：建筑是指新建、改建、扩建各种建筑物、构筑物的工程作业，包括与建筑相连结的各种设备或支柱、操作平台的安装或装设工程作业以及各种窑炉和金属结构工程作业在内。而锅炉不属于建筑物或构筑物的范畴。因此，对锅炉的维修行为应征收增值税。

14. 从事电梯销售及维修的一般纳税人企业，对自销已超过维修保养期的电梯进行维修（另外签订维修保养合同）取得的收入该征收增值税还是营业税？

解答：根据《国家税务总局关于电梯保养、维修收入征税问题的批复》（国税函〔1998〕390号）规定，电梯属于增值税应税货物的范围，但安装运行之后，则与建筑物一道形成不动产。因此，对企业销售电梯（自产或购进的）并负责安装及保养、维修取得的收入，一并征收增值税；对不从事电梯生产、销售，只从事电梯保养和维修的专业公司对安装运行后的电梯进行的保养、维修取得的收入，征收营业税。该一般纳税人属于销售电梯并对其进行维护保养的情形，因此对其维护保养取得的收入应征增值税。

15. 融资租赁缴纳增值税还是营业税？

解答：根据《国家税务总局关于融资租赁业务征收流转税问题的通知》（国税函〔2000〕514号）、《国家税务总局关于融资租赁业务征收流转税问题的补充通知》（国税函〔2000〕909号）的规定，融资租赁是指具有融资性质和所有权转移特点的设备租赁业务。即：出租人根据承租人所要求的规格、型号、性能等条件购入设备租赁给承租人，合同期内设备所有权属于出租人，承租人只拥有使用权，合同期满付清租金后，承租人有权按残值购入设备，以拥有设备的所有权。同时还规定，对经中国人民银行或原对外贸易经济合作部批准经营融资租赁业务的单位所从事的融资租赁业务，无论租赁的货物的所有权是否转让给承租方，均按《营业税暂行条例》的有关规定征收营业税，不征收增值税。其他单位从事的融资租赁业务，租赁的货物的所有权转让给承租方，征收增值税，不征收营业税；租赁的货物的所有权未转让给承租方，征收营业税，不征收增值税。如某生产企业将其生产的机器设备租赁给另一家公司，在合同期限内按合同要求收取租金，期满后承租方将按设备残值购入该设备，此业务收入应如何纳税？该企业发生的此项业务属于融资租赁业务，如其不属于中国人民银行或原对外贸易经济合作部批准从事融资租赁业务的单位，则此业务缴纳增值税。

16. 某零售商从邮政部门购进邮票再进行销售，应该缴纳增值税还是营业税？

解答：根据《财政部 国家税务总局关于增值税、营业税若干政策规定的通知》（财税字〔1994〕026号）第一条规定：集邮商品的生产、调拨征收增值税。邮政部门销售集邮商品，征收营业税；邮政部门以外的其他单位与个人销售集邮产品，征收增值税，税率为17%。

17. 汽车经销商销售汽车提供的按揭服务及代收保险费，缴纳增值税还是营业税？

解答：《财政部 国家税务总局关于营业税若干政策问题的通知》（财税〔2003〕16 号）明确指出：随汽车销售提供的汽车按揭服务和代办服务业务征收增值税，单独提供按揭、代办服务业务，并不销售汽车的，应征收营业税。

18. 汽车销售企业代收税款是否应再缴税？

解答：《增值税暂行条例》及其实施细则规定，纳税人销售货物或应税劳务，销售额为向购买方收取的全部价款和价外费用。其中，价外费用是指价外向购买方收取的手续费、补贴、基金、集资费、返还利润、奖励费、违约金、运输装卸费、代收款项、代垫款项及其他各种性质的价外收费。另据《财政部 国家税务总局关于营业税若干政策问题的通知》（财税〔2003〕16 号）的规定，随汽车销售提供的汽车按揭服务和代办服务业务征收增值税。因此，汽车销售企业提供代办服务而向消费者收取的各类手续费应并入价外费用，征收增值税。而汽车销售企业向消费者收取并缴纳的车辆购置税等税款，无论采取何种核算办法，均不应再征收增值税。

19. 销售给公安部门的刑侦器材是否免征增值税？

解答：根据《财政部 国家税务总局关于公安、司法部门所属单位免征增值税问题的通知》（财税字〔1994〕第 029 号）的规定：公安部所属研究所、公安侦察保卫器材厂研制生产的列明代号的侦察保卫器材产品（每年新增部分报国家税务总局审核批准后下发），凡销售给公安、司法以及国家安全系统使用的，免征增值税；销售给其他单位的，按规定征收增值税。因此，如果销售的主体以及销售的产品符合以上规定的，可以享受免税优惠，否则不得享受免税政策。

20. 销售自行开发的软件是否缴纳增值税？受托开发的软件是否缴纳增值税？

解答：根据《财政部 国家税务总局关于鼓励软件产业和集成电路发展有关税收政策问题的通知》（财税〔2000〕25 号）规定：对经过国家版权局注册登记，在销售时一并转让著作权、所有权的软件不征收增值税，其他一律征收增值税。因此，如果销售软件时一并转让软件著作权、所有权则不缴纳增值税，否则属于增值税的应税范围，应当缴纳增值税。

《财政部 国家税务总局关于增值税若干政策的通知》（财税〔2005〕165 号）规定：纳税人受托开发软件产品，著作权属于受托方的征收增值税，著作权属于委托方或属于双方共同拥有的不征收增值税。

21. 销售软件产品随同收取的软件安装费、维护费、培训费等是否缴纳增值税？

解答：根据《财政部 国家税务总局关于增值税若干政策的通知》（财税〔2005〕165 号）规定，纳税人销售软件产品并随同销售一并收取的软件安装费、维护费、培训费等收入，应按照增值税混合销售的有关规定缴纳增值税，并可享受软件产品增值税即征即退政策。软件产品交付使用后，按期或按次收取的维护、技术服务费、培训费等不缴纳增值税。

22. 卫生局的防疫站收取的注射费和疫苗费征收增值税吗？

解答：根据《财政部 国家税务总局关于医疗卫生机构有关税收政策的通知》（财税〔2000〕42 号）文件规定：对疾病控制机构和妇幼保健机构等卫生机构按照国家规定的价格取得的卫生服务收入（含疫苗接种和调拨、销售收入），免征各项税收。不按照国家规定的价格取得的卫生服务收入不得享受这项政策。

23. 血站供应给医疗机构的临床用血是否缴纳增值税？

解答：根据《财政部 国家税务总局关于血站有关税收问题的通知》（财税字〔1999〕264 号）的规定，对血站供应给医疗机构的临床用血免征增值税。这里所说的血站是指根据《中华人民共和国献血法》的规定，由国务院或省级人民政府卫生行政部门批准的，从事采集、提供临床用血，不以营利为目的的公益性组织。

24. 政府机关所属事业单位经销日用百货是否需要办理税务登记，应否缴纳增值税？

解答：《国家税务总局关于完善税务登记管理若干问题的通知》（国税发〔2006〕37 号）第一条明确规定：国家机关所属事业单位有经营行为，取得应税收入、财产、所得的，也应当办理税务登记。并且对其经销日用百货应按税法规定申报缴纳增值税。

25. 古董及仿制品商店是否缴纳增值税？

解答：根据《增值税暂行条例》第一条规定：在中华人民共和国境内销售货物或者提供加工、修理修配劳务以及进口货物的单位和个人，为增值税的纳税义务人，应当依照条例缴纳增值税。经营古董及仿制品属于增值税应税范畴，应当依法缴纳增值税。

26. 销售药品、器械的医疗机构是否纳税？

解答：（1）对非营利性医疗机构按照国家规定的价格取得的医疗服务收入，免征各项税收。医疗服务是指医疗服务机构对患者进行检查、诊断、治疗、康复和提供预防保健、接生、计划生育方面的服务，以及与这些服务有关的提供药品、医用材料器具、救护车、病房住宿和伙食的业务。

（2）为了支持营利性医疗机构的发展，对其自产自用的制剂的收入，直接用于改善医疗卫生条件的，自其取得执业登记之日起 3 年内给予免征增值税；对营利性医疗机构的药房分离为独立的药品零售企业，应按规定征收各项税收。

所以，对销售药品、器械的医疗机构应分清具体对象，确定是否纳税。

27. 建筑装修企业承揽装修业务的同时提供装修材料和室内家具等，是否应缴纳增值税？

解答：根据规定，一项销售行为如果既涉及应税劳务又涉及货物，为混合销售行为。从事货物的生产、批发或零售的企业、企业性单位及个体经营者的混合销售行为，视为销售货物，不征收营业税；其他单位和个人的混合销售行为，视为提供应税劳务，应当征收营业税。因此，该企业应该缴纳营业税。

28. 销售快餐应征什么税？

解答：《营业税税目注释（试行稿）》（国税发〔1993〕149 号）规定：饮食业是指通过同时提供饮食和饮食场所的方式为顾客提供饮食消费服务的业务。而快餐是将预先做好的饭食迅速提供顾客使用，如盒饭、汉堡包等。可见，提供餐饮服务和出售快餐是两种不同的经营业务，饮食业属于服务业的范畴，应缴纳营业税，出售快餐则是一种销售行为，应缴纳增值税。

需要注意的是《财政部 国家税务总局关于经营高校学生公寓及高校后勤社会化改革有关税收政策的通知》（财税〔2006〕100 号）规定：对设置在校园内的实行社会化管理和独立核算的食堂，向师生提供餐饮服务取得的收入，免征营业税；向社会提供餐饮服务取得的收入，按现行规定计征营业税。对高校后勤实体向其他高校提供快餐的外销收入，免征增值税；对高校后勤实体向其他社会人员提供快餐的外销收入，按现行规定计征增值税。

29. 广告业与广告美术业的区别是什么，各纳什么税？

解答：《营业税税目注释（试行稿）》中对广告业的定义是：利用图书、报纸、杂志、广播、电视、电影、幻灯、路牌、招贴、橱窗、霓虹灯、灯箱等形式为介绍商品、经营服务项目、文体节目或通告、声明等事项进行宣传和提供相关服务的业务。广告业属营业税纳税范围。

而广告美术业是指制作者利用其美术专长，接受其他单位和个人的委托，按照他们所提供的广告设计方案加工制作路牌、广告牌、灯箱的行为。在整项广告活动，制作者仅仅是负责制作路牌、灯箱、广告牌等物品，至于广告的策划和发布都是由客户或客户委托的广告公司来完成的。因此，根据《增值税暂行条例》，制作的路牌、灯箱、广告等属于增值税的应税货物范围，应就销售路牌、灯箱等物品取得的收入征收增值税。

30. 跨市并实行统一核算的总分支机构之间移送固定资产、低值易耗品是否应征增值税？

解答：根据《增值税暂行条例实施细则》的规定，设有两个以上机构并实行统一核算的纳税人，将货物从一个机构移送其他机构用于销售的视为销售货物，但相关机构设在同一县（市）的除外。因此，跨市并实行统一核算的总分支机构之间移送固定资产、低值易耗品如果是自用的，则不征增值税；如果是用于销售的，则应征增值税。

31. 国有粮食购销企业如何纳税？

解答：《财政部 国家税务总局关于粮食企业增值税征免问题的通知》（财税字〔1999〕198 号）规定，承担粮食收储任务的国有粮食购销企业销售的粮食免征增值税，除此之外，国有粮食购销企业从事粮油加工业务，以及销售除政府储备用的食用植物油外，一律照章征收增值税。

承担粮食收储任务的国有粮食购销业，需经主管税务机关审核认定免税资格，未报经主管税务机关审核认定，不得免税。国有粮食购销企业享受免税优惠，也应按期进行免税申报，否则将取消其免税资格。

第七章　增值税的税收筹划

阅读提示：

1935 年英国上议院议员汤姆林对税务筹划有如下论述："任何一个人都有权安排自己的事业，依据法律这样做可以少缴税。为了保证这些安排中谋到利益……不能强迫他多缴税。"简而言之，税务筹划就是符合税法的规定，在存在少交税的可能性的条件下尽量少交税。

增值税税收筹划的基本方法与思路如下：

一、增值率判断筹划法

二、分散经营筹划法

三、视同销售筹划法

四、兼营与混合销售筹划法

五、减少流转环节筹划法

六、计税方式选择筹划法

七、运费筹划法

八、补偿贸易筹划法

九、行政区划变动筹划法

一、增值率判断筹划法

由于我国增值税将纳税人按其经营规模及会计核算健全与否划分为一

般纳税人和小规模纳税人，这两类纳税人在税款计算方法、适用税率以及管理办法上都有所不同。对一般纳税人实行凭发票扣税的计税方法；对小规模纳税人规定简便易行的计算和征收管理办法。因此，可以利用增值税纳税人身份进行纳税筹划，这种方法称为增值率判断筹划法。

增值税纳税人类别的选择可以通过一般纳税人的节税点分析，即通过分析纳税人销售额增值率是否超过节税点来决定。小规模纳税人的税负不一定在任何情况下都比一般纳税人重。当一般纳税人的应税销售额增值率超过一般纳税人节税点时，其增值税税负要重于小规模纳税人。增值率判断法可分为两种：即一般纳税人不含税销售额增值率节税点判断法和一般纳税人含税销售额增值率节税点判断法。

（一）一般纳税人不含税销售额增值率节税点判断法

假定纳税人的不含税销售额增值率为 VA_1，不含税销售额为 S，不含税购进额为 P，一般纳税人的适用税率为 17%，小规模纳税人的征收率为 3%。

$$一般纳税人增值率 VA_1 = (S-P) \div S \times 100\%$$

在上述公式的两边同乘以 S 和 17%，得：

$$S \times 17\% \times VA_1 = (S-P) \times 17\%$$

$$一般纳税人应纳增值税额 = S \times 17\% \times VA_1 \qquad ①$$

$$小规模纳税人应纳税额 = S \times 3\% \qquad ②$$

$$由①式 = ②式得：S \times 17\% \times VA_1 = S \times 3\% \qquad ③$$

$$由③式得：VA_1 = 3\% \div 17\% = 0.1765$$

现在对等式③进行三种可能性分析：

（1）当 $VA_1 < 0.1765$ 时，等式③右边大于左边，表示小规模纳税人的增值税税负重于一般纳税人，这时选择一般纳税人较为有利。

（2）当 $VA_1 = 0.1765$ 时，等式③右边等于左边，表示两种纳税人的增值税税负相等，从理论上说哪一种纳税人身份都没有多少筹划空间。

（3）当 $VA_1 > 0.1765$ 时，等式③右边小于左边，表示一般纳税人增值税税负重于小规模纳税人，这时选择小规模纳税人较为有利。

我们用同样的方法可以计算出当增值税税率为13%或小规模纳税人的征收率为3%时的一般纳税人不含税销售额的增值税节税点，为了方便纳税人的使用，计算后列表如下：

表7-1　　　　　一般纳税人不含税销售额增值率节税点表

一般纳税人适用税率（%）	小规模纳税人适用税率（%）	节税点（%）
17	3	17.65
13	3	23.08

每一种组合方式纳税人可参考上面的三种可能性进行分析，就比较容易得出当具备条件时选择哪种纳税人身份有利节税。

（二）一般纳税人含税销售额增值率节税点判断法

在实践中纳税人提供的资料多是含税销售额，在这种情况下也可以通过纳税人的含税销售额增值率节税点来分析这两种类别增值税纳税人的增值税税负的差异。

假定纳税人的含税销售额增值率为VA2，含税的销售额为S，含税购进额为P，一般纳税人增值税税率为17%，小规模纳税人的征收率为3%。

$$一般纳税人增值率 VA2 = (S - P) \div S \times 100\%$$

对上式两边同乘以S和17%后，再除以117%得：

$$(S \times 17\% \times VA2) \div 117\% = (S - P) \times 17\% \div 117\%$$

一般纳税人应纳增值税税额 $= (S \times 17\% \times VA2) \div 117\%$　　　　　④

小规模纳税人应纳增值税税额 $= S \times 3\% \div 103\%$　　　　　⑤

由④式 $=$ ⑤式得：$(S \times 17\% \times VA2) \div 117\% = S \times 3\% \div 103\%$　　　　　⑥

由⑥式得：$VA2 = (3\% \times 117\%) \div (17\% \times 103\%) = 0.2005$

对⑥式的三种可能性分析：

（1）当 VA2 < 0.2005 时，右边大于左边，表示小规模纳税人的增值税税负重于一般纳税人，这时选择一般纳税人可以节税。

（2）当 VA2 = 0.2005 时，右边等于左边，表示两种纳税人的增值税税负相等，从理论上说哪一种纳税人身份都没有多少筹划空间。

（3）当 VA2 > 0.2005 时，右边小于左边，表示一般纳税人增值税税负重于小规模纳税人，这时选择小规模纳税人利于节税。

我们用同样的方法可以计算出当增值税税率为13%或小规模纳税人的征收率为3%时的一般纳税人含税销售额的增值税节税点，为了方便纳税人的使用，计算后列表如下：

表7-2　　　　　一般纳税人含税销售额增值率节税点表

一般纳税人适用税率（%）	小规模纳税人适用税率（%）	节税点（%）
17	3	20.05
13	3	25.32

纳税人可参考上面的三种可能性进行分析，就比较容易得出具备条件时选择哪种纳税人身份有利节税。

案例7-1　　　　　纳税人身份的筹划计算

某公司是一个年销售额（含税）在90万元左右的生产性企业，公司每年购进的材料含17%的增值税的价格大致在45万元。如果是一般纳税人，公司的产品增值税适用税率是17%；如果是小规模纳税人则税率为3%。该公司的会计核算制度健全，有条件被认定为一般纳税人。如何从认定增值税纳税人身份角度为该企业进行纳税筹划？

一般纳税人不含税销售额增值率节税点判断法：

$$其实际增值率 = （90 - 45）\div 90 = 0.50$$

$$标准 VA2 = （3\% \times 117\%）\div （17\% \times 103\%）= 0.2005$$

显然 0.50 > 0.2005

选择小规模纳税人身份有利于节税，下面我们通过具体计算来加以验证：

如果选择是一般纳税人，则：

应纳增值税额 = （90 × 17% ÷ 117%）- （45 × 17% ÷ 117%）= 6.54(万元)

如果选择是小规模纳税人，则：

$$应纳增值税额 = 90 \times 3\% = 2.7 （万元）$$

这与前面的结论是一致的。

利用该法进行纳税筹划时，应特别注意两点：一是该公司下游企业是最终消费者，不需要增值税发票；二是该公司在选择纳税人身份时已达到认定一般纳税人的各项要求，只是从增值税税负的角度来选择增值税纳税人身份，也就是说其具备了纳税人选择的空间。

二、分散经营筹划法

企业不同的生产经营方式对企业税收负担有着不同的影响，在适当的时候，将企业的生产经营分成几块，并进行独立核算可以为企业节省不少税款。下面举例说明。

案例 7－2　　　　　　　分散经营的筹划计算

某厂为增值税一般纳税人，年销售收入 400 万元。其中，有一半的购货单位需要开具增值税专用发票，有一半购货单位仅需开具普通发票。该厂所购原材料适用税率为 17%，且都能取得增值税专用发票。但原材料购进金额小，金额仅占销售收入的 20%；产品毛利率为 30%，产品适用税率为 17%，年应缴纳增值税约为 54 万元，经测算，增值税税负高达 13.6%。

方案一：在保留老厂的基础上，重新注册一个新厂，新厂不申请认定为增值税一般纳税人，按小规模纳税人管理，使用普通发票。这样将原来由一个厂分担的业务由两个厂来承担，即老厂生产的产品销售给需要使用增值税专用发票的单位，新厂生产的产品销售给不需要使用增值税专用发票的单位。这样处理有何好处呢？

假定两个厂年销售收入均为 200 万元（不含税），则老厂购进货物取得专用发票抵扣进项税额为 6.8 万元（200×20%×17%），其他条件不变，则：

老厂应缴增值税为：200×17%－6.8＝27.2（万元）

新厂应缴的增值税为：200×3%＝6（万元）

两厂合计应缴增值税为：27.2＋6＝33.2（万元）

企业增值税税收负担率为：33.2÷400＝8.3%

两厂合计比原来少缴增值税 15 万元左右。

方案二：老厂不变，在老厂的基础上再重新注册成立一个独立核算的经营部，注册为小规模纳税人，使用普通发票。这样将原有一个厂承担的业务划为老厂和经营部共同承担，即凡购货方需要增值税专用发票的由老厂负责销售，开具增值税专用发票；凡购货方只需要普通发票的，就由老厂先按成本价加10%毛利的价格销售给经营部，然后再由经营部按正常售价开具普通发票销售给购货方。假定该厂产品的单位正常售价为月，销售数量为 A（AB＝400 万元），购进原材料价格为 0.2AB，购进货物取得增值税专用发票抵扣进项税额为 13.6 万元（400×20%×17%），假定该厂以成本价加10%的毛利价格即 0.2AB×1.1 销售给经营部50% A 的数量，然后由经营部按正常售价月销售给购货商，其他条件不变。

那么老厂应缴的增值税为：

$$(200+0.2B×1.1×0.5A)×17\%-0.2AB×0.17$$

$$=（200+0.11×400）×0.17-0.2×68=27.88（万元）$$

经营部应缴的增值税为：$200×4\%=8$（万元）

老厂和经营部合计应缴增值税为：$27.88+8=35.88$（万元）

企业实际税收负担率为：$35.88÷400=8.97\%$

比原来少缴增值税 18 万元左右。

从两个方案比较可以看出，方案二比方案一税负率少 0.83 个百分点，方案二比方案一少缴增值税 3.32 万元，税负轻。而且从企业角度而言，方案二比方案一更容易操作，如果考虑企业所得税，方案二比方案一优。但是，方案二涉及企业间关联交易的问题，具有一定的涉税风险。

案例 7-3　　　　　　　分散经营的筹划计算

某乳品厂隶属于某市商业局，长期以来，该企业一直实行大而全、小而全的经营形式，内部设有牧场和乳品加工厂两个分部，牧场生产的原奶经乳品加工分厂加工成花色奶后出售。

该企业在原有组织形式下增值税税负很大，因为依据增值税有关政策的规定，该厂为工业生产企业，不属于农业生产者，其最终产品也不是农产品，因而其加工出售的产品不能够享受农业生产者自产自销的免税待遇，而应依据《增值税暂行条例》的有关规定缴纳增值税。该企业可以抵扣的进项税额主要是饲养奶牛所消耗的饲料，包括草料及精饲料。而草料大部分是向农民收购或牧场自产，因而收购部分可以经税务机关批准后，按收购额的10%扣除进项税额。同时，由于精饲料在前道环节（生产、经营饲料单位）按现行政策实行免税，因而乳品厂购进精饲料时无法取得进项税额抵扣凭——增值税专用发票。所以，乳品厂的抵扣项目，仅为外购草料的13%以及一小部分辅助生产用品。但是该企业为增值税一般纳税人，其所生产的花色奶产品根据《增值税暂行条例》适用17%的普通税率，全额以17%税率计算销项税额，销项税额减去进项税额后的余额很大，企业税负很重。该企业2009年的增值税税负达到了13%以上，严重地影响了企业的正常生产经营活动。

2010年伊始，该企业及其上级主管部门经研究，决定将牧场和乳品加工厂分开独立核算，分为两个独立法人，分别办理工商登记和税务登记。但在生产协作上，两企业仍按以前程序进行，即牧场生产的鲜奶供应乳品加工厂加工销售，不同的是牧场和乳品加工厂之间按正常的企业间购销关系结算，这样处理，将产生以下效果。

作为牧场，由于其自产自销未经加工的农产品（鲜牛奶），符合农业生产者自销农业产品的条件，因而根据《增值税暂行条例》及相关规定可以享受免税优惠，其税负为零，销售给乳品加工厂的鲜牛奶按正常的成本利润率核定。

作为乳品加工厂，其购进的鲜牛奶可作为农产品收购处理，可以按照收购额计提13%的进项税额，这部分进项税额此时已经远远大于原来草料收购额的13%，销售产品仍按原办法计算销项税额。

由于目前牛奶制品受国家宏观调控政策的影响，属于微利产品，在牧场环节按正常的成本利润率核算后，乳品加工环节的增值额已经很少，因而乳品加工厂的税负也很低。经过以上的机构分设，解决了原来企业税收负担畸重的矛盾，而且也不违背现行税收政策。

案例7-4　　　　　分散经营的筹划计算

以废旧物资为原料的企业A市塑料制品厂于2009年10月份开业，经营数月后发现增值税税负高达12%，而据有关部门统计的数字，一般企业的增值税税负仅为5%左右。经过深入分析，原因在于该厂的原材料——废旧塑料主要靠自己收购，由于不能取得增值税专用发票，按规定不能抵扣进项税额，因此税负一直高居不下。

如果企业不直接收购废旧塑料，而是从废旧物资回收公司购进，则可以取得一定的进项税额，从而降低增值税税负。于是，该企业决策层决定不再自己收购，而直接向物资回收部门收购，这样可以根据物资回收单位开具的增值税专用发票享受17%的进项税额抵扣。但是，过了一段时间后发现，由于回收单位本身需要盈利，塑料制品厂在获得进项税额抵扣的同时，原材料的价格也上升了，税负虽然降低了，但企业的利润并没有增加。如何才能既降低税负，又降低原材料成本呢？

《关于废旧物资回收经营业务有关增值税政策的通知》（财税〔2001〕78号）规定，从2001年5月1日起，废旧物资回收经营单位销售其收购的废旧物资免征增值税，生产企业增值税一般纳税人购入废旧物资回收经营单位销售的废旧物资，可按照废旧物资回收经营单位开具的由税务机关监制的普通发票上注明的金额，按10%计算抵扣进项税额。

根据上述政策，如果工厂投资设立一个废旧塑料回收公司，那么不仅回收公司可以享受免征增值税的优惠，工厂仍可根据回收公司开具的发票抵扣进项税额，这样工厂遇到的问题就迎刃而解。经过调查和分析，设立回收公司增加的成本（注册费用、管理成本等）并不高，这部分成本基本上属于固定成本，比之节省的税收来说只是个小数，而且随着公司生产规模的日益扩大，企业的收益会越来越多。于是，公司实施了上述方案，并在较短的时间内扭转了高税负局面。

现将公司实施筹划方案前后有关数据对比如下：

（1）实施前：假定前五个月自行收购废旧塑料400吨，每吨2000元，合计80万元，从经营单位购入废旧塑料83.33吨，每吨2400元，合计金额约20万元，允许抵扣的进项税额2万元，其他可以抵扣的进项税额（水电费、修理用配件等）4万元，生产的塑料制品对外销售收入150万元。有关数据计算为：

应纳增值税额 = 销项税额 − 进项税额

$$= 1500000 \times 17\% - (20000 + 40000) = 195000 （元）$$

税负率 = $195000 \div 1500000 \times 100\% = 13\%$

（2）实施后：假定后五个月公司生产规模与前五个月相同，回收公司以每吨 2000 元的价格收购废旧塑料 483.33 吨，以每吨 2400 元（与从其他废旧物资经营单位的销售价相同）的价格销售给塑料制品厂，其他资料不变。有关数据计算为：

回收公司免征增值税：

制品厂允许抵免的进项税额 = 483.33 × 2400 × 10% + 40000

$$= 155999.20 （元）$$

应纳增值税额 = 销项税额 – 进项税额 = 1500000 × 17% – 155999.20

$$= 99000.80 （元）$$

税负率 = 99000.80 ÷ 1500000 × 100% = 6.6%

方案实施后比实施前节省增值税额 = 195000 – 99000.80

$$= 95999.20 （元）$$

节省城市维护建设税和教育费附加合计约 10000 元。

上述筹划方案对于以废旧物资为主要原材料的制造企业普遍适用，在实际操作中，应当注意两点：一是回收公司与制造企业存在关联关系，回收公司必须按照独立企业之间正常售价销售给正厂，而不能一味地为增加工厂的进项税额擅自抬高售价；二是设立的回收公司所增加的费用必须小于所带来的收益。

三、视同销售筹划法

《增值税暂行条例实施细则》第四条列举了 8 种视同销售行为。按照会计销售的确认条件，8 种视同销售行为中，有的构成会计销售，有的则不构成会计销售。对于构成会计销售的，纳税人自然会按规定增计企业的销售收入，而对那些不构成会计销售的行为，纳税人又该如何进行处置呢？纳税人至少有两种选择，其一是按照《企业执行现行会计制度有关问题的解答》（财政部〔94〕财会字第 31 号）处理，即在会计处理上按成本结转，不作为销售处理；其二是按照税法的规定及会计核算原则进行处理，即在发生视同销售业务时，按照税法的有关规定增计企业的销售收入。对纳税人来说，哪一种方法更能有效地减轻税收负担呢？下面举例进行分析比较。

案例 7 - 5　　　　　**视同销售的筹划计算**

假设某企业为增值税一般纳税人。2010 年 2 月份将自产的钢材用于建造办公房。该批钢材成本为 45 万元（不含税价），市场售价为 80 万元（不含税价）。该企业所建办公房于同年 8 月份完工并交付使用。

（1）如果纳税人按《企业执行现行会计制度有关问题的解答》处理，则 2010 年 2 月份，在移送使用钢材时，须计算缴纳增值税为 136000 元（800000 × 17%），其应交税金账务处理为：

借：在建工程　　　　　　　　　　　　　　　　　　　 586 000

　贷：产成品　　　　　　　　　　　　　　　　　　　　 450 000

　　应交税金——应交增值税　　　　　　　　　　　　 136 000

8 月份，纳税人将在建工程转为固定资产，须作会计分录（不考虑其他因素）：

借：固定资产　　　　　　　　　　　　　　　　　　　 586 000

　贷：在建工程　　　　　　　　　　　　　　　　　　　 586 000

年终，企业进行所得税申报时，还须按《财政部 国家税务总局关于企业所得税几个具体问题的通知》（财税字〔1996〕79 号）第二条的规定调增计税利润。

该纳税人应调增的计税利润为：

$$800\,000 - 450\,000 = 350\,000（元）$$

在不考虑其他因素的情况下，纳税人为视同销售业务须缴纳所得税为：

$$350\,000 × 25\% = 87\,500（元）$$

（2）如果纳税人在账务处理上作为销售处理，则 2010 年 2 月份，在钢材移送使用时，应计算缴纳增值税为：

$$800\,000 × 17\% = 136\,000（元）$$

同时作账务处理：

借：在建工程　　　　　　　　　　　　　　　　　　　 936 000

　贷：应交税金——应交增值税　　　　　　　　　　　 136 000

　　产品销售收入　　　　　　　　　　　　　　　　　 800 000

8月份，纳税人将工程交付使用时，须作账务处理（不考虑其他因素）：

借：固定资产 936 000

贷：在建工程 936 000

很显然按第二种方法进行会计核算，纳税人的固定资产账面价值比第一种方法多出了350 000元，假设该固定资产使用期为20年，预计净残值率为5%，那么，仅2010年3-12月份就可比选用第一种方法多计提折旧4 156.25元。

同样，企业该笔视同销售业务到年终时也须计缴所得税。假定该企业所得税税率为25%，则该笔业务应计缴的所得税为（此处已不需再作纳税调整，因为企业已经做销售收入处理）：

(800 000 − 450 000 − 4 156.25) ×25% = 86 460.94（元）

与第一种方法相比，选用第二种方法可以少交所得税1 039.07元（4 156.25×25%）。实际上，如果依上述纳税筹划，纳税人在该固定资产报废前，将多提折旧约332 500元〔350 000×（1−5%）〕，从而少缴纳企业所得税83 125元（332 500×25%）。

很显然，选择第二种方法，对纳税人来说更能减轻税收负担。因此，当纳税人发生视同销售业务时，最好的办法仍然是选择用销售收入科目进行会计核算，因为这样能有效地节税。

四、兼营与混合销售筹划法

在市场经济的激烈竞争中，企业的跨行业经营现象越来越普遍。在兼营和混合销售中，纳税人在经营活动中同时涉及了增值税和营业税的征税范围。税法对这两种经营行为及如何征税都作了比较明确的界定，企业在其经营决策时若能做出一些合理的纳税筹划，可以获得节税利益。

（一）兼营与混合销售的筹划原理

纳税人在进行筹划时，主要是对比一下增值税和营业税税负的高低，然后选择低税负的税种。一般情况下，大家认为增值税税负肯定高于营业税税负，但实际上未必如此。

增值税一般纳税人的计税原理是，应纳税额等于企业经营的增值额乘以增值税税率，增值额和经营收入的比率称为增值率，所以应纳增值税税额也等于经营收入总额乘以增值率再乘以增值税税率；营业税应纳税额等于经营收入总额乘以营业税税率。为比较二者税负高低，设经营收入总额为 Y，增值率为 D，增值税税率为 t1，营业税税率为 t2，则有：

应纳增值税税额 $= Y \times D \times t1$

应纳营业税税额 $= Y \times t2$

当两者税负相等时有：$Y \times D \times t1 = Y \times t2$

则 $D = t2 \div t1$。

由此可以得出结论：当实际的增值率大于 D 时，纳税人筹划缴纳营业税比较合算；当实际增值率等于 D 时，缴纳增值税和营业税税负完全一样；当实际的增值率小于 D 时，缴纳增值税比较合算。实际增值率计算公式为：

纳税人实际增值率 = 增值额 ÷ 经营收入总额 = （经营收入总额 − 允许扣除项目金额）÷ 经营收入总额

上面分析了兼营和混合销售纳税筹划的原理，纳税人在实际运用时，还受到税法对这两种经营行为征税规定的限制。下面结合有关征税规定，说明其原理的具体运用。

（二）兼营的纳税筹划

兼营是指纳税人既销售增值税的应税货物或提供增值税应税劳务，又经营不缴纳增值税的商品及劳务，或者经营不同增值税税率的多种商品。按照我国当前税收法规的要求，经营不同税率的商品凡是不能分开核算的，税率一律从高征收。

某公司经营增值税税率为 17% 的副食品，又经营税率为 13% 的食用植物油。当年副食品销售收入 90 万元，食用植物油收入 10 万元。则应纳税款计算为：

（1）不分开核算：

应纳税额 ＝（90 ＋10）÷（1 ＋17%）×17% ＝14.53（万元）

（2）分开核算：

应纳税额：〔90 ÷（1 ＋17%）〕×17% ＋〔10 ÷（1 ＋13%）〕×13% ＝14.23（万元）

可见，分别核算可以为企业减轻0.3万元税收负担。

案例7－6　　　　　兼营的筹划计算

华联商厦1月份共销售商品90万元，同时又经营风味小吃，收入为10万元，则其应纳税款计算为：

（1）不分开核算：

应纳税额：〔（90 ＋10）÷（1 ＋17%）〕×17% ＝14.53（万元）

（2）分开核算：

应纳增值税：〔90 ÷（1 ＋17%）〕×17% ＝13.08（万元）

应纳营业税 ＝10 ×5% ＝0.5（万元）

总共应纳税额：13.08 ＋0.5 ＝13.58（万元）

可见，分别核算可以为华联商厦节省税款0.95万元。

（三）混合销售的纳税筹划

混合销售行为是指企业的同一项销售行为既涉及增值税应税货物又涉及营业税的应税劳务，而且提供应税劳务的目的是直接为了销售这批货物，二者间是紧密相连的从属关系。混合销售是面向同一购买人的，增值税应税货物和营业税应税劳务是合并定价，二者不可能分开核算。

对混合销售的税务处理办法是：从事货物的生产、批发或零售的企业、企业性单位及个体经营者以及以从事货物的生产、批发或零售为主，并兼营非应税劳务的企业、企业性单位及个体经营者的混合销售行为，视为销售货物，应当征收增值税；其他单位和个人的混合销售行为，视为销售非应税劳务，不征收增值税。这里所谓"以从事货物的生产、批发或零售为主，并兼营非应税劳务"，是指纳税人的年货物销售额与非应税劳务营业额的合计中，年货物销售额超过50%，非应税劳务不到50%。

纳税人可以通过控制应税货物和应税劳务所占比例，来达到选择缴纳低税负税种的目的。因为在实际经营活动中，纳税人的兼营和混合销售往往同时进行，纳税人只要使应税货物的销售额能占到总销售额的50%以上，则缴纳增值税；反之，若应税劳务占到总销售额的50%以上，则缴纳营业税。

案例7-7　　　　混合销售的筹划计算

某建筑材料商店，在主营建筑材料批发和零售的同时，还兼营对外承接安装、装饰工程作业。该商店是增值税一般纳税人，增值税税率为17%。本月对外发生一笔混合销售业务，销售建筑材料并代客户安装，这批建筑材料的购入价是100万元，该商店以115万元的价格销售并代为安装。营业税税率为3%。该企业应如何进行纳税筹划？

企业实际增值率 = （115 - 100）÷ 115 × 100% = 13.04%，而 D = 3% ÷ 17% × 100% = 17.6%，企业实际增值率小于D，选择缴纳增值税合算，可以节税0.9万元〔115 × 3% - （115 × 17% - 100 × 17%）〕。也就是说该企业应当设法使货物的销售额占到全部营业额的50%以上。

案例7-8　　　　混合销售的筹划计算

某建筑公司主营建筑工程施工业务，同时也兼营建筑材料的批发。当年承接某单位的办公大楼建造工程，双方议定由建筑公司包工包料，合并定价，工程总造价为1200万元。工程完工后，建筑公司在施工中使用的建筑材料按市场价折算为1000万元，但该公司实际进价为800万元，工程建筑施工费为200万元。营业税税率为3%。该公司应如何进行纳税筹划？

建筑材料销售的实际增值率 = （1000 - 800）÷ 1000 × 100% = 20%，D = 3% ÷ 17% × 100% = 17.6%，企业实际增值率大于D，应当筹划缴纳营业税。即要使该公司当年总的营业额中应税劳务占50%以上，这样可以节税32万元〔（1200 × 17% - 800 × 17%）- 1200 × 3%〕。

案例7-9　　　　混合销售的筹划计算

某大专院校于2010年11月转让一项新技术，取得转让收入80万元。其中，技术资料收入50万元，样机收入30万元。

因为该项技术转让的主体是大专院校，而大专院校是事业性单位。该校取得的 80 万元混合销售收入，只需按 5% 的税率缴纳营业税，不需缴纳增值税。

如果发生混合销售行为的企业或企业性单位同时兼营非应税劳务，应看非应税劳务是否超过总销售额的 50%，如果非应税劳务年销售额大于总销售额的 50% 时，则该混合销售行为不纳增值税，如果年销售额小于总销售额的 50% 时，则该混合销售行为应纳增值税。

案例 7－10　　　　混合销售的筹划计算

某木制品厂生产销售木制地板砖，并代为客户施工。2010 年 10 月，该厂承包了飞天歌舞厅的地板工程，工程总造价为 10 万元。其中，本厂提供的木制地板砖为 4 万元，施工费为 6 万元。工程完工后，该厂给飞天歌舞厅开具普通发票，并收回了货款（含施工费）。

假如该厂 2010 年施工收入 60 万元，地板砖销售收入为 50 万元，则该混合销售行为不缴纳增值税；相反，假如该厂施工收入 50 万元，地板砖销售收入为 60 万元，则该企业的混合销售行为，应一并缴纳增值税。那么，该行为应缴纳增值税为：

$$110 \div (1 + 17\%) \times 17\% = 15.98（万元）$$

从事兼营业务又发生混合销售行为的纳税企业或企事业单位，如果当年混合销售行为较多，金额较大，企业有必要增加非应税劳务营业额，并超过年销售额的 50%，就可以降低混合销售行为的税负，不缴纳增值税，从而增加企业的现金流量。不过，纳税人的销售行为是否属于混合销售行为，要由国家税务总局所属征收机关确定。企业在有条件进行纳税筹划时，千万不要忘了获取相关机关的批准，以使自己的纳税筹划活动名正言顺。

五、减少流转环节筹划法

增值税的流转环节较多，具有较大的筹划空间，企业可充分予以利用。

案例 7－11　　　　流转环节的筹划计算

某血制品公司从全国各地采血站采购新鲜人体血液，经过加工制作成血液制品（简称血制品），产品主要销售给国内各大医药公司，然后由医药公司再销售给各大医院。血制品的增值税税率适用 17%，该公司从国内采血站采购的血液无法取得增值税专用发票，因而购进原材料无法获得进项税额，唯一能抵扣的进项税额只有水费、电费及修理用的配件等少量外购的项目。经测算其增值税税负高达 12.8%。

为了解决血制品企业的高税负问题，《关于调整农业产品增值税税率和若干项目征免增值税的通知》（财税字〔1994〕004 号）规定：一般纳税人用人或动物的血液或组织制成的生物制品，可按简易办法依照 3% 征收率计算缴纳增值税，并可由自己开具专用发票。然而，该公司却无法利用这项政策，因为医药公司是增值税一般纳税人，要求该公司销售产品均开具 17% 的增值税专用发票。该公司一直适用 17% 的增值税税率。2010年，该公司销售收入达 3.3 亿元，缴纳增值税 4 000 余万元。

从筹划的角度来说，该公司应该采取"两点一线"的办法，即减少流转环节，就可以改按 6% 的简易征税办法，这不仅可使该公司增值税税负大幅度下降，而且使下游的医药公司由原来按进销（均不含税）的差价的 17% 缴纳增值税改为进销（含税价）差价的 5% 缴纳营业税。将这两种方案比较如下：

（1）筹划前：该公司与医药公司之间的销售额为 3 亿元，医药公司与医院之间的销售为 3.3 亿元。

该公司应纳增值税 = 30 000 × 12.8% = 3 840（万元）

医药公司应纳增值税额 =（33 000 – 30 000）× 17% = 510（元）

（2）筹划后：该公司绕过医药公司直接将发票开具给医院，即该公司根据医药公司提供的医院名单及价格开具普通发票给医院，该公司仍根据约定的给医药公司的售价结算，对于开给医院的价格超过结算价的部分，全部支付给医药公司。由于医院是最终消费者，无需增值税专用发票，这样，该公司就可按简易的办法缴纳增值税。而医药公司也不再缴纳增值税，根据现行的税法规定，医药公司取得这部分收入为佣金收入，在分开核算的情况下只需按"服务业——代理业"税目缴纳 5% 的营业税。

该公司应纳增值税额 = 33 000 ×（1 + 17%）/（1 + 3%）× 3%

= 1 124.56（万元）

该公司应支付给医药公司的佣金 = （33 000 - 30 000）× （1 + 17%）

= 3 510 （万元）

该公司账务处理如下（单位：万元）：

借：营业费用——佣金　　　　　　　　　　　　　　3 510

　　贷：银行存款　　　　　　　　　　　　　　　　　　　3 510

医药公司账务处理如下：

借：银行存款　　　　　　　　　　　　　　　　　　3 510

　　贷：其他业务收入——佣金收入　　　　　　　　　　　　3 510

医药公司应纳税营业税额 = 3 510 × 5% = 175.5 （万元）

筹划后，该公司节省增值税 = 3 840 - 1 124.56 = 2 715.44 （万元）

医药公司节税额 = 510 - 175.5 = 334.5 （万元）

在实际操作中应注意两点：一是医药公司应当与血制品公司签订协议，协议中需要明确血制品公司必须信守商业道德，不得私下与医药公司提供的客户进行交易，否则血制品公司应承担违约责任；二是根据财税字〔1994〕004 号文件规定，血制品公司应主动向主管税务机关申请重新选择按简易办法计算增值税，办法选择后至少 3 年内不得变更。

从事兼营业务又发生混合销售行为的纳税企业或企事业单位，如果当年混合销售行为较多，金额较大，企业有必要增加非应税劳务营业额，并超过年销售额的 50%，就可以降低混合销售行为的税负，不缴纳增值税，从而增加企业的现金流量。不过，纳税人的销售行为是否属于混合销售行为，要由国家税务总局所属征收机关确定。企业在有条件进行纳税筹划时，千万不要忘了获取相关机关的批准，以使自己的纳税筹划活动名正言顺。

六、计税方式选择筹划法

现行税收政策规定：对自来水、建筑用沙土、石料等产品，可以任纳税人选择销项税额减进项税额的计税方法，或简易计税方法。其选择的原则，主要有两条。

1. 影响经营程度

由于纳税人采用了简易计税方法后，按6%的征收率计税，也只能按实际税额开具增值税专用发票，因此就会带来购货方相对抵扣税款不足的情况，这就要考虑影响经营的程度。如果销售对象主要是个人消费者，或非增值税纳税单位，则宜选择简易计税方法；如果销售对象主要是增值税纳税企业，则要慎重选择计税方法。

2. 税收负担状况

如果按销项税额减进项税额计算的税收负担率大于6%，则宜选择简易计税方法；反之，则宜选择销项税额减进项税额的计税方法。

案例 7 - 12　　　　　税负筹划的计算

某乡镇水厂生产的自来水主要是供应居民饮用。该厂年销售额200万元，可取得电费等增值税专用发票的注明已征税额为6万元，按销项税额减进项税额计算的应纳税额为：20万元（200×13% - 6），增值税负担率为10%（20÷200×100%），其税负明显高于6%的征收率，故宜选择简易计税方法。

七、运费筹划法

企业的运费收支与税收有着密切的联系，增值税一般纳税人支付运费可抵扣进项税，收取运费应缴纳营业税或增值税。运费收支状况发生变化，对企业纳税情况会产生一定的影响。当这种影响达到可以人为调控，并可以合理合法地着意计算安排之时，就可对运费进行纳税筹划了。

（一）运费结构与税负的关系

企业发生的运费对于一般纳税人自营车辆来说，运输工具耗用的油料、配件及正常修理费支出等项目，可以抵扣17%的增值税（索取专用发票扣税），假设运费价格中的可扣税物耗的比率为 R（不含税价，下同），则相应的增值税抵扣率就等于17% × R。

我们再换一个角度思考运费扣税问题：若企业不拥有自营车辆，而是外购，在运费扣税时，按现行政策规定可抵扣 7% 的进项税，同时，这笔运费在收取方还应当按规定缴纳 3% 的营业税。这样，收支双方一抵一缴后，从国家税收总量上看，国家只减少了 4%（即 7% - 3%）的税收收入，也就是说，该运费总算起来只有 4% 的抵扣率。

现在，我们令上述两种情况的抵扣率相等时，就可以求出 R 之值。即：17% R = 4%，则 R = 4% ÷ 17% = 23.53%。只这个数值说明，当运费结构中可抵扣增值税的物耗比率达 23.53% 时，实际进项税抵扣率达 4%。此时按运费全额 7% 抵扣与按运费中的物耗部分的 17% 抵扣，两者所抵扣的税额相等。因此，我们可以把 R = 23.53% 称为"运费扣税平衡点"。

案例 7 - 13　运费结构与税负的关系筹划计算

A 企业以自营车辆采购材料一批，内部结算运费价格 2000 元，现取 R 之值为 23.53% 计算，则这笔 2000 元的采购运费价格中包含的物耗为 470.60 元（2000 × 23.53%），相应可抵扣进项税额为 80 元（470.60 × 17%）。如果自营车辆独立核算时，A 企业可以向该独立车辆运输单位索取运费普通发票并可抵扣 7% 的进项税 140 元（2000 × 7%），与此同时，该独立车辆核算单位还应缴纳营业税 60 元（2000 × 3%）。这样，站在 A 企业与独立车辆运输单位总体角度看，一抵一缴后实际抵扣税只有 80 元。

以上说明当 R = 23.53% 时，两种情况抵扣的税额相等（都是 80 元），该运费扣税平衡点是存在的。

（二）购销企业运费中降低税负的途径

（1）采购企业自营运费转变成外购运费，可能会降低税负。拥有自营车辆的采购企业，当采购货物自营运费中的 R 值小于 23.53% 时，可考虑将自营车辆独立出来。

案例 7 - 14　自营运费转变成外购运费筹划的计算

B 企业以自营车辆采购货物，根据其以往年度车辆方面抵扣进项税资料分析，其运费价格中 R 值只有 10%，远低于扣税平衡点。假设 2003 年该企业共核算内部运费 76 万元，则可抵扣运费中物耗部分的进项税 1.292 万元（76 × 10% × 17%）。

如果自营车辆独立出来，设立隶属于 B 企业的二级法人运输子公司后，B 企业实际抵扣税又是多少呢？独立后，B 企业一是可以向运输子公司索取运费普通发票计提进项税 5.32 万元（76×7%）；二是还要承担独立汽车应纳的营业税 2.28 万元（76×3%），一抵一缴的结果，B 企业实际抵扣税款 3.04 万元，这比原抵扣的 1.292 万元多抵了 1.748 万元。运费的内部核算价未作任何变动，只是把结算方式由内部核算变为对外支付后，B 企业就能多抵扣 1.748 万元的税款。

（2）售货企业将收取的运费补贴转成代垫运费，也能降低自己的税负，但要受到售货对象的制约。对于售货方来说，其只要能把收取的运费补贴改变成代垫运费，就能为自己降低税负。

案例 7-15　　　　改变运费补贴筹划的计算

C 厂销给 D 企业某产品 10000 件，不含税销价 100 元/件，价外运费 10 元/件，则增值税销项税额为 184529.91 元〔10000×100×17%＋10000×10÷（1＋17%）×17%〕，若进项税额为 108000 元（其中自营汽车耗用的油料及维修费抵扣进项税 8000 元），则应纳税额为 76529.91 元（184529.91－108000）。

如果将自营车辆单列出来设立二级法人运输子公司，让该子公司开具普通发票收取这笔运费补贴款，使运费补贴收入变成符合免征增值税条件的代垫运费后，C 厂纳税情况则变为：销项税额 170300 元（价外费用变成符合免征增值税条件的代垫运费后，销项税额中不再包括价外费用计提部分），进项税额 100000 元（因运输子公司为该厂二级独立法人，其运输收入应征营业税，故运输汽车原可以抵扣的 8000 元进项税现已不存在了），则应纳增值税额为 70000 元，再加运输子公司应缴纳的营业税为 3000 元（10000×10×3%）。这样 C 厂总的税收负担（含二级法人应纳营业税）为 73000 元，比改变前的 76529.91 元，降低了 3529.91 元。因此，站在售货企业角度看，设立运输子公司是合算的。

然而，购销行为总是双方合作的关系，购货方 D 企业能接受 C 厂的行为吗？改变前，D 企业从 C 厂购货时的进项税是 184529.91 元，改变后，D 企业的进项税分为购货进项税 170000 元和支付运费计提的进项税 7000 元两块，合计起来 177000 元，这比改变前少抵扣了 7529.91 元。看来，销货方改变运费补贴性质的做法，购货方未必会同意（当然，如果做工作或附加一些其他条件能使购货方同意，则另当别论）。在实务中，为了消除购货方对售货方"包装"运费、降低税负的制约，可以选择特定的购货者予以实施，即当购货方通常不是增值税一般纳税人，或虽是增值税一般纳税人但采购货物无需抵扣进项税额时，可考虑改变运费补贴状况。

销售建材产品的企业，如果购货方是建设单位、施工企业或消费者等非增值税一般纳税人时，可考虑对原包含在售价之中的运费价款转变成代垫运费。又如，销售大型机械设备的企业，如果购货方作为固定资产入账的，可将售货总价中的运费价款改变成代垫运费。这样，就不会引起采购方少抵扣税款问题。

需要特别补充的是，无论是把自营运费转成外购运费，还是把运费补贴收入转成代垫运费，都必然会增加相应的转换成本，如设立运输子公司的开办费、管理费及其他公司费用等支出。当节税额大于转换支出时，说明纳税筹划是成功的；反之，当节税额小于转换支出时，应维持原状不变为宜。另外，运费在转换过程中可能还会遇到一些非经济因素障碍，实际运作中也应予以考虑。

八、补偿贸易筹划法

补偿贸易是指由外商提供技术设备和必要的材料，我方进行生产，然后将生产的产品以返销的方式偿还外商技术设备价款的贸易形式。目前，这种贸易形式在我国特别是沿海地区迅速发展起来。正是由于这种贸易形式的影响范围很广以及其蓬勃发展的趋势，利用补偿贸易来进行纳税筹划将具更大的经济价值。

在补偿贸易进出口环节，有许多节税的机会和可能。补偿贸易筹划法就是企业利用补偿贸易、"三来一补"、进料加工的机会，从而达到避交进口关税、出口关税、增值税和消费税的目的。下面就来料加工、补偿贸易、进料加工、技贸结合分别介绍企业进行纳税筹划的空间。

（一）来料加工

来料加工也称对外加工装配业务，是指外商提供全部或部分原料、辅料、元器件等物件，以及其零部件、配套件和包装物料，必要时提供加工设备，由我方加工单位按外商的要求加工装配成成品由外商销售，我方收取工缴费，即外商提供的作价设备的价款，我方用工缴费偿还的业务。对来料加工项下进口料件和设备可以免征进口环节关税、增值税的范围是：

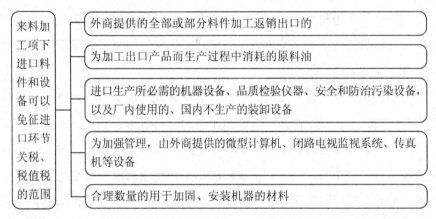

图7-1　来料加工项下进口料件和设备可以免征进口环节关税、增值税的范围

来料加工项下出口的产品免征出口税，企业可以根据本单位的具体情况通过以上五个合法途径进行纳税筹划。

（二）补偿贸易

补偿贸易项下由外商提供材料、设备和进口生产所必需的机器设备、品质检验设备和防治污染设备，在厂区内使用的、国内不能生产的装卸设备，以及数量合理的用于安装、加固机器设备的材料，可以免征进口关税、增值税及消费税。

（三）进料加工

进料加工是指国内有关单位用外汇购买国外的原材料、元器件、辅料、零部件、配套件和包装物料，经加工后，将成品返销出口的业务。由于对进料加工项下进口专为加工出口商品而进口的料件不受品种限制，也不受出口成品中所含料件的总值百分比的限制，均可以免征进口关税、增值税和消费税，这样，很多企业便创造各种有利条件，使加工过程中产生的副产品和由于其他原因不能出口而转内销的部分免缴进口关税和增值税，从而获得税收上的好处。

（四）技贸结合

技贸结合是指以进口大量商品为筹码，引进按一般贸易所不能引进的先进技术，使进口贸易和引进先进技术密切地结合起来的贸易。对开展技贸结合所需要进口的成套散件，其进口关税不按整机，而按零件、部件税率征税。在《海关进出口税则》中没有列明的零部件的税率，则按整机税率的 1/3 征税。进口的成套散件、零部件、元器件等物件，其进口环节的关税、增值税，则按该产品应纳税额的 60% 征税。

九、行政区划变动筹划法

随着一些地区经济的发展，这些地区的行政级别往往被提升，比较普遍的是县改市，县改区，县级市升格为地级市等。有时，相邻两个地区会发生行政区划的合并或分立，从而导致行政区划的变更。

行政区划的变动能为纳税筹划提供空间吗？答案是肯定的。《增值税暂行条例实施细则》规定，设有两个以上机构并实行统一核算的纳税人，将货物从一个机构移送其他机构用于销售，移送环节视同销售，但相关机构设在同一县（市）的除外。这一视同销售的规定，是以县（市）区划为界限的，因此，统一核算的机构间的货物调拨就有纳税筹划的可能。下面举例说明。

案例 7 - 16　　　　行政区划变动筹划法的计算

某省会城市 A 市，经批准，将邻近另一地区的 B 县划入其管辖范围，并将 B 县升格为 A 市的 B 区。原 B 县的 C 企业是一家饮料企业，产品的销售地在 A 市。C 企业在 A 市的各个区均设有统一核算的分支机构。

B县在划入A市前，C企业调拨给A市的各分支机构的饮料，尽管未销售，还在分支机构的仓库内，但都要作销售处理。这会产生什么影响呢？首先，视同销售，在移送时要缴纳增值税，相应要占用一定的资金（税金），造成资金流动慢。其次，因为其分支机构不是一般纳税人，进项税额不能抵扣，要按4%的征收率缴纳增值税，形成了"双重"征税。迫不得已，C企业将很大一部分产品交由其他非关联企业销售，但这样做既不利于保持价格稳定，也影响了产品的市场占有份额。

随着行政区划的调整，B县变成A市的B区，C企业和其分支机构处在同一市内，C企业调拨给分支机构的货物不属视同销售，分支机构不用"双重"纳税了。C企业将所有产品交由分支机构出售，保证了较高的利润。

从上面分析可以看出，企业应充分运用行政区划的变动，合理设置关联机构，从而节约税金和费用。

纳税人应注意，《增值税暂行条例实施细则》规定的机构间移送货物视同销售，以县（市）为界限，各地在执行中对县（市）范围的规定有区别，如有的直辖市规定在全市范围内移送货物，都不视同销售，没有县、区的区别。因此，纳税人应详细了解各地的具体规定。

第八章　增值税的检查方法

阅读提示：

　　纳税检查是正确纳税的保障，是税收管理的重要环节，也是贯彻国家税收政策法规、严肃税收纪律、加强纳税监督、堵塞税收漏洞、纠正错漏、保证国家财政收入的一项必要措施。

　　本章主要从增值税纳税主体、征税范围、适用税率、进销项税额、抵扣凭证、减免税等六个方面介绍常见涉税问题及其主要检查方法。

一、纳税人和扣缴义务人常见涉税问题及主要检查方法

（一）一般纳税人认定的检查

1. 常见涉税问题

符合一般纳税人条件但不办理一般纳税人认定手续。

2. 主要检查方法

审查会计报表、资金流动凭据和现金流量计算、货物购进凭据、销售日记账，通过单位能耗（比如材料消耗、水电消耗、工资消耗）测算，核实纳税人的年实际应税销售额，检查是否符合一般纳税人条件但不申请认定为一般纳税人。

（二）租赁或承包经营的检查

1. 常见涉税问题

租赁或承包经营常见的涉税问题	承租或承包的企业、单位和个人，不按规定办理税务手续，以出租人或发包人的名义进行经营，逃避纳税义务
	承租承包超市、商场的柜台和经营地，以超市、商场的名义进行经营，逃避纳税义务

图 8-1　租赁或承包经营常见的涉税问题

2. 主要检查方法

租赁或承包经营涉税主要的检查方法	根据其提供的纳税人名称进行调查质证，审核出租人、发包人与承租或承包的企业、单位和个人签订的承包、承租合同或协议，核实实际经营人，审查承租或承包的企业、单位和个人，是否有独立的生产、经营权，在财务上是否独立核算，并定期向出租者或发包者上缴租金或承包费，确认其是否存在逃避纳税义务的行为
	检查出租人、发包人财务账簿中"其他应收款"、"其他应付款"、"其他业务收入"、"营业外收入"、"经营费用"、"管理费用"、"财务费用"等账户，审核是否有承包费和租金收入，是否将"承租或承包"部分的收入纳入出租人、发包人财务核算，确定承租或承包的企业、单位和个人是否履行义务

图 8-2　租赁或承包经营涉税主要的检查方法

案例 8-1　　　　　　　承包经营的检查

某公司于 2009 年 1 月领取营业执照和税务登记，主营五金配件的销售，为增值税一般纳税人。2010 年 1 月起，该公司将其店面出包给周某经营，公司提供营业执照，周某自主经营、自负盈亏，债权债务和税收由周某自己负责，在财务上实行独立核算。后周某既没有向税务机关办理相关的税务登记，也未进行申报纳税。稽查人员在对该公司检查时，从"其他业务收入"明细账中发现该公司收取了承包费收入，进而调取发包合同，查出了周某未履行纳税义务的税收违法行为。

（三）扣缴义务人的检查

1. 常见涉税问题

发生扣缴义务时，扣缴义务人未按规定履行代扣代缴义务。

2. 主要检查方法

审阅扣缴义务人所签订的劳务合同，审查境外的单位或个人在境内销售应税劳务的情况，核实扣缴义务人是否正确履行扣缴义务。

二、征税范围常见涉税问题及主要检查方法

（一）视同销售行为的检查

1. 常见涉税问题

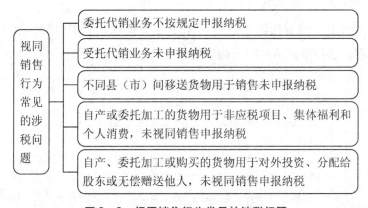

图 8-3　视同销售行为常见的涉税问题

2. 主要检查方法

（1）对委托代销业务不按规定申报纳税的检查。（见图 8-4）

（2）对受托代销业务未申报纳税的检查。

审查代销商品账户、销售资料和往来明细账，查阅相关合同、协议，了解被查单位是否存在代销业务，必要时对受托代销商品采用发函协查或实地盘存的方法进行检查，核实是否存在代销收入不入账，隐匿销售收入或延缓实现销售收入时间的问题。

审核委托代销业务的真实性，查阅委托方与受托方签订的委托代销合同或协议，重点检查是否构成代销业务，核实纳税人是否将直销业务作为委托代销业务进行核实

对委托代销业务不按规定申报纳税的检查

审查在收到代销清单前是否收取货款，收到清单后是否即时结转销售，审查发出代销商品是否超过180天，核实有无延迟纳税义务发生时间和不计销售的问题。检查"应收账款"、"应付账款"、"其他应付款"、"销售费用（或营业费用）"等账户，核查"库存商品——委托代销商品"账户货方发生额的对应账户是否异常

图8-4 对委托代销业务不按规定申报纳税的检查

（3）在不同县（市）间移送货物用于销售，未申报纳税的检查。

审查工商登记情况，了解企业经营机构尤其是异地分支机构的设立情况；检查"库存商品"等存货类账户，核实机构间是否存在移送货物的情况；核对机构间的往来明细账和银行资金往来凭据；审查销售部门的销售台账、仓库部门的实物账等情况。

（4）将自产或委托加工的货物用于非应税项目、集体福利和个人消费，未视同销售申报纳税问题的检查。

实地观察或询问自产或委托加工货物的用途，分析有无用于非应税项目、集体福利和个人消费

未视同销售申报纳税问题的检查

审阅"其他业务支出"、"在建工程"、"应付职工薪酬"账户的借方发生额，进一步检查"库存商品"、"自制半成品"账户的货方发生额，若发生额大于当期结转的主管业务成本，说明有可能将自制或委托加工的货物用于非应税项目或集体福利、个人消费，应对"应付职工薪酬"、"其他业务支出"、"在建工程"账户进行逆向反查，对这些账户的借方发生额的对应账户进行审核，检查其是否使用了自产或委托加工的货物

检查仓库发货单，审核是否存在非应税项目、集体福利和个人消费领用自产、委托加工货物的情况

审核计税价格，核实有无以成本价作为计税依据的情况

图8-5 未视同销售申报纳税问题的检查

（5）将自产、委托加工或购买的货物用于对外投资、分配给股东或无偿赠送他人，未视同销售申报纳税的检查。

重点审阅"长期股权投资"、"应付股利"、"营业外支出"等账户借方的对应账户是否是"原材料"、"库存商品"等存货类账户，核实企业有无将自产、委托加工或购买的货物用于对外投资和分配给股东以及无偿赠送他人等事项；如果有，查阅相应业务的记账凭证，再对应"应交税费——应交增值税（销项税额）"账户，检查纳税人用于投资、赠送或分配的货物是否按规定核算销项税额。

案例 8－2　　　　　视同销售行为的检查

某公司主营电冰箱批发零售业务，为增值税一般纳税人。2009 年实现销售收入 3132 万元，已交增值税 24.2 万元，税负率 0.77%；2010 年销售收入 6345 万元，已交增值税 52.8 万元，税负率 0.83%。在对该公司实施的检查中，稽查人员发现库存商品明细账中五种型号的电冰箱连续两年库存数量不变。经到企业仓库实地盘点，发现上述电冰箱账实不符，二者相差 1500 台（账面比实际多）。企业解释 1500 台的差额是委托代销发出的电冰箱，因未收到代销清单，故未记账。稽查人员要求企业提供代销协议，经核实，发现代销电冰箱发出已超过 180 天。依据《增值税暂行条例实施细则》第四条和《财政部 国家税务总局关于增值税若干政策的通知》（财税〔2005〕165 号）的规定，该公司应按视同销售货物的规定补缴增值税。

（二）兼营非应税劳务的检查

1. 常见涉税问题

纳税人兼营非应税劳务，未分别核算或不能准确核算销售货物或应税劳务和非应税劳务的销售额，未按规定申报缴纳增值税。

2. 主要检查方法

查阅工商登记情况，采取询问、实地观察等方法，了解企业的实际经营范围，核实其是否有兼营非应税劳务的情况；检查"其他业务收入"、"营业外收入"、"其他业务支出"、"营业外支出"以及费用类账户，审核兼营非应税业务是否分别核算，不分别核算或者不能准确核算的，由主管税务机关核定货物或者应税劳务的销售额并分别征收相应税收。

（三）混合销售行为的检查

1. 常见涉税问题

发生混合销售行为，将应税劳务作为营业税项目申报缴纳了营业税。

2. 主要检查方法

混合销售行为涉税的主要检查方法

- 查阅工商营业执照和税务登记证件，了解企业的经营范围，检查纳税人的生产经营场所，了解有无混合销售业务

- 检查"主营业务收入"、"其他业务收入"账户，核实混合销售行为中非应税项目是否一并申报缴纳增值税，有无将一项混合销售业务分割成增值税项目和营业税项目分别核算的情况

- 审查有关成本、费用账户，核实是否存在将收取的混合销售收入直接冲减成本、费用

- 对纳税人销售自产货物、提供增值税劳务并同时提供建筑业劳务的，应审核其是否分别核算货物的销售额和非增值税应税劳务的营业额，并根据其销售货物的销售额计算缴纳增值税（非增值税应税劳务的营业额不缴纳增值税）；来分别核算的，主管税务机关应核定其货物的销售额

图 8-6　混合销售行为涉税的主要检查方法

案例 8-3　　　　混合销售行为的检查方法

某企业为增值税一般纳税人，从事电器销售及运输等业务。稽查人员检查时发现电器销售和运输收入分别记入"主营业务收入"和"其他业务收入"。经细查相关凭证，发现所附发票是从地税部门领购的"其他服务

业发票"，并申报缴纳了营业税。经核对，该企业年度货物销售收入占应税总收入的 60% 以上。依据《增值税暂行条例实施细则》第五条的规定，该单位运输取得的收入应补缴增值税。

（四）销售自己使用过的应税固定资产的检查

1. 常见涉税问题

销售自己使用过的应税固定资产，未按规定申报缴纳增值税。

2. 主要检查方法

检查"固定资产"、"固定资产清理"、"营业外收入"、"应交税费——应交增值税"账户，核实销售自己使用过的应缴纳增值税的固定资产是否已申报缴纳增值税。

（五）加工业务的检查

1. 常见涉税问题

货物销售作为受托加工业务处理，仅就加工费收入申报缴纳增值税，从而少缴税款。

2. 主要检查方法

结合加工合同或协议，审核加工业务的资金流动，检查受托方与委托方、原材料供应商之间的资金往来，核查受托方是否存在代垫原料及主要材料价款或代购原材料的情况。必要时到委托方进行调查，以判断是否存在将购销业务作为委托加工业务进行核算、纳税的问题。

三、适用税率的常见涉税问题及检查方法

（一）基本税率适用的检查

1. 常见涉税问题

高税率货物适用低税率，少缴税款。

2. 主要检查方法

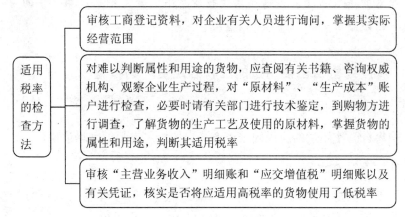

图8-7 适用税率的检查方法

（二）兼营不同税率的货物或应税劳务的检查

1. 常见涉税问题

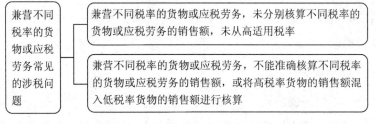

图8-8 兼营不同税率的货物或应税劳务常见的涉税问题

2. 主要检查方法

见图8-9。

案例8-4   兼营不同税率的货物的检查

某建材厂主营混凝土的生产销售，2009年6月正式投产，其销售的混凝土一直按照商品混凝土适用6%的征收率申报纳税。稽查人员发现从2010年5月开始，其原材料明细账上有大量的沥青购入，而账面上只有商品混凝土一种产品。稽查人员对其生产现场进行了进一步检查，发现该企业还用碎石、天然砂、矿粉、沥青等按一定比例配比并加温搅拌生产出沥采用比较分析法，计算不同税率货物的销售额占总销售额的比例，并与上期或以往年度的比例对比。如果低税率货物的销售收入比例明显上升，高税率货物的销售比例明显下降，应分析不同税率货物的销售价格和销售数量是否发生变化，如果变化不大，则该纳税人可能存在高税率货物按低税率货物申报纳税的问题

采用实地观察法，调查了解实际生产经营货物的具体品种、货物的性能、用途、配料、工艺流程等，结合税收政策的相关规定，审查其申报的税率是否正确

检查不同税率的货物或应税劳务核算情况，重点检查存货核算的凭证资料、原始附件，审核是否将高汇率的货物并入低税率的货物中核算

检查"主营业务收入"、"其他业务收入"明细账设置情况，核实是否按规定分别核算和准确核算不同税率的货物或应税劳务的销售额

对照审核"主营业务收入"、"其他业务收入"、"应缴税费"明细账和纳税申报表，核实是否按规定计提、申报不同税率的货物或应税劳务的销项税额

兼营不同税率的货物或应税劳务涉税的主要检查方法

图 8-9 兼营不同税率的货物或应税劳务涉税的主要检查方法

青混凝土产品。根据《关于商品混凝土征收增值税有关问题的通知》（国税函〔2007〕599号）文件规定，对于沥青混凝土等其他商品混凝土，应统一按照适用税率征收增值税。该企业将不适用简易办法征收增值税的沥青混凝土，混入以水泥产品为原料生产的水泥混凝土，应补缴增值税。

四、进项税额的常见涉税问题及主要检查方法

（一）购进环节的检查

1. 常见涉税问题

见图 8-10。

2. 主要检查方法

（1）审查购入免税农业产品的买价是否真实，有无将一些进货费用，

如收购人员的差旅费、奖金、雇用人员的手续费以及运杂费等采购费用计入买价计算进项税额进行扣税；有无擅自扩大收购凭证的使用范围或错用扣除税率的问题。

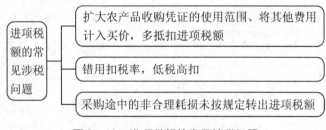

图 8-10　进项税额的常见涉税问题

检查时，可采用审阅法、核对法、观察法等多种方法，审查"原材料"、"库存商品"及其对应账户的账务处理，查看原始凭证所列示的内容，结合产地和其他企业购进价格，核实买价是否正确，必要时可进行外调，按核实的买价计算出可抵扣的进项税额后，再与"应交税费——应交增值税（进项税额）"账户进行核对，看是否相符。

对农产品收购凭证填开情况进行审核和检查，看其是否符合相关的规定。对大宗农产品要进行定期或不定期的抽盘，分析其是否账实相符、有没有将霉烂变质的货物长期挂账不做处理的情况等。

（2）非合理损耗的检查。

纳税人在材料采购过程中发生短缺与毁损时，在未查明原因前，其短缺与毁损部分应按含税成本计入"待处理财产损溢"账户，待查明原因后，再根据不同情况作出账务处理。对短缺与毁损的进项税额应暂列"应交税费"账户按待抵扣进项税额核算，或者在"其他应收款"账户核算。但有的纳税人在处理这类问题时，往往采取提高实际入库原材料成本，按购入货物的全部价款核算计提进项税额，对这部分短缺与毁损不作账务处理。检查时，可采用审阅法、核对法、分析法、盘存法等多种方法，核实纳税人是否发生非正常损失，重点审查"物资采购"、"原材料"、"待处理财产损溢"和"应交增值税"明细账账户，结合收料单，查明进项税额核算是否正确，有无压低入库原材料价格，不扣除损耗短缺，按购入货物全额计列了进项税额。

（二）存货保管使用环节的检查

1. 常见涉税问题

常见涉税问题见图 8 - 11。

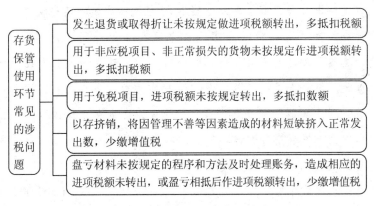

图 8 - 11　存货保管使用环节常见的涉税问题

2. 主要检查方法

（1）检查时，要求被查企业提供《开具红字增值税专用发票通知单》的留存联，核对开具退货的数量、价款及税额与账面冲减的数量、金额及税额是否一致，《开具红字增值税专用发票通知单》的出具时间与账务处理的时间是否匹配，有无人为延期冲销当期进项税额；检查有无利用现行的购进扣税法，大量进货或虚假进货，增大当期进项税额，然后办理退货延期缓缴应纳增值税；将仓库明细账数量与财务材料明细账核对，看有无实际已发生退货，未做进项税额转出的情况。

（2）原材料用于非应税项目、非正常损失进项税额转出的检查。检查"原材料"、"包装物"、"低值易耗品"、"库存商品"等会计账户，看其贷方的对应账户是否是生产成本、制造费用和销售费用，检查"材料分配单"、"领料单"，查看去向，审查有无非应税项目领料直接进入成本、费用的情况；对用于集体福利、非正常损失或个人消费领用的，审核是否贷记"应交税费——应交增值税（进项税额转出）"账户；从能确定外购货物批次的单位成本或当期实际成本，核实应由非应税项目

（非正常损失）承担的材料物资成本金额，按规定的税率复算进项税额转出是否正确，有无故意降低应付职工薪酬领用材料的成本，少计进项税额转出的情况。

案例8-5 存货保管使用环节的检查

某市税务机关对该市某制造企业2010年度纳税情况实施检查。检查过程中，稽查人员运用观察法到车间、仓库及其他部门实地观察企业产、供、销、运各环节运行情况及企业内控情况。了解到该企业自设食堂及托儿所，据此，稽查人员把"福利费"账户作为检查重点之一，运用直查法对其"应付职工薪酬"明细账进行分析检查，在审查"应付职工薪酬"账户发生额中，未发现有分配领料及其他物耗记录。稽查人员抽查了8月份的材料分配记账凭证，其账务处理为：

借：生产成本	4 200 000.00
制造费用	690 000.00
管理费用	72 000.00
销售费用	33 000.00
贷：原材料	4 995 000.00

凭证后附的材料分配单显示，在管理费用中列支的材料费用72 000元中有食堂、托儿所费用11 000元。查实企业将应由"应付职工薪酬"承担的材料费用记入了"管理费用"账户，未作增值税进项税额转出的税收违法事实。

（3）原材料用于免税项目进项税额转出的检查。

检查时，可采用审阅法、核对法等方法，首先审查企业的纳税申报表，看有无免税收入申报，对有免税收入申报的企业，一要检查有无进项税额转出记录，进项税额转出的核算是否及时，有无人为调节进项税额转出的时间，从而人为调节当期应交税费的情况。二要检查进项税额转出的计算是否正确，对从事来料加工复出口的企业，有无仅将材料成本作进项税额转出，而对其耗用的水、电、气等不作进项转出的情况。

（4）生产耗用存货的检查。企业生产耗用存货主要通过"生产成本"和"制造费用"账户汇集和核算。对这两个账户主要检查是否存在属资本性支出的耗料计入生产成本，非正常的存货损失直接计入生产成本，属在建工程核算的固定资产改良支出中的实物消耗和修理费支出计入"制造费用"账户，未作增值税进项税额转出处理。可采用核对法、观察法、比较分析法等方法，对"生产成本"、"制造费用"账户借方发生额与历史同期和当年各期发生额波动情况进行分析比较，对增长比较大的月份应重点审查，分析其增长是否与其经营规模或销售情况相匹配，深入生产现场和仓库，查看仓库实际领料数量金额与财务账面反映的金额是否一致，进一步审查原始记账凭证，检查是否存在固定资产化整为零或应属在建工程项目的耗料计入生产成本、制造费用的的情况。

（5）存货盘亏进项税额的检查。

① 非正常损失的盘亏存货，应作进项税额转出，存货的盈亏在计算进项税额转出时，不得与盘盈相抵。

对于企业由于资产评估减值而发生流动资产损失，如果流动资产中存货的实物数量未减少或损坏，只是由于市场价格降低，价值量减少，则不属于非正常损失，不作进项税额转出处理。

财务制度规定，企业应根据存货的具体特点，分别采用永续盘存制和实地盘存制来确定存货的结存数量，在实际工作中，企业常会出现以下违法情况：有的企业对应采用永续盘存制确定结存数量的存货却采用了实地盘存制，即根据材料的结存数量来确定领用或销售的材料数量，后果是大量因管理不善等因素造成的材料短缺挤入了正常发出数中，偷逃增值税；有的企业未按规定的程序和方法及时处理存货的盘盈和盘亏，造成盘亏材料相应的进项税额未转出，或盈、亏相抵后作进项税额转出。

检查时，除盘点实物数量外，要注意财务明细账、企业盘点表与仓库实物账入库、发出、结存数量的核对，看有无三者不一致的情况，如：仓库已作发出或报废处理，但财务账上未作处理；盘点表上已作盘亏处理，但财务账上未作处理；盘点表中分别注明盘亏及盘盈数量，但财务账上未分别处理，直接体现一笔盘盈或盘亏数等。

② 检查"待处理财产损溢"账户的借方发生额，调阅记账凭证，看其账务处理。如果"待处理财产损溢"账户借方发生额对应关系为贷记"原材料"、"库存商品"、"低值易耗品"、"生产成本"，同时贷记"应交税费——应交增值税（进项税额转出）"，说明被查企业已作进项税额转出。但要注意计算进项税额转出的依据是否正确，有无直接按保险公司的赔偿款项作为计算进项转出的依据；或按扣除保险公司赔款或个人赔偿后的实际损失额作为计算进项转出的依据；计算物耗比例是否人为少计物耗项目，少转出进项税额；计算损耗的商品成本与同类已销商品或库存商品的成本是否一致，有无少计损耗商品成本少转进项税额等。如果上述对应关系账户中贷方没有发生"应交税费——应交增值税（进项税额转出）"，则说明被查企业未作进项税额转出，则应予调整。

（三）在建工程的检查

1. 常见涉税问题（另有规定者除外）

见图 8 - 12。

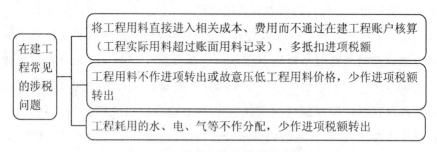

图 8 - 12　在建工程常见的涉税问题

2. 主要检查方法

企业在建工程分为两大类，一类为房屋类，一类为设备类。对在建工程的检查，可比照固定资产的检查方法。

具体检测方法见图 8 - 13。

在建工程的主要检查方法

采用"观察法"和"逆查法",先了解企业检查所属期内完成或正在实施的基本建设、技术改造等工程项目,并通过各项工程批准的有关文件、营建的预算资料和施工现场考察,测算工程的用料情况,与账务核算资料核对,检查有无工程实际用料超过账面用料记录的情况,是否将工程用料直接进入相关成本而不通过在建工程账户核算

检查"在建工程"与"原材料"、"制造费用"、"应交增值税(进项税额转出)"等账户的对应关系,查明有无工程用料不作进项转出或故意压低工程用料等价格,少作进项税额转出的行为。特别注意"在建工程"与"制造费用"等费用账户相对应时,其中的物耗部分有无作进项税额转出,转出金额是否准确

结合企业在建工程项目,检查企业材料分配单,有无将工程耗用的水、电、气等不作分配,从而少作进项税额转出的现象

检查纳税人新建、改建、扩建、修缮、装饰建筑物,其进项税额有无申报抵扣。纳税人对生产经营场所进行修缮、装修、装潢的支出,有的不形成固定资产,特别是对承租的生产经营场所进行装潢,有的单独外购并取得增值税专用发票申报抵扣;有的是从经营的商品中直接领用而不作进项转出。核算往往直接从"递延资产"、"管理费用"、"营业费用"账户列支。因此,对此类问题的检查,应重点审查"递延资产"、"管理费用"、"经营费用"账户,了解借方发生额的原因,再调阅有关原始凭证、记账凭证,核实进项税额是否抵扣

图8-13 在建工程的主要检查方法

(四) 返利和折让的检查

1. 常见涉税问题

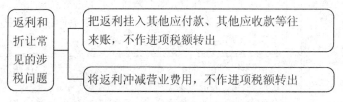

返利和折让常见的涉税问题

把返利挂入其他应付款、其他应收款等往来账,不作进项税额转出

将返利冲减营业费用,不作进项税额转出

图8-14 返利和折让常见的涉税问题

2. 主要检查方法

平销行为在商业企业比较多见,企业是否存在平销行为,可以通过外

购原材料（库存商品）的购销合同及应付账款、营业外收入、其他应付款账户中发现线索，一般情况下，有此类情况的企业，均与外购货物的进货数量直接挂钩，有的以购销总量超过一定基数给予一定比例的扣率或资金返回。从实际工作中发现，平销行为的返利主要表现在：

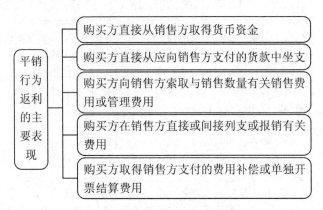

平销行为返利的主要表现

- 购买方直接从销售方取得货币资金
- 购买方直接从应向销售方支付的货款中坐支
- 购买方向销售方索取与销售数量有关销售费用或管理费用
- 购买方在销售方直接或间接列支或报销有关费用
- 购买方取得销售方支付的费用补偿或单独开票结算费用

图 8 - 15　平销行为返利的主要表现

对平销行为的检查，要重点注意以下账户：

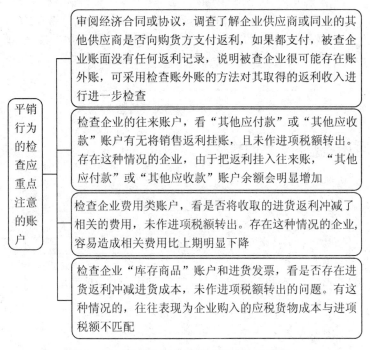

平销行为的检查应重点注意的账户

- 审阅经济合同或协议，调查了解企业供应商或同业的其他供应商是否向购货方支付返利，如果都支付，被查企业账面没有任何返利记录，说明被查企业很可能存在账外账，可采用检查账外账的方法对其取得的返利收入进行进一步检查
- 检查企业的往来账户，看"其他应付款"或"其他应收款"账户有无将销售返利挂账，且未作进项税额转出。存在这种情况的企业，由于把返利挂入往来账，"其他应付款"或"其他应收款"账户余额会明显增加
- 检查企业费用类账户，看是否将收取的进货返利冲减了相关的费用，未作进项税额转出。存在这种情况的企业，容易造成相关费用比上期明显下降
- 检查企业"库存商品"账户和进货发票，看是否存在进货返利冲减进货成本，未作进项税额转出的问题。有这种情况的，往往表现为企业购入的应税货物成本与进项税额不匹配

图 8 - 16　平销行为的检查应重点注意的账户

（五）运输费用的检查

1. 常见涉税问题

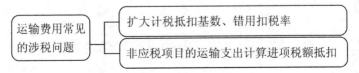

图8-17 运输费用常见涉税问题

2. 主要检查方法

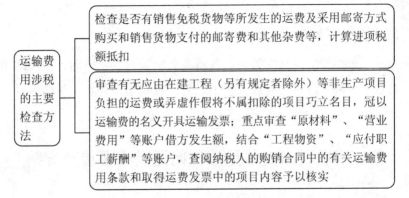

图8-18 运输费用涉税的主要检查方法

（六）受让应税劳务进项税额的检查

1. 常见涉税问题

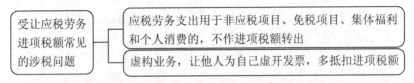

图8-19 受让应税劳务进项税额常见的涉税问题

2. 主要检查方法

检查时，主要审查"其他业务支出"、"制造费用"、"原材料"等账户，查阅增值税专用发票，结合加工合同或协议所载明的加工品名、性质和用途，看有无将发生的应税劳务支出用于非应税项目、免税项目、集体福利和个人消费，作增值税进项税额抵扣的；有无提供劳务的单位与收款的单位及开具发票的单位不相符的情况；有无虚构加工业务，让他人为自己虚开增值税专用发票的行为。

（七）一般纳税人资格认定前的进项税额的检查

1. 常见涉税问题

小规模纳税人转为一般纳税人后，抵扣其小规模纳税人期间发生的进项税额。

2. 主要检查方法

审核一般纳税人的认定时间、经济业务事项的发生时间，查阅购销合同、协议、货物入库单、仓库保管记录等，核实是否存在小规模纳税人转为一般纳税人后抵扣其小规模纳税人期间发生的进项税额。

五、销项税额的常见涉税问题及主要检查方法

（一）纳税义务发生时间的检查

1. 常见涉税问题

人为滞后销售入账时间，延迟实现税款，主要包括：

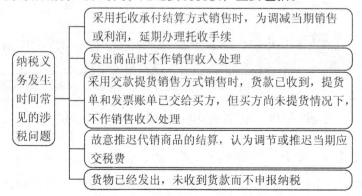

图 8-20　纳税义务发生时间常见的涉税问题

2. 主要检查方法

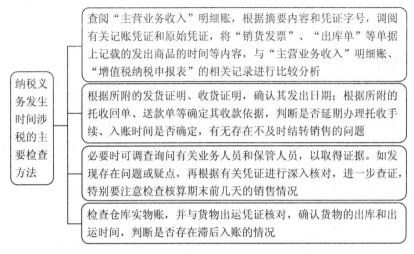

纳税义务发生时间涉税的主要检查方法

查阅"主营业务收入"明细账，根据摘要内容和凭证字号，调阅有关记账凭证和原始凭证，将"销货发票"、"出库单"等单据上记载的发出商品的时间等内容，与"主营业务收入"明细账、"增值税纳税申报表"的相关记录进行比较分析

根据所附的发货证明、收货证明，确认其发出日期；根据所附的托收回单、送款单等确定其收款依据，判断是否延期办理托收手续、入账时间是否确定，有无存在不及时结转销售的问题

必要时可调查询问有关业务人员和保管人员，以取得证据。如发现存在问题或疑点，再根据有关凭证进行深入核对，进一步查证，特别要注意检查核算期末前几天的销售情况

检查仓库实物账，并与货物出运凭证核对，确认货物的出库和出运时间，判断是否存在滞后入账的情况

图 8-21　纳税义务发生时间涉税的主要检查方法

（二）销售额申报情况的检查

1. 常见涉税问题

采取少申报或不申报销售额办法，不计或少计销项税额，包括：

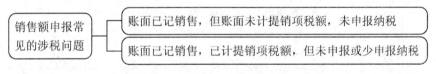

销售额申报常见的涉税问题

账面已记销售，但账面未计提销项税额，未申报纳税

账面已记销售，已计提销项税额，但未申报或少申报纳税

图 8-22　销售额申报常见的涉税问题

2. 主要检查方法

对于纳税人向税务机关申报的增值税销项税额与账面销项税额不一致，申报数额小于账面计提数的情况，可以采用以下方法检查：

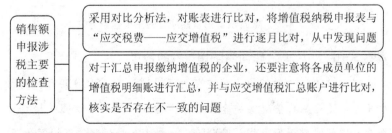

销售额申报涉税主要的检查方法

采用对比分析法，对账表进行比对，将增值税纳税申报表与"应交税费——应交增值税"进行逐月比对，从中发现问题

对于汇总申报缴纳增值税的企业，还要注意将各成员单位的增值税明细账进行汇总，并与应交增值税汇总账户进行比对，核实是否存在不一致的问题

图 8-23　销售额申报涉税主要的检查方法

（三）账面隐匿销售额的检查

1. 常见涉税问题

不按规定核算货物销售，应计未计销售收入，不计提销项税额，主要有以下三种情况：

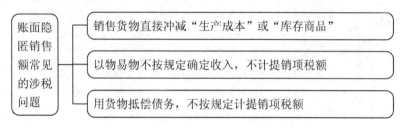

图 8-24 账面隐匿销售额常见的涉税问题

2. 主要检查方法

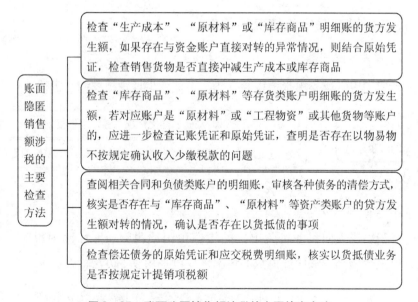

图 8-25 账面隐匿销售额涉税的主要检查方法

案例 8-6　　　　　账面隐匿销售额的检查

某公司为增值税一般纳税人，主要生产机械设备，2010 年 6 月当地税务机关对其上年度的纳税情况实施全面检查。稽查人员采用审阅法检查"原材料"账户相关记账凭证时，发现 2009 年 12 月 126 号记账凭证记载如下：

　　借：应付账款　　　　　　　　　　　　　253 200.00
　　　贷：原材料　　　　　　　　　　　　　　　　253 200.00

　　记账凭证后附有仓库出库单据。采用外调法至债权单位调查，查实该公司存在以电机抵付应付购货款的税收违法事实。

（四）虚构销货退回业务的检查

1. 常见涉税问题

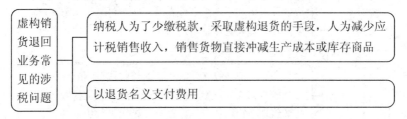

图8-26　虚构销货退回业务常见的涉税问题

2. 主要检查方法

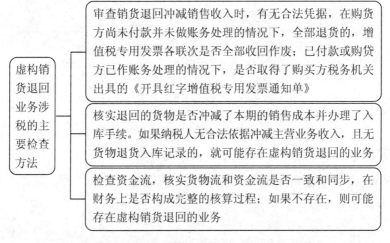

图8-27　虚构销货退回业务涉税的主要检查方法

（五）收取价外费用的检查

1. 常见涉税问题

将向购货方收取的各种应一并缴纳增值税的价外费用，采用不入账、冲减费用、人为分解代垫运费或长期挂往来账等手段，不计算缴纳增值税。

2. 主要检查方法

收取价外费用涉税的主要检查方法

- 了解企业所属行业特点和产品市场供求关系，综合分析企业有无加收价外费用的可能，同时还要了解行业管理部门是否要求其代收价外费用的情况等
- 审核销售合同，查阅是否有收取价外费用的约定或协议
- 检查往来明细账，重点检查“其他应付款”明细账户，如果存在长期挂账款项，需进一步审阅有关原始单据，核实是否属于价外费用
- 检查“其他业务收入”、“营业外收入”等明细账，如有从购买方收取的价外费用，应对照“应交税费——应交增值税（销项税额）”账户，核实是否申报纳税
- 检查“管理费用”、“制造费用”、“销售费用”等明细账，如有贷方发生额或借方红字冲减销售额，应对照记账凭证，逐笔检查，核实是否存在收取价外费用直接冲减成本费用，少缴税款
- 审阅购销合同，并与“其他应收款”账户进行核对，确认是否存在代垫运费协议，是否同时符合代垫运费的两个条件等，判断代垫运费业务是否成立，有无将销售业务人为分割成货物销售和代垫运费的情况等

图 8－28　收取价外费用涉税的主要检查方法

案例 8－7　　　　收取价外费用的检查

2010 年 5 月稽查局对某企业 2009 年度的纳税情况进行检查时，发现其中一笔业务作分录如下：

借：银行存款　　　　36 000.00

　贷：营业外收入　　　　36 000.00

记账凭证摘要栏中注明为收取的装卸费。稽查人员遂调取该企业与付款方签订的产品购销合同进行检查，合同约定销货方为购货方运送货物，但运输费用由购货方负担。又采用查询法面询此业务的销售人员，证实为随同货物销售收取的运输费用和装卸费，企业未计提销项税额。

（六）利用关联企业转移计税价格的检查

1. 常见涉税问题

纳税人销售货物或（应税劳务）的价格明显低于同行业其他企业同期的销售价格，或某一笔交易的货物（应税劳务）销售价格明显低于同期该货物的平均销售价格。

2. 主要检查方法

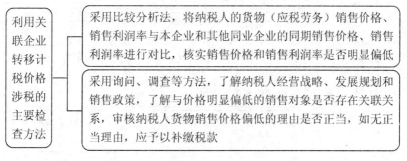

图8-29 利用关联企业转移计税价格涉税的主要检查方法

（七）坐支销货款的检查

1. 常见涉税问题

将收取的销售款项，先支付费用（如购货方的回扣、推销奖、营业费用、委托代销商品的代销手续费等或用销货款直接进货），再将余款入账作收入的行为。

2. 主要检查方法

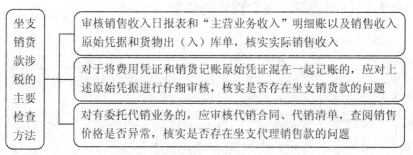

图8-30 坐支销货款涉税的主要检查方法

(八) 受托加工业务实物收入的检查

1. 常见涉税问题

接受委托加工业务的受托方收取的抵顶加工费的材料、余料收入，不计收入不申报纳税。

2. 主要检查方法

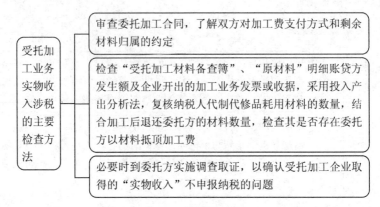

受托加工工业务实物收入涉税的主要检查方法

审查委托加工合同，了解双方对加工费支付方式和剩余材料归属的约定

检查"受托加工材料备查簿"、"原材料"明细账贷方发生额及企业开出的加工业务发票或据，采用投入产出分析法，复核纳税人代制代修品耗用材料的数量，结合加工后退还委托方的材料数量，检查其是否存在委托方以材料抵顶加工费

必要时到委托方实施调查取证，以确认受托加工企业取得的"实物收入"不申报纳税的问题

图8-31 受托加工业务实物收入涉税的主要检查方法

案例8-8　　　受托加工业务实物收入的检查

稽查人员在对某企业检查时发现，该厂有大量的受托加工业务，但账面没有余料收入，稽查人员觉得不正常，对此进行检查，到加工车间调取资料，取得了车间加工台账，上面记载销售受托加工余料的详细情况。经与账面记录核对，发现账面上均无相关记录。最终查实该厂隐匿加工余料收入不申报纳税的税收违法事实。

(九) 以旧换新、还本销售的检查

1. 常见涉税问题

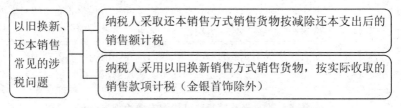

以旧换新、还本销售常见的涉税问题

纳税人采取还本销售方式销售货物按减除还本支出后的销售额计税

纳税人采用以旧换新销售方式销售货物，按实际收取的销售款项计税（金银首饰除外）

图8-32 以旧换新、还本销售常见的涉税问题

2. 主要检查方法

以旧换新、还本销售涉税主要的检查方法
- 采用调查、询问和比较分析法，核实纳税人存在以旧换新、还本销售业务
- 检查纳税人的收入类明细账和销售原始凭据，核实有无某种货物销售价格明显低于正常时期的销售价格，若有异常且无正当理由的，是否采取以旧换新方法，按实际收取的款项计算销售额造成的
- 检查"销售费用"、"主营业务成本"等成本费用账户，核实有无还本支出核算；是否存在还本支出冲减销售收入的问题，对照销售收入进行审核
- 核实实际销售收入（方法见前面相应的检查方法）

图 8－33　以旧换新、还本销售涉税常见的检查方法

（十）机构间移送货物的检查

1. 常见涉税问题

设有两个以上的机构并实行统一核算的纳税人，将货物从一个机构移送不在同一县（市）的其他机构用于销售，未作销售处理。

2. 主要检查方法

机构间移送货物涉税的主要检查方法
- 可采用直查法、审阅法和核对法重点检查"库存商品"明细账的货方摘要栏，特别对摘要栏内注明"移库"字样的，应深入审查，检查附在凭后的相关附件资料
- 了解纳税人是否存在跨市县的分支机构，检查仓库明细账、仓库出库单等，以确定库存商品的流向和用途，判定是否有将库存商品移送到统一核算的在其他县（市）的机构用于销售，未作销售处理，未提销项税额的现象

图 8－34　机构间移送货物涉税的主要检查方法

（十一）出售、出借包装物的检查

1. 常见涉税问题

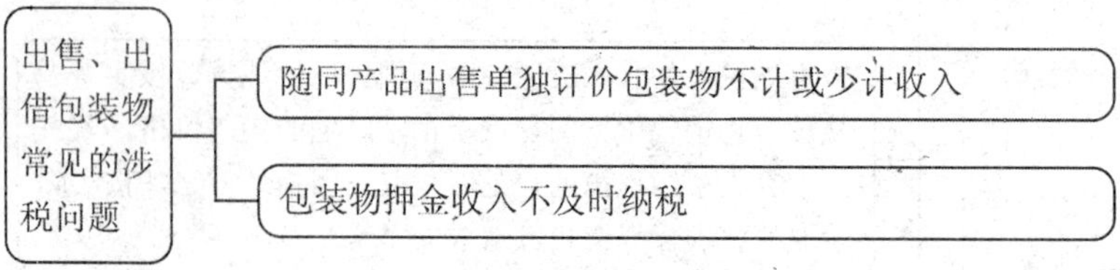

```
┌──────────┐       ┌────────────────────────────────────────┐
│ 出售、出  │───────│ 随同产品出售单独计价包装物不计或少计收入  │
│ 借包装物  │       └────────────────────────────────────────┘
│ 常见的涉  │       ┌────────────────────────────────────────┐
│ 税问题    │───────│ 包装物押金收入不及时纳税                  │
└──────────┘       └────────────────────────────────────────┘
```

图8-35　出售、出借包装物常见的涉税问题

2. 主要检查方法

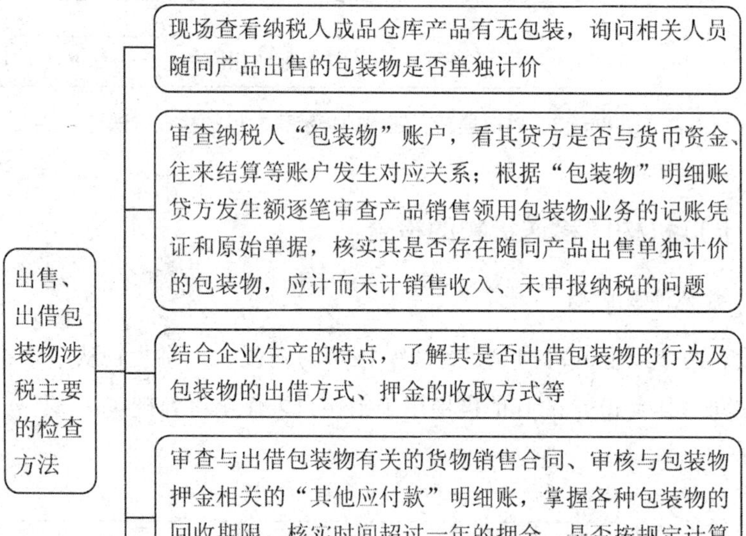

```
                ┌─────────────────────────────────────────────┐
                │ 现场查看纳税人成品仓库产品有无包装，询问相关人员 │
                │ 随同产品出售的包装物是否单独计价              │
                └─────────────────────────────────────────────┘
                ┌─────────────────────────────────────────────┐
                │ 审查纳税人"包装物"账户，看其贷方是否与货币资金、 │
                │ 往来结算等账户发生对应关系；根据"包装物"明细账  │
                │ 贷方发生额逐笔审查产品销售领用包装物业务的记账凭 │
┌────────┐      │ 证和原始单据，核实其是否存在随同产品出售单独计价 │
│ 出售、  │      │ 的包装物，应计而未计销售收入、未申报纳税的问题   │
│ 出借包  │      └─────────────────────────────────────────────┘
│ 装物涉  │      ┌─────────────────────────────────────────────┐
│ 税主要  │──────│ 结合企业生产的特点，了解其是否出借包装物的行为及 │
│ 的检查  │      │ 包装物的出借方式、押金的收取方式等              │
│ 方法    │      └─────────────────────────────────────────────┘
└────────┘      ┌─────────────────────────────────────────────┐
                │ 审查与出借包装物有关的货物销售合同、审核与包装物 │
                │ 押金相关的"其他应付款"明细账，掌握各种包装物的  │
                │ 回收期限，核实时间超过一年的押金，是否按规定计算 │
                │ 缴纳了增值税                                  │
                └─────────────────────────────────────────────┘
                ┌─────────────────────────────────────────────┐
                │ 对酒类生产企业，还要重点审查包装物明细账的贷方发 │
                │ 生额，核实销售除黄酒、啤酒以外的酒类产品收取的包 │
                │ 装物押金是否并入了当期销售额计算缴纳了增值税      │
                └─────────────────────────────────────────────┘
```

图8-36　出售、出借包装物涉税主要的检查方法

案例8-9　　　　　　包装物押金的检查

2010年8月，稽查人员对某公司2009年1月至2009年6月的纳税情况进行检查，发现该企业销售产品的同时有包装物出借业务，并收取押金。稽查人员核对企业包装物账面数量与库存实物数量时，发现存在一定的差异。进一步采用直查法检查企业的有关账证资料，查实2009年4月销售产品并收取包装物押金190000元，在2010年5月15日将这笔逾期的包装物押金转入了"营业外收入"未计提销项税额的税收违法事实。

（十二）残次品、废品、材料、边角废料等销售的检查

1. 常见涉税问题

销售残次品、废品、材料、边角废料等隐匿账外；或直接冲减、原材料、成本、费用等账户；或作其他收入，不计提销项税额。

2. 主要检查方法

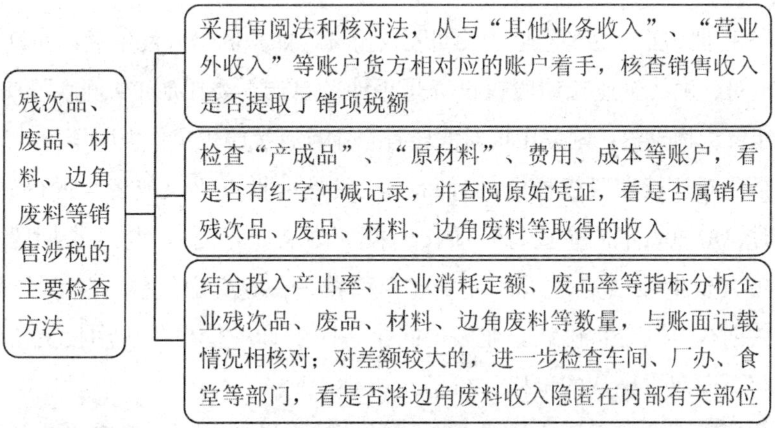

残次品、废品、材料、边角废料等销售涉税的主要检查方法

- 采用审阅法和核对法，从与"其他业务收入"、"营业外收入"等账户贷方相对应的账户着手，核查销售收入是否提取了销项税额

- 检查"产成品"、"原材料"、费用、成本等账户，看是否有红字冲减记录，并查阅原始凭证，看是否属销售残次品、废品、材料、边角废料等取得的收入

- 结合投入产出率、企业消耗定额、废品率等指标分析企业残次品、废品、材料、边角废料等数量，与账面记载情况相核对；对差额较大的，进一步检查车间、厂办、食堂等部门，看是否将边角废料收入隐匿在内部有关部位

图8-37 残次品、废品、材料、边角废料等销售涉税的主要检查方法

案例8-10 废料等销售的检查

2010年6月，稽查局对某企业2009年度的纳税情况进行检查。检查中，稽查人员采用比较分析法对该企业的有关财务数据进行分析，发现其税收负担率明显低于行业平均税收负担率。进一步采用审阅法和核对法查核收入类账户反映的收入金额与应交税费账户反映的销项税额之间的勾稽关系是否正常，发现销项税额小于按收入金额和相应税率计算的税额。遂

采用抽查法抽查"主营业务收入"、"其他业务收入"等账户以及相关的记账凭证、附件资料，发现在 2009 年 4 月 15 日第 18 号凭证上有这样一笔分录：

借：银行存款　　　　　　　　　　　　　　　　15 700.00
　　贷：其他业务收入　　　　　　　　　　　　　　　　15 700.00

记账凭证后附磅码单一份，上面注明货物为废料。查实了该公司实现销售未计提销项税额的税收违法事实。

（十三）以货物对外投资业务的检查

1. 常见涉税问题

自产、委托加工或购买的货物对外投资时，未作视同销售处理，或者计税依据错误，少缴增值税

2. 主要检查方法

采用审阅法，检查企业"长期股权投资"账户的借方发生额，与其对应账户核对，确认企业长期股权投资是否涉及自产、委托加工或购买的货物，如果涉及货物投资，则采用核对法核查企业是否按照规定作视同销售处理。

企业对外长期股权投资的计价，一般是由投资协议或者合同确认的。检查时，应重点审阅企业每一项长期投资协议（合同），与"长期股权投资"借方发生数核对，同时与"应交税费——应交增值税（销项税额）"相应数据核对，分析确认企业做视同销售时的计税价格是否和投资协议或者合同上面双方确认的价格（价值）一致。

此外，在核对投资协议或者合同时，对协议（合同）中双方确认的投资货物价格（价值），还应与同期市场公允价相比对，以防止投资双方通过降低投资货物计价，提高投资收益分配比例（或增加固定收益分配）的形式，达到投资方少缴增值税的目的。

（十四）账外经营的检查

1. 常见涉税问题

纳税人为了偷税，设立两套账簿，对内账簿真实核算生产经营情况，

对外账簿记载虚假的经营收入和利润情况，以应对税务机关检查，并以此作为纳税申报的依据。

2. 主要检查方法

账外经营从其偷税手段上看，具有很大的隐蔽性。有的偷税者通过现金交易，将大部分业务从购进、生产到销售整个生产经营过程都置于账外，查处难度较大，检查方法也较多，在此仅作简要介绍。

（1）调查分析法。

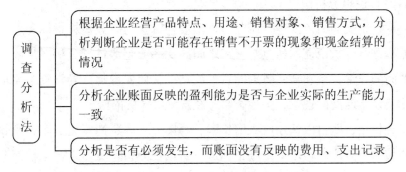

图 8-38　调查分析法

（2）税负分析法。

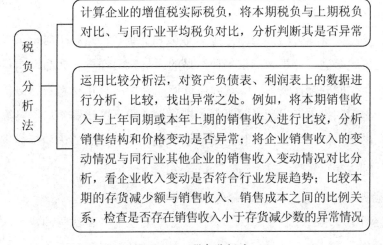

图 8-39　税负分析法

（3）投入产出分析法。

结合企业的生产工艺、流程，查找相关的产品料、工、费耗用定额指标。例如，原材料耗用数量，煤、电、水、汽的耗用数量，包装物的耗用数量，都与产品产量有密切的关联性。将企业上述物资的实际单位耗用量与同行业其他企业同期的单位耗用量进行对比，可以判断其是否存在异常情况。检查中还要重点分析能决定产品生产数量的关键原材料和辅材料、包装物与产品产量之间的匹配关系。

（4）逻辑分析法。

从货物流向的角度进行研究，根据被查对象的财务核算指标和生产业务流程进行分析论证，通过对资料之间的比率或趋势进行分析，从而发现资料间的异常关系和某些数据的意外波动，从而发现超出异常资金流动和货物流动不匹配的现象，为检查账外经营提供分析依据。

分析中，既可以选用收入增长率、销售毛利率、销售利润率、应收账款周转率、资产周转率等财务指标进行协调性分析，也可以根据检查时所获取的销售税金负担率、成本毛利率、加成率、投入产出率等指标进行匹配性分析。将分析得到的数据在横向上与同行业的相关数据资料进行比较，纵向上与本公司不同时期的数据资料进行比对，查找疑点，寻找突破口。

① 对被查对象的生产工艺流程、收发料凭证、产量和工时记录以及成本计算资料等进行分析，确定每种产品的原材料消耗量、成品产出量和产品销售量之间的配比关系。②选择生产产品耗用的直接材料进行分析，结合生产部门的投入产出记录等资料，剔除异常和不可比因素后，测算出各种产品的投入产出率，列出相应的数学模型，与同行业的该项指标进行对比，以确定是否合理。

案例 8 - 10　　　　　账外经营的检查

在对某企业进行检查时，稽查人员首先对企业产品结构和成本构成进行了分析，确定产品品种所耗用的主要材料，通过对同行业摸底调查，掌握了该类产品的投入产出率（得到该市行业协会的认可）。再将企业当期主要材料耗用数量乘以行业平均投入产出率，求得每种产品的正常产量。

在与企业"产成品"明细账上记录的入库数量核对后发现：该企业应产出甲产品470吨，而账面入库410吨；应产出乙产品385吨，而账面入库297吨。稽查人员通过进一步检查确认企业存在账外经营偷逃税款的事实。

（5）异常情况分析法。

在认真检查企业各种账证之间的勾稽关系，仔细分析每一处疑点的基础上，结合企业产品的性能和用途，了解和熟悉企业生产中各环节之间的勾稽关系，发现企业会计核算中不合乎产品生产经营实际、不合乎常规的疑点和问题，从而快速找到检查的切入点。

表8-1　　　　　　　　　　异常情况的分析方法

对异常数字进行分析	结合经济业务的内容，重点关注企业资金运动是非正常，找出异常的数字进行分析
对异常账户进行分析	检查中应重点加强对"应收、应付"等往来账户的分析，结合原始凭证的检查，以发现对应关系异常的经济业务
对异常行为进行分析	企业的所有行为都是围绕生产经营和会计核算发生的，每项行为之间都存在着必然的联系，分析行为之间的合理性是账外经营检查的重要途径

（6）突击检查法。

对可能存在账外经营，隐藏销售收入的企业，宜采取突击检查的方法，在第一时间尽可能多的获取纳税人的涉税资料，收集有效的证据。

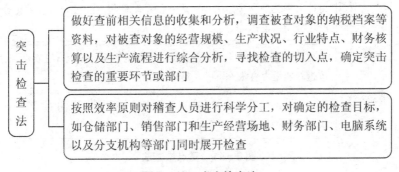

图8-40　突击检查法

（7）重点检查法。

运用调查、核实、分析多种方法综合进行检查：

将"库存商品"明细账与仓库保管员的实物账进行比对。如果存在仓储实物账的数量小于或大于"库存商品"账户账面数量的异常情况,应进一步查明是否存在隐瞒货物销售收入的问题

根据被查企业期末库存盘点表进行抽样实地盘点,核对账实是否相符。如仓储实物账数量小于账面结存数量,应进一步检查是否存在销售收入不入账以及用白条抵库存问题

盘点现金。突击盘点出纳现金,核实出纳库存现金是否与现金日记账的余额是否一致,如果相差很大而又不能够说明原因,则纳税人可能存在账外经营

核实与货物生产数量存在"一对一"关系的关键性配件购进、耗用的和结存情况。判断是否与货物的账面生产量是否一致,如果关键性配件的耗用量大于货物的账面生产量,则纳税人可能存在账外经营。例如:生产洗衣机的企业,其关键配件——电机与洗衣机存在"一对一"的关系,生产一台洗衣机只需要一台电机,如果电机的生产领用数量大于洗衣机的产量(扣除在产品的因素),就说明纳税人可能在隐匿洗衣机销售收入的问题

调查纳税人在银行设立账户(包括以主要负责人名义开的个人银行卡)。将其资金额到账情况与"银行存款"明细账相核对,如果有"未入账资金",应进一步核实其"未入账资金"的来源,查实纳税人销售货物不入账的问题

利用金税工程对信息和海关比对信息。如果纳税人有滞留未抵扣的增值税专用进项发票和海关代征增值税凭证,说明其很有可能采用体外循环隐瞒销售收入的手段偷税。应进一步核实其产生滞留票的原因

关注企业账面反映的从非金融机构借入的资金,核查其真实性。核查企业是否有账外资产,是否存在账外经营的问题

对须有关部门审核批准才能外运的产品,可到相关部门调查核实其实际销售数量

重点检查法

图 8 - 41　重点检查法

案例 8 - 11　　　　　　重点检查法

某市税务机关 2010 年 7 月对某公司 2009 年度的纳税情况进行检查。稽查人员通过对该公司 2009 年度以及以前年度的纳税申报资料和附报资料

进行比较分析，发现该公司 2009 年的销售收入与以前年度相比无明显变化，但增值税税收负担率有较大幅度的下降，明显低于同一时期同行业的平均水平。从财务报表的数据来看，是库存商品的大幅增加导致了税收负担率的下降。

检查过程中，稽查人员采用直查法检查了"原材料"账户的购入和领用情况，并与"生产成本"账户记载的原材料耗用情况进行了核对。同时深入生产车间了解材料的实际耗用情况、产品生产情况，掌握产品产出的第一手资料。经查，原材料的购进、耗用、结存的数量，与该公司"原材料"、"生产成本"账户的记载情况以及生产车间的投入产出情况均相符。

稽查人员又重点检查了该公司的仓库，对存货进行了盘点，发现实际库存数小于账面数。遂采用核对法检查"主营业务收入"和"库存商品"账户、仓库明细账之间的数量差异，发现"库存商品"账户贷方数与"主营业务收入"账户记载的销售数量一致，但仓库明细账记载的出库数量大于"主营业务收入"账户记载的销售数量，其差额正好是盘点盘亏的数量。进而检查仓库的出库单据，查实差额部分均为发出的产品。取得相关资料后，稽查人员采用查询法面询公司负责人，公司负责人承认上述发出的产品均为已实现的销售收入，未申报纳税，货款已经收讫，存放在公司另外开设的账户上，此账户未向税务机关报告。

（8）外围查证法。

在采用其他方法分析、排查出涉税疑点的基础上，通过外围取证、固定证据，是检查账外经营最直接和有效的方法。

表 8-2　　　　　　　　　　　　外围查证法

对资金流向进行检查	资金流向的检查，以检查"银行存款"账户为突破口，通过银行对账单与企业"银行存款"日记账进行逐笔核对，排查出款项的来源和性质，从而发现疑点。对于以现金形式收付的，则可以结合对存货的购入、生产领用、成品入库和发出等的综合分析，了解其资金流向和流动的规律，从而发现问题
对货物流向的检查	物流的调查取证分为对销售货物、购进货物和支付费用等方面的查证。检查中注意收集掌握企业货物流转的线索与证据，通过对相关企业调查落实，鉴别被查企业账簿记录的真伪和购销业务的真实性

六、增值税抵扣凭证的检查

（一）增值税专用发票的常见涉税问题及主要检查方法

1. 常见涉税问题

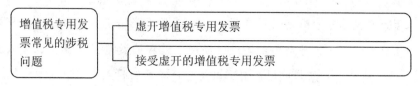

图 8-42　增值税专用发票常见的涉税问题

2. 主要检查方法

分析纳税人的有关数据、资料，判断是否存在虚开或接受虚开增值税专用发票的可能。对经营和申报上比较特殊的企业，加强重点检查。应重点关注的几类企业：一是经常性零申报的企业；二是销售额增长较快，税负率反而下降的企业；三是长期进项税额大于销项税额的企业（也称负申报企业）；四是申报的销售额与该企业的经营场所、注册资金、固定资产、流动资产、从业人员、经营费用不匹配的企业；五是进项抵扣凭证多是"四小票"的企业；六是抵扣凭证数量多、金额大且多来自案件高发地区的企业；七是购销对象较分散且变化频繁，往往大多只有单笔业务往来的企业；八是经营活动使用大量现金交易的企业。

（1）虚开增值税专用发票的检查。

从查处的虚开增值税专用发票案来看，虚开增值税专用发票的作案手法已经从简单的无货虚开、开假票、大头小尾票等传统的手法转移为真票虚开、有货虚开偷骗税款的形式。其表现形式主要有三大类：一是"虚进虚出"，即利用虚假的抵扣凭证，虚开增值税专用发票，如利用伪造的海关专用缴款书作为进项税额，虚开增值税专用发票。二是"控额虚开"，即利用生产经营中不需开具发票的销售额度虚开增值税专用发票。如钢材经营企业将已销售且不需开票的销售额度，开具给没有实际购货的单位，赚取开票手续费。三是相互虚开，即关联企业间互相虚开增值税抵扣凭证。

真票虚开、有货虚开增值税专用发票，一般能通过增值税交叉稽核系统审核比对，因此，虚开增值税专用发票的检查必须从"票流"、"货流"、"资金流"三方面着手。

① 核实货物购销的真实性。审查纳税人经营项目、经营方式、生产经营规模、生产能力、盈利能力、货物流向等，分析是否存在虚开增值税专用发票的嫌疑；检查有关原始凭证，如购销合同、材料入库单、验收单、成品出库单、提货单、托运单等，核对企业的资金流向和票据流向，核实其是否存在虚假的货物购销业务。如对涉嫌"虚进虚开"的工业企业的检查，可运用水、电、气投入产出分析法，根据其实际耗电量，推算生产能力，如有疑点，则应结合对"资金流"和"票流"的检查，查实是否存在虚开发票的问题。再如，对涉嫌"控额虚开"企业的检查，首先分析其是否存在销售货物不开发票的可能性，然后重点调取仓库保管员留存的发货联，看提货人与所开发票的受票人是否一致，进而通过核实其资金流，查实其是否存在虚开发票的问题。

② 调查资金流向的真实性。检查中，应尽量了解和掌握企业银行账号和涉案人员如法定代表人、厂长、出纳、主要业务人员和其他相关人员的个人银行存款账号或卡号，通过银行协查核实资金的实际流向情况。如果资金回流到受票企业，则该企业可能存在虚开发票的问题。

③ 协查发票开具的真实性。在虚开发票案件的检查中，对有疑问的进项发票和销项发票应向受票地或开票地税务机关发函协查，核实购销业务和票面内容的真实性。

④ 核实采购货物取得的增值税专用发票是否真实，有无取得假票情况，有无满额联号填开情况，有无开票日期不同、票号相连或相近情况，有无大宗货物来自非产地的情况，有无票面价税合计是大额整数等。如存在上述情况，应进一步加以核实，可通过付款结算方式、支付的对象加以分析，询问当事人了解情况，通过函查、实地调查等方法进一步落实。

（2）接受虚开增值税专用发票的检查。

接受虚开增值税专用发票的检查，除比照虚开增值税专用发票的检查外，还可以从以下三个方面进行检查：

① 确认受票企业接受的已证实虚开的增值税专用发票，是否是企业购销

业务中销货方所在省（自治区、直辖市和计划单列市）的增值税专用发票。

② 确认受票企业与销货方是否有真实交易，购进的货物与取得虚开的增值税专用发票上的内容是否一致。可以通过企业正常的采购、耗用量水平加以初步判断，并结合付款方式、是否支付货款、付款对象、取得增值税专用发票有无异常等，查找疑点，验证购进货物经济业务的真实性；主要核查企业的购货合同、货物运输凭据、货物验收单和入库单以及领用（发出）记录，审核其与销货方是否有真实货物交易，以及其实际采购货物与增值税专用发票注明的销售方名称、印章、货物数量、金额及税额等全部内容是否相符。

③ 检查"应付账款"账户，从该账户贷方发生额入手，与该账户的借方发生额相对照。一是检查其贷方核算的单位与付款反映的单位是否一致，如不一致，则应进一步查明原因，是否有取得代开、虚开的发票抵扣税款的情况；二是要检查其发生额是否与其经营规模或销售情况相匹配，对某些发生额较大，且长期不付款或通过大额现金付款的且与其资本规模不符的，应对其进货凭证逐一检查，并发函协查；三是要结合销售开票情况，看其有无销售开票是小额多份开具，而进货则是大额整笔开具或是月底集中进货的情况，是否有虚进虚开增值税专用发票的情况。

（二）其他抵扣凭证的常见涉税问题及主要检查方法

其他抵扣凭证包括海关代征增值税完税凭证、货物运输发票、废旧物资（收购、销售）发票和农产品收购发票。

1. 常见涉税问题

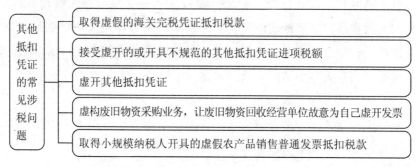

图 8-43　其他抵扣凭证的常见涉税问题

2. 主要检查方法

其他扣税凭证，主要包括海关代征增值税完税凭证、运输发票、农副产品收购发票和农产品销售普通发票，熟称"四小票"。其他扣税凭证的检查与其他章节内容的检查有不同的特点。

（1）海关完税凭证的检查。

① 审核完税凭证是否真实。

检查时，可采用审阅法、核对法审查"原材料"等账户，调阅完税凭证，查看其凭证上开具的单位名称与实际是否相符，是否用完税凭证的原件抵扣；对大量用海关完税凭证抵扣税款的商贸企业，应从其资质、税款支付情况等方面，重点核实进口业务的真实性，如有必要，可采取函查、实地调查等方法对上述凭证进行核查。见图8-44。

② 审查进口业务的真实性。

表8-3　　　　　　　　　　审查进口业务的真实性

一是审核进口货物合同，重点加强业务真实性的审查	业务真实性的审查包括合同真实性的审查和合同所包含的货物真实性的审查。真实的货物进口业务，需经过谈判、（订）购货、付款、报关、商检、验货等过程，需要一定的时间，在短期内办理多单进口业务的可能性不大。因此，在审查进口货物合同时，要结合审查进口货物的货物流是否符合合同规范和要求；货物进口的运输方式和途径是否符合国际惯例和逻辑关系，起运地和目的地是否明确，收货人是否确切、是否是真实的货主等。审查进口货物合同，发现是否存在真签合同、假货物或者无货物、少货物的情况
二是审核纳税人提供的代理进口人的税务登记	伪造海关完税凭证案件，多为代理进口，且代理人均为外省纳税人的居多。所提交的代理人税务登记会存在不同程度漏洞或疑点，税务稽查人员可以通过对代理人税务登记的审核和检查发现可能存在的问题和疑点
三是审查代理进口协议、合同及报关单	利用伪造海关完税凭证抵扣税款的纳税人，往往以开出的专用发票上注明的货物种类、名称，伪造相关合同及进口报关单，而且经营范围种类繁多
四是审查货款的支付情况	如：资金是否付往代理人的账户，是否通过银行付款来判断其业务的真实性。对有疑问的代理业务，可以通过协查的方法，向代理企业所在的税务机关协查，核实其真实性

完税凭证真实性的审核

一是审核印章。海关完税凭证上的印章至少有两个，即完税凭证开具海关的印章和收款银行印章。海关印章使用防伪印油，轮廓清晰，加印清楚，字迹一般不模糊；银行印章一般都很清晰、外形一致。"填制单位"、"制单人"为海关操作人员代码，要一一对应

二是审核货物名称、数量及单位。海关完税凭证上注明的"货物名称"为标准名称，表述准确、清楚；"数量"为阿拉伯数字标准表述；"单位"为标准国际计量单位，不同产品使用的计量单位基本与进口货物报关单上的书写形式一致，可以在《海关商品名称单位码表》中验证

三是对有疑问的海关代征增值税凭证，可通过协查方法核实其真实性

图 8-44　完税凭证真实性的审核

（2）运输发票的检查。

表 8-4　　　　　　　　　　运输发票的检查

审查发票开票单位是否合法、内容填写是否规范	凡未经地税局认定的纳税人开具的货物运输业发票一律不得作为记账凭证和增值税抵扣凭证。各项必须填列的项目是否填写齐全，运费和其他杂费未分别注明，不符合规定的一律不允许予抵扣
审查运费发票是否超范围抵扣	主要通过审核货运单、验收单、入库单等原始凭据，审查纳税人是否将非运输单位开具的发票、运输免税货物或非应税项目货物的发票也申报抵扣了进项税
审查运输业务的真实性	一是审查购销合同和原始货运单据。核实其合同中有关运输条款与原始货运单据上注明的发货人、收货人、起运地、到达地、运输方式、货物名称、货物数量等项目是否一致 二是审核运费的价格。审查运费价格是否合理。主要是将其与市场公允的运输价格相比较，如有异常，应进一步查清实际情况 三是审核运输货物是否真实入库。主要审查仓库保管员的入库记录，核实购进的货物是否已经验收入库

（3）农副产品收购发票的检查。

① 审查收购发票是否超范围开具。

A. 审查开具收购发票的货物是否属于开票的范围。是否将收购的非初级农产品和其他不允许自开收购发票抵扣税款的货物也开具收购发票申报抵扣了进项税。

B. 审核收购发票的开具对象是否符合要求。审查是否存在假借农业生产者的名义，将向非农业生产者收购的初级农产品也自开收购发票。核查的主要内容是：农产品的产地与收购地是否相符；有无利用某一个农业生产者的个人身份证集中、反复、轮番使用填开收购发票的情况；有无出售人姓名、身份证号不实及不填出售人住址或身份证号码或两项均不填的现象；有无假借身份证虚开收购凭证的现象，必要时，对重点大宗农副产品，且存在相对固定收购点（收购人）收购业务的，可以深入收购点对出售农户进行调查，以确定收购业务是否真实。

② 审核收购价格是否真实。

将纳税人的收购价格与同行业企业同期的收购价、同期的市场公允价格进行比对，审查其收购价格有无异常，是否存在将农产品的生产扶持费用、运输费、装卸费、包装费、仓储费等并入收购收购价格虚增收购金额的问题。

③ 审核收购业务的真实性。

结合"原材料"和"库存商品"账户，深入车间、仓库实地查看，审核收购的货物是否验收入库，验收入库农产品品种、数量是否与收购发票一致。必要时，可进行实地盘点，核实账面数量与实际情况是否相当，有无虚增收购数量的现象，或者是收购业务与企业的生产能力、经营项目明显不符的现象。

④ 审核收购资金的流向。

主要采取调查分析法和协查办法，核实其收购款项的实际流动情况，重点审查其是否存在收购款项回流的问题，进而审查其是否存在虚开农产品收购发票的问题。

（4）农产品销售普通发票抵扣的检查。

表 8-5　　　　　　　　　农产品销售普通发票抵扣的检查

审查农产品销售普通发票开票对象	审查纳税人接受的农产品销售普通发票的开票方，是否为直接从事初级农产品生产的企业。如有疑问，可以向开票单位所在的税务机关发函进行协查
审查收购业务是否真实	主要核查企业的购货合同、货物运输凭据、货物验收单和入库单以及发出（领用）记录等原始凭据，深入车间、仓库实地查看，审核其与销货方是否有真实货物交易，实际采购货物与销售发票上注明的货物品种、数量等全部内容与实际是否相符
审查票货款是否一致	主要是审核其货款的支付情况，核实支付货款的收款单位是否与发货单位以及开票单位完全一致。查证票款结算是否相符，往来是否一致，确定货物交易是否真实

案例 8-12　　　农产品销售普通发票抵扣的检查

某植物油厂主要从事豆类植物油加工销售。生产流程主要为预榨、浸出、精炼。年加工能力 8 万吨。该市税务机关于 2010 年 6 月对该纳税人2009 年 1 月 1 日至 2009 年 12 月 31 日期间的增值税纳税情况进行了检查。

检查过程中，根据企业的生产经营特点，重点突出了对该公司抵扣凭证合法性、合理性和完整性的审核。检查发现以下疑点：一是该单位购进部分花生、大豆取得的普通发票（已抵扣进项税额）的价格明显高于增值税专用发票的价格，且部分发票的票面不整洁，不像是一次性填写，二是部分汽车运输发票的运价高于正常运价，且运输发票项目填写不全。

经进一步检查确认，该公司存在以下违法事实：①取得"大头小尾"、上下联不一致的购进农产品普通发票申报抵扣增值税。②取得非运输部门开具的运输发票抵扣税款。③取得虚开运输发票（开票单位与收款单位不一致）抵扣税款。④取得不符合规定（内容开具不全）的运输发票抵扣税款。⑤装卸费作运输费用抵扣税款。

（5）废旧物资销售发票的检查。

废旧物资销售发票的检查，主要是审查购销业务的真实性。对废旧物资回收经营单位主要审查废旧物资是否与其他物资的经营分别核算，确定是否享受废旧物资免征增值税政策；对生产企业主要审查适用扣除率是否正确，有无低税高扣。废旧物资销售发票检查方法与前述农产品销售普通发票的检查相似，可参照其具体的检查方法。

七、增值税减免税的常见涉税问题及主要检查方法

（一）擅自扩大减免税范围，将应税项目混入减免税项目中

1. 常见涉税问题

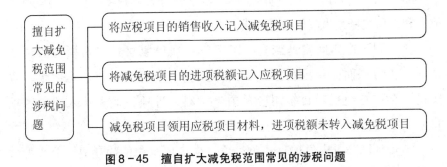

图8-45　擅自扩大减免税范围常见的涉税问题

2. 主要检查方法

（1）检查纳税人享受减免税项目是否符合政策规定。主要是检查纳税人的具体经营项目，产品生产工艺流程、配方比例和产品用途，分别核实减免税项目和应税项目的范围。

（2）检查企业减免税项目和应税项目的会计核算和财务管理情况，核实是否严格按照规定进行了分类明细核算。如未实行分别核算，应区别情况进行检查。

① 若耗用原材料基本相同。检查不同时期应税项目的单位材料消耗定额，看不同时期的消耗定额是否有明显的较大变动，是否存在免税项目领用材料记入了应税项目成本中，同时进项税额也未转入免税项目的情况。

② 若耗用原材料不相同。检查材料领用单和仓库发料记录，看有无将

免税项目领用材料混入应税项目成本中，进项税额未转入免税项目的情况。

（3）检查减免税项目货物出库单、提货单等出库票据，与减免税项目"库存商品"、"主营业务收入"账户贷方发生数进行核对。审核减免税项目存货发出品名、数量，与减免税项目"库存商品"账户贷方发生的品名、数量是否相符。核实减免税项目销售明细账记录的销售货物品名、数量和销售发票记载的品名、数量是否一致。查证有无将应税项目的销售收入记入减免税项目中。

（4）检查原材料入库数量与应税项目"库存商品"账户借方发生数是否匹配（结合投入产出率和期初因素）。审核有无将减免税项目的原材料成本和进项税额记入应税项目的成本中。

（5）到生产车间实地调查。了解应税项目原材料实际领用数量的情况，核对账面应税项目原材料出库数量，分析两者的差异数量，查实是否存在减免税项目领用应税项目材料，进项税额未转入减免税项目中。

（6）计算分析应税项目和免税项目生产成本中的物耗成本分配标准（比如产量、单位生产工人工资等）是否合理，分配比例是否正确。在结转物耗成本时，进项税额是否同比例结转。

案例 8-13　检查企业减免税项目和会计核算和财务管理情况

稽查人员对某木器有限公司（增值税一般纳税人，主要利用三剩物和次小薪材生产销售木竹纤维板、木炭等）2009 年度增值税纳税情况进行检查时发现，该公司 2009 年 7 月购进的一批次小薪材单价明显偏高，经到仓库核查实物账、询问仓库保管员，查实这批购进货物并非"次小薪材"而是原木，已全部用于生产加工木竹纤维板并销售。根据《关于以三剩物和次小薪材为原料生产加工的综合利用产品增值税即征即退政策的通知》（财税〔2006〕102 号）规定，用不属于三剩物与次小薪材的原料加工生产的木竹纤维板不得享受增值税即征即退优惠政策，应补缴已退还的增值税。

（二）人为调节征免税期间的销售收入和进项税额，骗取税收优惠

1. 常见涉税问题

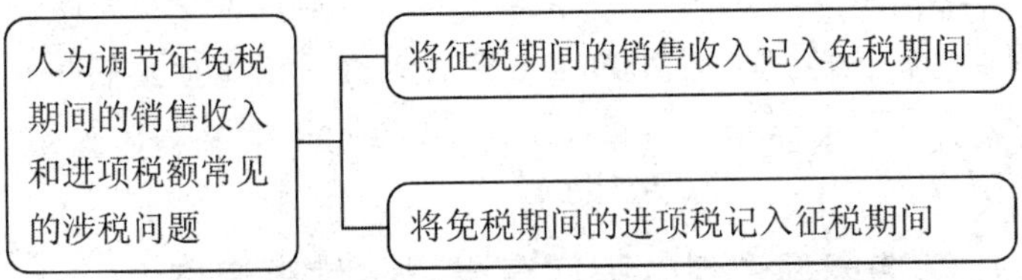

图 8-46 人为调节征免税期间的销售收入和进项税额常见的涉税问题

2. 主要检查方法

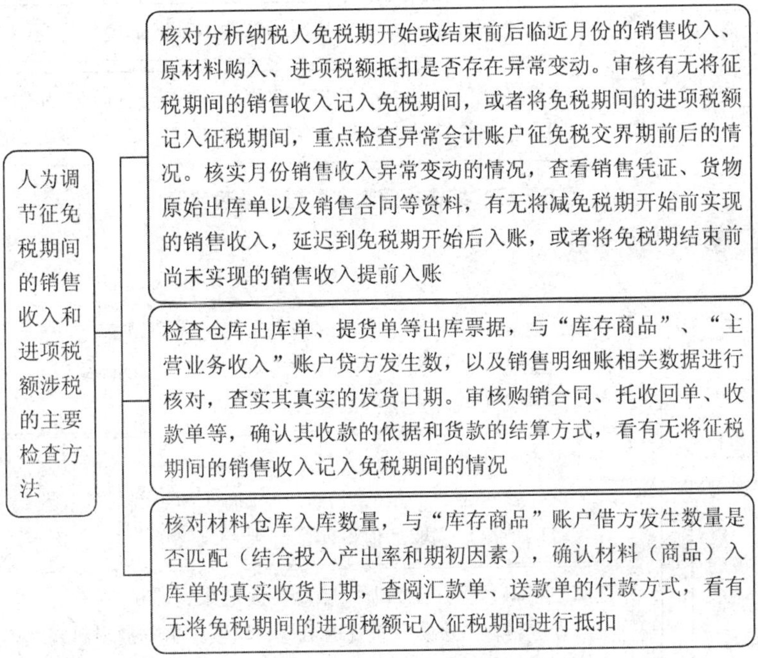

图 8-47 人为调节征免税期间的销售收入和进项税额涉税的主要检查方法

案例 8-14　　　　人为调节骗取税收优惠

2010 年 6 月，税务稽查人员对某企业［属增值税一般纳税人，主要生产经营的产品是有机肥，根据《财政部 国家税务总局关于有机肥产品免征增值税的通知》（财税〔2008〕56），2009 年 6 月 1 日起，纳税人生产销

售和批发、零售符合执行标准的有机肥产品免征增值税。〕2009 年的纳税情况进行实地检查时发现，该企业 2009 年 4 月至 5 月账面销售收入比前期大幅度下降，遂询问企业财务人员未得到合理解释，稽查人员从生产部获取了 2009 年 4 月至 5 月的生产快报，从销售部获取了发货汇总表，经逐笔审核后，查实了该企业 2009 年 4 月至 5 月期间已发出部分有机肥，未及时在当期作销售，人为延迟到 2009 年 6 月份入账，至此企业不得不承认将应税产品销售收入，延迟记入免税期收入，少缴增值税的违法事实。

（三）编造虚假资料，骗取享受税收优惠资格

1. 常见涉税问题

编造虚假资料常见的涉税问题 —— 编造虚假残疾人资料，骗取增值税即征即退税收优惠

编造虚假的产品生产工艺（流程）、配方比例和产品用途，骗取增值税免征、减征、先征后退和即征即退的税收优惠

图 8 - 48　编造虚假资料常见的涉税问题

2. 主要检查方法

编造虚假资料涉税的主要检查方法

查阅企业职工花名册、应付工资表、考勤表和用工合同等资料，核实企业安置残疾人比例是否符合规定，有无瞒报职工人数，人为提高安置残疾人比例的情况

询问调查企业安置的残疾人员，到生产车间实地了解残疾人上岗情况，核对企业上报的资料，查实有无编造虚假的安置残疾人人数的情况，骗取增值税即征即退税收优惠

查阅原材料、库存商品明细账及有关记账凭证和原始凭证，核对购入原材料的进货发票、财务原材料明细账与原材料入库单、仓库原材料明细账是否相符

实地到生产车间调查了解产品生产工艺流程、原材料耗用比例（配方）、产品用途等实际情况，查看是否与企业提供的资料相吻合。查实有无编造虚假资料，骗取增值税税收优惠的情况

图 8 - 49　编造虚假资料涉税的主要检查方法

附录1 中华人民共和国增值税暂行条例

(1993 年 12 月 13 日中华人民共和国国务院令第 134 号发布
2008 年 11 月 5 日国务院第 34 次常务会议修订通过)

第一条 在中华人民共和国境内销售货物或者提供加工、修理修配劳务以及进口货物的单位和个人,为增值税的纳税人,应当依照本条例缴纳增值税。

第二条 增值税税率:

(一)纳税人销售或者进口货物,除本条第(二)项、第(三)项规定外,税率为 17%。

(二)纳税人销售或者进口下列货物,税率为 13%:

1. 粮食、食用植物油;

2. 自来水、暖气、冷气、热水、煤气、石油液化气、天然气、沼气、居民用煤炭制品;

3. 图书、报纸、杂志;

4. 饲料、化肥、农药、农机、农膜;

5. 国务院规定的其他货物。

(三)纳税人出口货物,税率为零;但是,国务院另有规定的除外。

(四)纳税人提供加工、修理修配劳务(以下称应税劳务),税率为 17%。

税率的调整,由国务院决定。

第三条 纳税人兼营不同税率的货物或者应税劳务,应当分别核算不同税率货物或者应税劳务的销售额;未分别核算销售额的,从高适用税率。

第四条 除本条例第十一条规定外，纳税人销售货物或者提供应税劳务（以下简称销售货物或者应税劳务），应纳税额为当期销项税额抵扣当期进项税额后的余额。应纳税额计算公式：

$$应纳税额 = 当期销项税额 - 当期进项税额$$

当期销项税额小于当期进项税额不足抵扣时，其不足部分可以结转下期继续抵扣。

第五条 纳税人销售货物或者应税劳务，按照销售额和本条例第二条规定的税率计算并向购买方收取的增值税额，为销项税额。销项税额计算公式：

$$销项税额 = 销售额 \times 税率$$

第六条 销售额为纳税人销售货物或者应税劳务向购买方收取的全部价款和价外费用，但是不包括收取的销项税额。

销售额以人民币计算。纳税人以人民币以外的货币结算销售额的，应当折合成人民币计算。

第七条 纳税人销售货物或者应税劳务的价格明显偏低并无正当理由的，由主管税务机关核定其销售额。

第八条 纳税人购进货物或者接受应税劳务（以下简称购进货物或者应税劳务）支付或者负担的增值税额，为进项税额。

下列进项税额准予从销项税额中抵扣：

（一）从销售方取得的增值税专用发票上注明的增值税额。

（二）从海关取得的海关进口增值税专用缴款书上注明的增值税额。

（三）购进农产品，除取得增值税专用发票或者海关进口增值税专用缴款书外，按照农产品收购发票或者销售发票上注明的农产品买价和13%的扣除率计算的进项税额。进项税额计算公式：

$$进项税额 = 买价 \times 扣除率$$

（四）购进或者销售货物以及在生产经营过程中支付运输费用的，按照运输费用结算单据上注明的运输费用金额和7%的扣除率计算的进项税额。进项税额计算公式：

$$进项税额 = 运输费用金额 × 扣除率$$

准予抵扣的项目和扣除率的调整，由国务院决定。

第九条　纳税人购进货物或者应税劳务，取得的增值税扣税凭证不符合法律、行政法规或者国务院税务主管部门有关规定的，其进项税额不得从销项税额中抵扣。

第十条　下列项目的进项税额不得从销项税额中抵扣：

（一）用于非增值税应税项目、免征增值税项目、集体福利或者个人消费的购进货物或者应税劳务；

（二）非正常损失的购进货物及相关的应税劳务；

（三）非正常损失的在产品、产成品所耗用的购进货物或者应税劳务；

（四）国务院财政、税务主管部门规定的纳税人自用消费品；

（五）本条第（一）项至第（四）项规定的货物的运输费用和销售免税货物的运输费用。

第十一条　小规模纳税人销售货物或者应税劳务，实行按照销售额和征收率计算应纳税额的简易办法，并不得抵扣进项税额。应纳税额计算公式：

$$应纳税额 = 销售额 × 征收率$$

小规模纳税人的标准由国务院财政、税务主管部门规定。

第十二条　小规模纳税人增值税征收率为3%.

征收率的调整，由国务院决定。

第十三条　小规模纳税人以外的纳税人应当向主管税务机关申请资格认定。具体认定办法由国务院税务主管部门制定。

小规模纳税人会计核算健全，能够提供准确税务资料的，可以向主管税务机关申请资格认定，不作为小规模纳税人，依照本条例有关规定计算应纳税额。

第十四条　纳税人进口货物，按照组成计税价格和本条例第二条规定的税率计算应纳税额。组成计税价格和应纳税额计算公式：

$$组成计税价格 = 关税完税价格 + 关税 + 消费税$$

$$应纳税额 = 组成计税价格 × 税率$$

第十五条 下列项目免征增值税：

（一）农业生产者销售的自产农产品；

（二）避孕药品和用具；

（三）古旧图书；

（四）直接用于科学研究、科学试验和教学的进口仪器、设备；

（五）外国政府、国际组织无偿援助的进口物资和设备；

（六）由残疾人的组织直接进口供残疾人专用的物品；

（七）销售的自己使用过的物品。

除前款规定外，增值税的免税、减税项目由国务院规定。任何地区、部门均不得规定免税、减税项目。

第十六条 纳税人兼营免税、减税项目的，应当分别核算免税、减税项目的销售额；未分别核算销售额的，不得免税、减税。

第十七条 纳税人销售额未达到国务院财政、税务主管部门规定的增值税起征点的，免征增值税；达到起征点的，依照本条例规定全额计算缴纳增值税。

第十八条 中华人民共和国境外的单位或者个人在境内提供应税劳务，在境内未设有经营机构的，以其境内代理人为扣缴义务人；在境内没有代理人的，以购买方为扣缴义务人。

第十九条 增值税纳税义务发生时间：

（一）销售货物或者应税劳务，为收讫销售款项或者取得索取销售款项凭据的当天；先开具发票的，为开具发票的当天。

（二）进口货物，为报关进口的当天。

增值税扣缴义务发生时间为纳税人增值税纳税义务发生的当天。

第二十条 增值税由税务机关征收，进口货物的增值税由海关代征。

个人携带或者邮寄进境自用物品的增值税，连同关税一并计征。具体办法由国务院关税税则委员会会同有关部门制定。

第二十一条 纳税人销售货物或者应税劳务，应当向索取增值税专用发票的购买方开具增值税专用发票，并在增值税专用发票上分别注明销售额和销项税额。

属于下列情形之一的，不得开具增值税专用发票：

（一）向消费者个人销售货物或者应税劳务的；

（二）销售货物或者应税劳务适用免税规定的；

（三）小规模纳税人销售货物或者应税劳务的。

第二十二条　增值税纳税地点：

（一）固定业户应当向其机构所在地的主管税务机关申报纳税。总机构和分支机构不在同一县（市）的，应当分别向各自所在地的主管税务机关申报纳税；经国务院财政、税务主管部门或者其授权的财政、税务机关批准，可以由总机构汇总向总机构所在地的主管税务机关申报纳税。

（二）固定业户到外县（市）销售货物或者应税劳务，应当向其机构所在地的主管税务机关申请开具外出经营活动税收管理证明，并向其机构所在地的主管税务机关申报纳税；未开具证明的，应当向销售地或者劳务发生地的主管税务机关申报纳税；未向销售地或者劳务发生地的主管税务机关申报纳税的，由其机构所在地的主管税务机关补征税款。

（三）非固定业户销售货物或者应税劳务，应当向销售地或者劳务发生地的主管税务机关申报纳税；未向销售地或者劳务发生地的主管税务机关申报纳税的，由其机构所在地或者居住地的主管税务机关补征税款。

（四）进口货物，应当向报关地海关申报纳税。

扣缴义务人应当向其机构所在地或者居住地的主管税务机关申报缴纳其扣缴的税款。

第二十三条　增值税的纳税期限分别为1日、3日、5日、10日、15日、1个月或者1个季度。纳税人的具体纳税期限，由主管税务机关根据纳税人应纳税额的大小分别核定；不能按照固定期限纳税的，可以按次纳税。

纳税人以1个月或者1个季度为1个纳税期的，自期满之日起15日内申报纳税；以1日、3日、5日、10日或者15日为1个纳税期的，自期满之日起5日内预缴税款，于次月1日起15日内申报纳税并结清上月应纳税款。

缴义务人解缴税款的期限，依照前两款规定执行。

第二十四条 纳税人进口货物，应当自海关填发海关进口增值税专用缴款书之日起 15 日内缴纳税款。

第二十五条 纳税人出口货物适用退（免）税规定的，应当向海关办理出口手续，凭出口报关单等有关凭证，在规定的出口退（免）税申报期内按月向主管税务机关申报办理该项出口货物的退（免）税。具体办法由国务院财政、税务主管部门制定。

出口货物办理退税后发生退货或者退关的，纳税人应当依法补缴已退的税款。

第二十六条 增值税的征收管理，依照《中华人民共和国税收征收管理法》及本条例有关规定执行。

第二十七条 本条例自 2009 年 1 月 1 日起施行。

附录 2 中华人民共和国增值税
暂行条例实施细则

（财政部令第 50 号）

第一条 根据《中华人民共和国增值税暂行条例》（以下简称条例），制定本细则。

第二条 条例第一条所称货物，是指有形动产，包括电力、热力、气体在内。

条例第一条所称加工，是指受托加工货物，即委托方提供原料及主要材料，受托方按照委托方的要求，制造货物并收取加工费的业务。

条例第一条所称修理修配，是指受托对损伤和丧失功能的货物进行修复，使其恢复原状和功能的业务。

第三条 条例第一条所称销售货物，是指有偿转让货物的所有权。

条例第一条所称提供加工、修理修配劳务（以下称应税劳务），是指有偿提供加工、修理修配劳务。单位或者个体工商户聘用的员工为本单位或者雇主提供加工、修理修配劳务，不包括在内。

本细则所称有偿，是指从购买方取得货币、货物或者其他经济利益。

第四条 单位或者个体工商户的下列行为，视同销售货物：

（一）将货物交付其他单位或者个人代销；

（二）销售代销货物；

（三）设有两个以上机构并实行统一核算的纳税人，将货物从一个机构移送其他机构用于销售，但相关机构设在同一县（市）的除外；

（四）将自产或者委托加工的货物用于非增值税应税项目；

（五）将自产、委托加工的货物用于集体福利或者个人消费；

（六）将自产、委托加工或者购进的货物作为投资，提供给其他单位或者个体工商户；

（七）将自产、委托加工或者购进的货物分配给股东或者投资者；

（八）将自产、委托加工或者购进的货物无偿赠送其他单位或者个人。

第五条 一项销售行为如果既涉及货物又涉及非增值税应税劳务，为混合销售行为。除本细则第六条的规定外，从事货物的生产、批发或者零售的企业、企业性单位和个体工商户的混合销售行为，视为销售货物，应当缴纳增值税；其他单位和个人的混合销售行为，视为销售非增值税应税劳务，不缴纳增值税。

本条第一款所称非增值税应税劳务，是指属于应缴营业税的交通运输业、建筑业、金融保险业、邮电通信业、文化体育业、娱乐业、服务业税目征收范围的劳务。

本条第一款所称从事货物的生产、批发或者零售的企业、企业性单位和个体工商户，包括以从事货物的生产、批发或者零售为主，并兼营非增值税应税劳务的单位和个体工商户在内。

第六条 纳税人的下列混合销售行为，应当分别核算货物的销售额和非增值税应税劳务的营业额，并根据其销售货物的销售额计算缴纳增值税，非增值税应税劳务的营业额不缴纳增值税；未分别核算的，由主管税务机关核定其货物的销售额：

（一）销售自产货物并同时提供建筑业劳务的行为；

（二）财政部、国家税务总局规定的其他情形。

第七条 纳税人兼营非增值税应税项目的，应分别核算货物或者应税劳务的销售额和非增值税应税项目的营业额；未分别核算的，由主管税务机关核定货物或者应税劳务的销售额。

第八条 条例第一条所称在中华人民共和国境内（以下简称境内）销售货物或者提供加工、修理修配劳务，是指：

（一）销售货物的起运地或者所在地在境内；

（二）提供的应税劳务发生在境内。

第九条 条例第一条所称单位，是指企业、行政单位、事业单位、军事单位、社会团体及其他单位。

条例第一条所称个人，是指个体工商户和其他个人。

第十条　单位租赁或者承包给其他单位或者个人经营的，以承租人或者承包人为纳税人。

第十一条　小规模纳税人以外的纳税人（以下称一般纳税人）因销售货物退回或者折让而退还给购买方的增值税额，应从发生销售货物退回或者折让当期的销项税额中扣减；因购进货物退出或者折让而收回的增值税额，应从发生购进货物退出或者折让当期的进项税额中扣减。

一般纳税人销售货物或者应税劳务，开具增值税专用发票后，发生销售货物退回或者折让、开票有误等情形，应按国家税务总局的规定开具红字增值税专用发票。未按规定开具红字增值税专用发票的，增值税额不得从销项税额中扣减。

第十二条　条例第六条第一款所称价外费用，包括价外向购买方收取的手续费、补贴、基金、集资费、返还利润、奖励费、违约金、滞纳金、延期付款利息、赔偿金、代收款项、代垫款项、包装费、包装物租金、储备费、优质费、运输装卸费以及其他各种性质的价外收费。但下列项目不包括在内：

（一）受托加工应征消费税的消费品所代收代缴的消费税；

（二）同时符合以下条件的代垫运输费用：

1. 承运部门的运输费用发票开具给购买方的；

2. 纳税人将该项发票转交给购买方的。

（三）同时符合以下条件代为收取的政府性基金或者行政事业性收费：

1. 由国务院或者财政部批准设立的政府性基金，由国务院或者省级人民政府及其财政、价格主管部门批准设立的行政事业性收费；

2. 收取时开具省级以上财政部门印制的财政票据；

3. 所收款项全额上缴财政。

（四）销售货物的同时代办保险等而向购买方收取的保险费，以及向购买方收取的代购买方缴纳的车辆购置税、车辆牌照费。

第十三条　混合销售行为依照本细则第五条规定应当缴纳增值税的，其销售额为货物的销售额与非增值税应税劳务营业额的合计。

第十四条　一般纳税人销售货物或者应税劳务，采用销售额和销项税额合并定价方法的，按下列公式计算销售额：

$$销售额 = 含税销售额 ÷ （1 + 税率）$$

第十五条　纳税人按人民币以外的货币结算销售额的，其销售额的人民币折合率可以选择销售额发生的当天或者当月 1 日的人民币汇率中间价。纳税人应在事先确定采用何种折合率，确定后 1 年内不得变更。

第十六条　纳税人有条例第七条所称价格明显偏低并无正当理由或者有本细则第四条所列视同销售货物行为而无销售额者，按下列顺序确定销售额：

（一）按纳税人最近时期同类货物的平均销售价格确定；

（二）按其他纳税人最近时期同类货物的平均销售价格确定；

（三）按组成计税价格确定。组成计税价格的公式为：

$$组成计税价格 = 成本 × （1 + 成本利润率）$$

属于应征消费税的货物，其组成计税价格中应加计消费税额。

公式中的成本是指：销售自产货物的为实际生产成本，销售外购货物的为实际采购成本。公式中的成本利润率由国家税务总局确定。

第十七条　条例第八条第二款第（三）项所称买价，包括纳税人购进农产品在农产品收购发票或者销售发票上注明的价款和按规定缴纳的烟叶税。

第十八条　条例第八条第二款第（四）项所称运输费用金额，是指运输费用结算单据上注明的运输费用（包括铁路临管线及铁路专线运输费用）、建设基金，不包括装卸费、保险费等其他杂费。

第十九条　条例第九条所称增值税扣税凭证，是指增值税专用发票、海关进口增值税专用缴款书、农产品收购发票和农产品销售发票以及运输费用结算单据。

第二十条　混合销售行为依照本细则第五条规定应当缴纳增值税的，该混合销售行为所涉及的非增值税应税劳务所用购进货物的进项税额，符合条例第八条规定的，准予从销项税额中抵扣。

第二十一条　条例第十条第（一）项所称购进货物，不包括既用于增值税应税项目（不含免征增值税项目）也用于非增值税应税项目、免征增值税（以下简称免税）项目、集体福利或者个人消费的固定资产。

前款所称固定资产，是指使用期限超过 12 个月的机器、机械、运输工具以及其他与生产经营有关的设备、工具、器具等。

第二十二条　条例第十条第（一）项所称个人消费包括纳税人的交际应酬消费。

第二十三条　条例第十条第（一）项和本细则所称非增值税应税项目，是指提供非增值税应税劳务、转让无形资产、销售不动产和不动产在建工程。

前款所称不动产是指不能移动或者移动后会引起性质、形状改变的财产，包括建筑物、构筑物和其他土地附着物。

纳税人新建、改建、扩建、修缮、装饰不动产，均属于不动产在建工程。

第二十四条　条例第十条第（二）项所称非正常损失，是指因管理不善造成被盗、丢失、霉烂变质的损失。

第二十五条　纳税人自用的应征消费税的摩托车、汽车、游艇，其进项税额不得从销项税额中抵扣。

第二十六条　一般纳税人兼营免税项目或者非增值税应税劳务而无法划分不得抵扣的进项税额的，按下列公式计算不得抵扣的进项税额：

不得抵扣的进项税额 ＝ 当月无法划分的全部进项税额 × 当月免税项目销售额、非增值税应税劳务营业额合计 ÷ 当月全部销售额、营业额合计

第二十七条　已抵扣进项税额的购进货物或者应税劳务，发生条例第十条规定的情形的（免税项目、非增值税应税劳务除外），应当将该项购进货物或者应税劳务的进项税额从当期的进项税额中扣减；无法确定该项进项税额的，按当期实际成本计算应扣减的进项税额。

第二十八条　条例第十一条所称小规模纳税人的标准为：

（一）从事货物生产或者提供应税劳务的纳税人，以及以从事货物生产或者提供应税劳务为主，并兼营货物批发或者零售的纳税人，年应征增值税销售额（以下简称应税销售额）在 50 万元以下（含本数，下同）的；

（二）除本条第一款第（一）项规定以外的纳税人，年应税销售额在80万元以下的。

本条第一款所称以从事货物生产或者提供应税劳务为主，是指纳税人的年货物生产或者提供应税劳务的销售额占年应税销售额的比重在50%以上。

第二十九条 年应税销售额超过小规模纳税人标准的其他个人按小规模纳税人纳税；非企业性单位、不经常发生应税行为的企业可选择按小规模纳税人纳税。

第三十条 小规模纳税人的销售额不包括其应纳税额。

小规模纳税人销售货物或者应税劳务采用销售额和应纳税额合并定价方法的，按下列公式计算销售额：

$$销售额 = 含税销售额 \div （1 + 征收率）$$

第三十一条 小规模纳税人因销售货物退回或者折让退还给购买方的销售额，应从发生销售货物退回或者折让当期的销售额中扣减。

第三十二条 条例第十三条和本细则所称会计核算健全，是指能够按照国家统一的会计制度规定设置账簿，根据合法、有效凭证核算。

第三十三条 除国家税务总局另有规定外，纳税人一经认定为一般纳税人后，不得转为小规模纳税人。

第三十四条 有下列情形之一者，应按销售额依照增值税税率计算应纳税额，不得抵扣进项税额，也不得使用增值税专用发票：

（一）一般纳税人会计核算不健全，或者不能够提供准确税务资料的；

（二）除本细则第二十九条规定外，纳税人销售额超过小规模纳税人标准，未申请办理一般纳税人认定手续的。

第三十五条 条例第十五条规定的部分免税项目的范围，限定如下：

（一）第一款第（一）项所称农业，是指种植业、养殖业、林业、牧业、水产业。

农业生产者，包括从事农业生产的单位和个人。

农产品，是指初级农产品，具体范围由财政部、国家税务总局确定。

（二）第一款第（三）项所称古旧图书，是指向社会收购的古书和旧书。

（三）第一款第（七）项所称自己使用过的物品，是指其他个人自己使用过的物品。

第三十六条　纳税人销售货物或者应税劳务适用免税规定的，可以放弃免税，依照条例的规定缴纳增值税。放弃免税后，36 个月内不得再申请免税。

第三十七条　增值税起征点的适用范围限于个人。

增值税起征点的幅度规定如下：

（一）销售货物的，为月销售额 2000～5000 元；

（二）销售应税劳务的，为月销售额 1500～3000 元；

（三）按次纳税的，为每次（日）销售额 150～200 元。

前款所称销售额，是指本细则第三十条第一款所称小规模纳税人的销售额。

省、自治区、直辖市财政厅（局）和国家税务局应在规定的幅度内，根据实际情况确定本地区适用的起征点，并报财政部、国家税务总局备案。

第三十八条　条例第十九条第一款第（一）项规定的收讫销售款项或者取得索取销售款项凭据的当天，按销售结算方式的不同，具体为：

（一）采取直接收款方式销售货物，不论货物是否发出，均为收到销售款或者取得索取销售款凭据的当天；

（二）采取托收承付和委托银行收款方式销售货物，为发出货物并办妥托收手续的当天；

（三）采取赊销和分期收款方式销售货物，为书面合同约定的收款日期的当天，无书面合同的或者书面合同没有约定收款日期的，为货物发出的当天；

（四）采取预收货款方式销售货物，为货物发出的当天，但生产销售生产工期超过 12 个月的大型机械设备、船舶、飞机等货物，为收到预收款或者书面合同约定的收款日期的当天；

（五）委托其他纳税人代销货物，为收到代销单位的代销清单或者收到全部或者部分货款的当天。未收到代销清单及货款的，为发出代销货物满 180 天的当天；

（六）销售应税劳务，为提供劳务同时收讫销售款或者取得索取销售款的凭据的当天；

（七）纳税人发生本细则第四条第（三）项至第（八）项所列视同销售货物行为，为货物移送的当天。

第三十九条 条例第二十三条以 1 个季度为纳税期限的规定仅适用于小规模纳税人。小规模纳税人的具体纳税期限，由主管税务机关根据其应纳税额的大小分别核定。

第四十条 本细则自 2009 年 1 月 1 日起施行。